英汉功能语言学入门丛书

U0500570

总主编 黄国文 何 伟

汉语语篇分析

DISCOURSE ANALYSIS OF CHINESE

苗兴伟 张 蕾 著

外语教学与研究出版社
FOREIGN LANGUAGE TEACHING AND RESEARCH PRESS
北京 BEIJING

图书在版编目（CIP）数据

汉语语篇分析／苗兴伟，张蕾著．－－北京：外语教学与研究出版社，2021.10
（英汉功能语言学入门丛书／黄国文，何伟总主编）
ISBN 978-7-5213-3136-3

Ⅰ．①汉… Ⅱ．①苗… ②张… Ⅲ．①汉语－语言分析 Ⅳ．①H1

中国版本图书馆 CIP 数据核字 (2021) 第 215099 号

出 版 人　徐建忠
项目负责　毕　争　董一书
责任编辑　秦启越
责任校对　段长城
封面设计　孙莉明　郭　莹
出版发行　外语教学与研究出版社
社　　址　北京市西三环北路 19 号（100089）
网　　址　http://www.fltrp.com
印　　刷　北京天泽润科贸有限公司
开　　本　650×980　1/16
印　　张　17.75
版　　次　2021 年 10 月第 1 版 2021 年 10 月第 1 次印刷
书　　号　ISBN 978-7-5213-3136-3
定　　价　69.90 元

购书咨询：(010) 88819926　电子邮箱：club@fltrp.com
外研书店：https://waiyants.tmall.com
凡印刷、装订质量问题，请联系我社印制部
联系电话：(010) 61207896　电子邮箱：zhijian@fltrp.com
凡侵权、盗版书籍线索，请联系我社法律事务部
举报电话：(010) 88817519　电子邮箱：banquan@fltrp.com
物料号：331360001

记载人类文明
沟通世界文化
www.fltrp.com

目　录

总　序

　　当代语言学理论可归为两大类别：一是以人类学和社会学为基本指导的功能语言学，一是以哲学和心理学为基本指导的形式语言学。在功能语言学阵营内，影响比较大的应属韩礼德（M. A. K. Halliday）创立而发展的系统功能语言学。自20世纪50年代末，韩礼德提出阶与范畴语法以来，该理论经过系统语法、功能语法、系统功能语法和系统功能语言学、社会符号学等阶段的发展，如今已成为一门普通语言学和适用语言学。系统功能语言学之所以被称为一门普通语言学和适用语言学，是因为它的创立和发展是为了描述、分析和解释人类的自然语言事实，同时又是以解决与语言有关的问题为导向的。

　　在系统功能语言学的发展和完善过程中，其本体理论中的句法和语义研究，以及其拓展和应用探讨中的语篇分析、翻译研究、语法隐喻研究、评价语言分析、文体分析、多模态分析、语言教学研究等都得到了普遍重视。换言之，学界在最近二三十年里对上述主题的比较全面而系统的研究极大地推动了系统功能语言学的发展，使其具有了作为一门普通语言学和适用语言学的学科地位。

　　在中国，该理论自20世纪70年代末由方立、胡壮麟和徐克容三位学者合作撰文推介以来，在过去三十多年里已经得到了比较全面的发展。我们曾于2010年至2011年为学界推出了"功能语言学丛书"（外语教学与研究出版社，共10部），梳理了系统功能语言学在中国三十多年的发展成果，目的是在前期研究基础上，提出一些比较有意义的研究话题，供学界参考，从而进一步促动系统功能语言学在中国的发展。

　　时至今日，系统功能语言学在中国有了进一步的发展，尤其是在本土化研究领域。不少学者在对英语进行系统功能视角研究的基础上，还基于系统功能语言学思想，对汉语进行了比较系统而深入的探讨，形成了许多很好的见解。在这种情况下，我们通过与相关学者和出版社的多次沟通，提出编撰"英汉功能语言学入门丛书"的构想。

丛书的总体想法是邀请相关学者从系统功能语言学视角分别对英语和汉语进行系统性的研究，从而推出一套既有益于英语学界读者，又有益于汉语学界读者，同时也有益于从事英汉语言对比研究的学者的系统功能语言学入门丛书。这样一方面可以为学界推介和完善系统功能语言学理论，另一方面也可以推动系统功能语言学理论的本土化研究。

在写作语言和主题安排方面，丛书的构想是有关英语研究的书稿用英语写成，有关汉语研究的书稿用汉语写成；针对一个主题，同一位作者从系统功能语言学视角同时负责英语和汉语两本书稿的撰写工作。这样有利于读者对相同理论思想的深入了解，促使其熟悉该理论思想指导下的英语和汉语研究路径，以及两种语言在同一视角下的相同点及不同点，从而帮助其进一步拓宽自身的语言学视野，提高自身的语言研究水平及应用能力。

丛书系开放性读本，我们先推出8册，分别是由何伟教授负责的《英语功能句法分析》《汉语功能句法分析》《英语功能语义分析》《汉语功能语义分析》，苗兴伟教授负责的《英语语篇分析》《汉语语篇分析》，以及司显柱教授负责的《英译汉翻译研究功能途径》《汉译英翻译研究功能途径》。

丛书秉承功能思想，全方位呈现上述主题的内容，具有知识性、规范性和应用性等鲜明特点，对英汉功能语言学的研究和应用具有重要的指导意义。在体例上遵循如下编撰原则：一、同一主题的英语和汉语分册在章节内容安排上基本保持一致；二、每册书分为若干章节内容，同时包括前言、术语缩写表、参考文献、练习题和答案；三、每一章包括引言、主体内容、结语以及依据内容而编写的三个类型的练习题。

丛书的编撰和出版得到了中国系统功能语言学界许多专家学者以及外语教学与研究出版社的鼎力支持，在此一并对其表示衷心的感谢。

黄国文　何伟
2015年2月14日

前　言

　　自Harris于1952年提出"语篇分析"这一术语以来，语篇分析作为语言学研究的一个领域已经走过了半个多世纪的历程。虽然Harris（1952）的研究目的只是揭示语法现象在超句结构中的组织和分布规律，但他在现代语言学研究中开创了语篇分析的先河。20世纪60年代以来在人文与社会科学领域开始的"话语转向"（discursive turn）带来了语篇研究的繁荣。语篇分析在70年代发展成为一门综合的、独立的跨学科研究。经过80年代的迅速发展，语篇分析在90年代作为一门新兴的学科走向成熟并在90年代末成长为一个自主的研究领域（van Dijk 1990，1999）。随着时间的推移，语篇分析在人文和社会科学研究中的地位也越来越突出（苗兴伟 2020）。语篇分析不仅研究语篇层面上的语言现象，而且关注语篇与社会、语篇与认知之间的关系。语篇不仅是语篇分析的对象，而且也逐渐发展为研究的视角。越来越多的研究从语篇的角度考察句子层面以下的语言现象，或者从语篇的视角分析语言的使用以及语言与社会和认知之间的关系。

　　系统功能语言学为语篇分析提供了理论基础和分析框架。一方面，系统功能语言学本来就是用来分析语篇的理论，韩礼德（Halliday 1994；Halliday & Matthiessen 2004）明确地将自己的语法称作语篇语法（discourse grammar，a grammar of the text）。另一方面，系统功能语言学一直强调语言学理论和语言分析方法在语篇分析中的重要性。系统功能语言学在研究主位结构、信息结构、衔接、连贯、语域、语类结构等问题的同时，其所倡导的意义潜势论、语言层次观、元功能理论、社会符号观等理论为批评话语分析和积极话语分析提供了理论框架和分析框架，促进了语篇分析的发展。

　　作为"英汉功能语言学入门丛书"中的一本，《汉语语篇分析》除了关注系统功能语言学领域的语篇分析研究之外，也对其他研究领域的语篇分析做了介绍，目的是呈现语篇分析的全貌。本书共由十章组成，既有理论阐述，也有研究方法的介绍。为加深读者对章节内容的理解，每章的最后都有练习题，书后提供了参考答案。

第一章 为语篇分析引论，主要对语篇和语篇分析的概念做简要介绍并进行界定，阐述语篇的标准以及语篇分析的目的和原则。

第二章 描述和讨论语篇的衔接。作为一种语义关系，衔接在具体的语篇中体现为语法衔接和词汇衔接。语法衔接包括照应、省略、替代、连接等语法手段，词汇衔接包括重述和搭配等词汇手段。

第三章 阐述和讨论语篇的连贯。连贯通常被看作是语篇深层的语义或功能关系，对语篇连贯性的阐释涉及语义、语用、认知等视角。从语义的角度看，语篇连贯涉及微观层面上命题之间的语义关系和宏观层面上语篇主题与命题之间的语义关系。从语用的角度看，语篇是言语行为的序列，语篇的连贯是通过句子所实施的交际功能实现的。从认知的角度看，语篇的连贯性是受话者或读者在话语理解过程中认知操作的结果。

第四章 分析和讨论语篇的信息组织。语篇的信息组织方式体现为语篇中的主位和新旧信息的推进方式，主要通过小句层面上的主位结构和信息结构实现。就主位结构而言，语篇主要通过线性、持续型和派生型的主位推进模式组织信息。就信息结构而言，语篇主要通过旧信息和新信息之间的相互作用，使信息流推向前进。另外，话题–述题结构在语篇信息流的推进过程中也发挥着重要的作用。

第五章 分析和讨论书面语篇的结构。就语篇构成成分之间的关系而言，语篇具有线性结构和等级结构。本章主要讨论了语篇的语义结构、超级结构、语类结构、修辞结构和语篇模式。不同的结构分析在关注语篇的线性结构和等级结构的同时，从语言使用的不同方面对语篇结构进行研究，而且不同结构分析的目的也有不同之处。

第六章 描写和分析会话语篇的结构。美国会话分析学派把会话看作是一个动态的过程，注重研究话轮转换和会话中的语列结构，强调会话结构的线性特征。英国的伯明翰学派在描写课堂会话时提出了一个包括五个层次的会话结构模式，侧重对会话结构的等级特征进行分析和描写。

第七章 介绍功能语篇分析的理论和路径。语言本质上是一个语义系统网络，通过概念功能，人际功能和语篇功能提供意义潜势。人们根据社会文化语境在语言系统中通过意义潜势的选择来实现各种功能，使存在于意义潜势中的各种功能在语篇中得以实现。功能分析聚焦概念功能、人际功能和语篇功能在语篇中的体现方式。语域分析关注话语范围、话语基调和话语方式这三个语境变量与概念功能、人际功能和语篇功能的体现形式之间的关系。语类分析主要描写不同语类的结构潜势。功能语篇分析还关注语篇中的评价意义，把评价资源划分为态度、介入和级差三个子系统。

第八章 从基本理念、核心概念、研究焦点、分析路径和分析手段等方面阐述批评话语分析的理论和方法。批评话语分析将语言看作是一种社会实践方式，运用语言学的研究方法，通过实际语言的分析来研究社会问题，包括民族问题，种族歧视，性别歧视，公共关系等，揭示隐藏在语言背后不被普通读者发觉的意识形态和权利关系。

第九章 介绍和讨论多模态语篇分析的理论基础、分析方法和分析内容，以及多模态语篇分析的应用。多模态语篇分析关注图像、声音、颜色、手势、音乐等表意形式和符号资源在语篇中的体现方式和表意功能及其与语言符号之间的互动关系。

第十章 介绍和讨论语篇分析的研究方法，解释如何从不同的研究视角选择适合特定研究目的的资源、分析手段和分析策略，主要包括提出研究问题，确定语篇来源和类型，收集和整理语料以及语料的分析。

本书由苗兴伟和张蕾合作完成。第一至六章由苗兴伟撰写，第七至十章由张蕾撰写。统稿、修改和最终定稿由苗兴伟完成。在本书的撰写过程中，我们参考了大量文献，力求表述清楚、观点正确、文字简练、语料翔实可靠。由于时间仓促、水平有限，如有不当之处，敬请广大读者和专家学者批评指正。

苗兴伟　张蕾

2020 年 10 月 9 日

第一章
语篇分析引论

1.1　什么是语篇？

　　一般认为，语篇是大于句子的单位。这个定义强调了语篇的结构特征，即语篇是一个超句结构。但这个定义很笼统，因为语篇并不单纯是句子的组合，更不能把语篇看作是由句子构成的更大的语法单位。如果把语篇看作是一个语法单位，那么只要我们把合乎语法的句子堆在一起，就能构成一个合格的语篇。但事实并非如此。先看下面的例子：

（1）他是英国人，1957年出生在巴基斯坦的一个乡村。父母是传
　　　教士，也在当地行医，他的童年在印度、巴基斯坦和阿富汗
　　　度过。1978年，他从牛津大学哲学系毕业，七年后以一万英
　　　镑起家，自己办杂志，逐渐发展成英国最庞大的计算机出版
　　　集团，资产估计10亿美元。

（2）他是英国人，1957年出生在巴基斯坦的一个乡村。1978年，
　　　他从牛津大学哲学系毕业，七年后以一万英镑起家，自己办
　　　杂志，逐渐发展成英国最庞大的计算机出版集团，资产估计
　　　10亿美元。父母是传教士，也在当地行医，他的童年在印度、
　　　巴基斯坦和阿富汗度过。

　　我们讲故事或介绍人物时，一般是按一定的顺序展开的。例（1）从"他"的身世开始，按时间顺序介绍了"他"的童年、大学教育情况和奋斗历程。整个语篇在信息上承接顺畅。例（2）在信息编排上比较混乱，让人难以接受。这样看来，语篇不单纯是句子的累积，而是受规则制约的语言单位。语篇不是一个语法单位，虽然语篇中的句子在语法上必须是正确的，但

语法规则并不能解释语篇的可接受性。句子的组合受到语法以外的规则的制约。

关于"语篇"这一概念，不同的语言学流派曾下过不同的定义，但归纳起来，大致有两种不同的观点：形式主义学派认为，语篇是大于句子的语言单位；而功能主义学派则认为，语篇就是语言的运用（Schiffrin 1994：20）。形式主义学派把语篇看作是一连串句子的组合，并把语篇分析看作是对句子语法研究的延伸。功能主义则认为，句子与语篇有着本质的区别，句子是一个语法单位，而语篇则是一个交际单位。从语言运用的角度来看，句子只有在交际过程中被用来实施交际行为，并连接在一起构成更大的交际单位时才能获得意义。因此，语篇作为交际的单位被看作是交际行为的序列，是有意义的连贯性的语言表达，而不是单纯的句子的组合。

在批评话语分析领域，语篇被看作是"社会实践"，即社会文化语境中的社会行为或互动。语篇是社会关系影响下的产物，并负载着意识形态。语言使用者可以通过语言结构和表达方式的选择，影响并支配他人的思想和行为。批评语篇分析的目的是揭示语言使用者如何运用语篇中隐含的权力和意识形态对他人的行为和思想进行控制或操纵（van Dijk 1997）。

语篇是语言的运用或者是一个交际单位。我们运用语言进行交际时，不但有书面形式，也有口语形式。为了区分不同形式的语言使用，有的学者把书面语篇称作"篇章"，把口语语篇称作"话语"，把"语篇"看作是"篇章"和"话语"的统称。当然，也有很多学者不做任何区分。随着批评语篇分析和多模态语篇分析的发展，也有的学者把任何具有表意功能的符号和表达方式称为话语，无论是口语的还是书面语的，语言的还是非语言的。

1.2　语篇的标准

语篇既是一个语义单位，也是一个交际单位。并不是所有大于句子的单位都可以称得上是一个合格的语篇。而且并不是所有的语篇都是大于句子的单位，像"禁止吸烟"这样的警示语和"救命！"之类的有意义的语言单位都可以看作是一个语篇。那么，一个合格的语篇应该满足什么样的标准呢？Beaugrande & Dressler（1981）指出，一个合格的语篇必须满足七个标准：衔接、连贯、意图性、可接受性、信息性、情景性和互文性。

衔接：语篇各组成部分在语义上相互联系，关系紧凑。主要体现为语篇中的重复、排比、省略、替代和连接词等语言手段。

连贯：语篇在语义、功能和心理上构成一个统一的整体，特别是语篇中概念之间的时空关系和因果联系。

意图性：语篇涉及语言使用者的意图，为了实现和理解语篇的意图，语言使用者往往可以容忍语篇在衔接和连贯上的缺陷。意图性在很大程度上决定了语篇的可接受性。

可接受性：受话者或读者在理解语篇时首先把语篇看作是衔接的、连贯的语言表达，而且该语篇是与自己相关的，从而运用语境信息通过推理对语篇做出适宜的理解。

信息性：语篇具有传递信息的功能，语言使用者需要根据受话者的信息掌握情况传递一定的信息。不传递任何新信息的语篇令人难以接受，如果语篇中的信息都是未知信息，语篇则令人难以理解。也就是说，语言使用者需要根据信息性的要求在新信息和旧信息之间取得平衡，合理地编排信息。

情景性：任何语篇都发生于特定的情景，语篇总是与一定的情景语境发生联系。情景在很大程度上决定了语篇的可接受性并制约着语言使用者对语篇的理解。

互文性：语篇无论是在类型上还是在规约上都与其他语篇发生联系，有的语篇（如电子邮件和书评）本来就是在其他语篇的基础上产生的，这些语篇之间具有相互依赖和相互参照的关系。

以上标准对判断语篇合格与否具有指导意义。当然，一个合格的语篇并不一定同时满足所有这七个标准；由于语篇的类型和特点千差万别，不同的标准可能适用于不同的语篇。

1.3 什么是语篇分析？

在西方，对语篇的研究可以追溯到两千多年前柏拉图对辩论结构的研究和亚里士多德对修辞理论的研究（van Dijk 1985）。"语篇分析"这一术语最先是由美国结构主义语言学家 Zellig Harris（1952）提出来的。Harris 在《语篇分析》（"Discourse analysis"）一文中就曾经将句子语法的研究延伸到语篇的层面，并运用结构主义语言学的"分布"和"转换"等概念对句法成分在语篇层面上的分布规律和模式进行了研究。虽然 Harris 的分析方法只是对句子语法的延伸，但他的大胆尝试对语言学研究仍然具有重要的启发意义。后来，Labov 对 Harris 的形式主义的语篇分析方法提出了批评。Labov（1972：252）指出，语篇分析的根本问题就是说明一句话如何以合理的、受规则制约的方式出现在另一句话的后面，换言之，我们应如何理解连贯的语篇；语篇分析必须考虑言语事件的社会语境以及语言形式所实施的社会行为。

从语篇分析的发展历程看，20世纪60年代以来在人文与社会科学领域开始的"话语转向"带来了语篇研究的繁荣。语篇分析在70年代发展成为一门综合的、独立的跨学科研究。经过80年代的迅速发展，语篇分析在90年代作为一门新兴的学科走向成熟并成长为一个自主的研究领域（van Dijk 1990，1999）。近年来，语篇分析不仅促进了对语篇本体的研究，而且对语篇的认知和社会维度进行了系统的研究。语篇分析已经从最初的语言分析发展为一个涉及多个学科的研究领域，包括了几乎所有人文与社会科学领域有关语篇与谈话的理论和分析。可以说，语篇已经成为人文与社会科学的研究对象之一，语篇分析则成为人文与社会科学的重要研究方法。

既然是语篇分析，我们分析的是什么呢？Richards et al.（1985）是这样定义语篇分析的：语篇分析研究口语和书面语中的句子如何构成更大的有意义的单位，如段落和会话。Johnstone（2002）认为，语篇分析就是分析使用中的语言的结构和功能。"分析"包括两个方面。一是分解，这意味着把一个语篇片段按照各种标准拆解为不同的组成部分，然后研究组成部分的特征。例如，我们可以根据说话者是谁，段落边界在哪里，什么时候引入新的话题等对语篇进行分析。二是非字面意义上的分解，即系统地提出多个问题，运用多种理论视角，或者系统地进行各种检测，从而用各种不同的方式对语篇进行考察。这种分析既包括分解为组成部分，也包括分解为各种功能，或者根据参与者、情景、过程进行的分析。

在中国，早在刘勰的《文心雕龙》中就有语篇分析的思想。《文心雕龙》主要涉及文章写作的技巧、原则和文体风格等问题。在《文心雕龙·章句》中，刘勰的"文章学"思想涉及对语篇结构、语篇意义、语篇中的词语和句式的选择与布局等方面的问题：

> 夫人之立言，因字而生句，积句而为章，积章而成篇。篇之彪炳，章无疵也；章之明靡，句无玷也；句之清英，字不妄也。……
>
> 夫裁文匠笔，篇有大小；离章合句，调有缓急；随变适会，莫见定准。句司数字，待相接以为用；章总一义，须意穷而成体。……
>
> 寻诗人拟喻，虽断章取义，然章句在篇，如茧之抽绪，原始要终，体必鳞次。启行之辞，逆萌中篇之义；绝笔之言，追媵前句之旨。故能外文绮交，内文脉注，跗萼相衔，首尾一体。若辞失其朋，则羁旅而无友；事乖其次，则飘寓而不安。是以搜句忌于颠倒，裁章贵于顺序，斯固情趣之指归，文笔之同致也。

刘勰的"文章学"思想对汉语语篇分析产生了深远的影响。在现代汉语研究中，语篇分析是在20世纪80年代以后逐渐发展起来的。80年代以前汉语研究"句本位"的思想占据了上风，语篇分析散见于复句研究和句群研究等语法研究的个别问题上，而且往往是以修辞、逻辑分析为主。80年代以来，受语篇分析发展潮流的影响，大量的研究开始关注句子层面以上的语言问题，研究内容涉及语篇结构、语篇连贯、信息结构、主位结构、话题结构和语篇语法等（廖秋忠1992；张伯江、方梅2014；徐起起2010）。

1.4 为什么分析语篇？

现代语言学的奠基者索绪尔（Ferdinand de Saussure）关于"语言"和"言语"的划分对语言学研究产生了深远的影响。在索绪尔看来，语言学研究的是抽象的"语言"，而不是实际使用中的"言语"。20世纪60年代以来的"话语转向"在一定程度上改变了传统语言学重"语言"、轻"言语"的思想，使语言学研究突破了句子语法的樊篱。语言学研究的话语转向突出地表现为两个方面：一是语篇作为语言单位成为语言研究的对象，使语篇分析或语篇语言学发展为一个相对独立的研究领域；二是语篇分析的发展也为语言研究提供了语篇视角，特别是为句子层面的语言研究提供了方法论上的指导和实践方向。总之，语言研究不能只在句子的层面上局限于语言形式的描写，更不能脱离语言的交际功能和语言运用的具体语境。

语篇分析突破了句子语法的局限性，因为句子语法分析的是孤立的句子，这种分析并不能说明句子在具体语境中的运用，脱离了具体的语境就很难解释语言使用者是如何通过句法结构的选择来表达意义的。Brown & Yule（1983：ix）指出，语篇分析的目的是说明语言形式如何用于交际。Halliday（1994：xv）指出，语篇分析的目标总是有两个可能的层面。在较低的层面上，语篇分析有助于对语篇的理解：对语篇进行语言分析使人们能够说明语篇是如何并且为什么表达它所表达的意义的。只要把语篇与普通的语言特征联系起来，或者说把这种分析建立在语法的基础上，这一目标总是能够实现的。在较高的层面上，语篇分析有助于对语篇的评价：对语篇进行语言分析使人们能够说明语篇就其意图而言是否有效，即语篇在哪一方面是成功的，在哪一方面是失败的或不太成功的。实现这一目标是比较困难的，它不但要求对语篇本身的理解，而且要求对语境（情景语境和文化语境）以及语境与语篇之间的系统关系的理解。Halliday（1994：xxii）强调指出，语篇分析必须建立在对语言系统的研究上，这样做的主要意图就是对语篇做出解释。

具体地说，语篇分析有什么用呢？第一，语篇分析可以使我们了解语篇的组织方式，从而在生成语篇时避免失误。第二，了解语篇中思想和概念的展开方式，从而在口语和书面语的表达中形成编码技能。第三，了解语篇分析的不同方法，以便掌握对连续的语篇的解码能力，帮助学习者的阅读和听力理解。第四，有助于对语篇的鉴赏和评价。关于语篇分析的用途，Johnstone（2002）做了如下总结：第一，拓展了传统的语言学研究，将结构、语义和语用的研究延伸至句子层面之上。第二，通过考察语言变化的内因与外因，促进了语言变体与语言变化的研究。第三，通过对"外国腔"和"教师话语"的分析以及"对比修辞"和"对比语用学"的研究，促进了语言习得研究。第四，有助于回答语言在人类认知、艺术和社会生活中的作用的问题。对这些问题的探索已经持续了几个世纪：语言在艺术中的运用；人们为什么讲故事；人们为什么交谈；人们如何将语言适用于课堂和心理咨询之类的专门场所；什么是说服，它是如何运作的；等等。第五，有利于回答传统上关注人类生活和交际的研究领域所提出的问题，如人类学、文化学、心理学、传播学、社会学，也包括那些被认为与语篇不太相关的领域，如地理学、园林与娱乐、人机互动与互动设计、医药、法律、公共政策和商务等。

1.5　语篇分析的原则

语篇分析因目的和用途的差异，在实际的操作上体现出不同的理念和方法，并且在分析的内容上也会有所不同。但总的来说，语篇分析需要遵循一些基本的原则。Schiffrin（1994：414）将语篇分析的原则概括为如下几个方面。

1. 语篇分析是实证性的。语料来自语言社团；分析是对语料做出解释；分析是预测性的。

2. 语篇不仅仅是语言单位的序列。如果把注意力局限于语言的形式和意义，就无法理解语篇的连贯性。

3. 实现语篇连贯的资源共同使参与者完成并理解日常谈话所表达的内容、意义和所实施的行为。换句话说，语言的形式与意义携手社会文化意义和理解框架，共同创造了语篇。

4. 日常口语语篇的结构、意义与行为是在互动中实现的。

5. 语言使用者表达的内容、意义和所实施的行为是以序列分布的。

6. 内容和意义的表达方式和行为的实施方式受制于以下事物之间的关系：口语互动；明示意图的规约策略；语言形式在即时语境中的意义和功能；其他语段构成的序列语境；语篇方式的特征（如叙述、描写、说明）；社会语境；信念与行为的文化框架。

从以上原则可以看出，语篇不仅仅是一个大于句子的语言单位。作为一种复杂的语言现象，语篇涉及语言使用的各个方面和维度，语篇分析不仅需要考虑语言的形式和意义，更需要考虑语言使用的社会文化语境、语言使用者的认知、信念与行为以及语言使用者之间的互动关系。

批评话语分析把语篇看作是社会关系影响下的产物，语篇作为一种社会实践负载着意识形态。批评话语分析的目的是揭示语篇中隐含的权力关系和意识形态对他人的行为和思想进行控制或操纵。Fairclough & Wodak（1997：271-280）将批评话语分析的基本原则进行了全面的总结，这些原则包括：

1. 批评话语分析关注社会问题；

2. 话语是社会权力关系生成和再现的场所；

3. 话语构成社会和文化，是社会和文化再生和/或变化的场所；

4. 话语从事意识形态工作，话语结构展现、加强、再生社会中的权力和支配关系，并使其合理化或对其进行质疑；

5. 话语是历史的，应置于语境中进行考察；

6. 语篇与社会的关系经由中介产生，话语与社会的关系是辨证的；

7. 对语篇结构不仅仅描述，更注重解释；

8. 话语是社会实践的形式，它揭示权力关系的隐晦性。

批评话语分析把语篇看作是社会实践，注重通过语言分析，揭示语篇中含而不露的意识形态、操控和权力关系。因此，批评话语分析主张语篇分析与社会分析的紧密结合，通过语篇分析发现问题，并提出解决问题的策略。

练 习

1. 判断一个语篇是否合格的标准是什么?

2. 为什么要进行语篇分析?

3. 语篇分析的原则是什么?

第二章
语篇的衔接

2.1　什么是衔接?

在语篇分析领域，Halliday & Hasan（1976）对英语语篇中的衔接现象所做的研究对衔接理论的发展做出了重大贡献。在此之前，Jakobson（1960）对文学语篇中由句法结构和重复而形成的排比现象的分析被认为是对语篇衔接的最早研究（Traugott & Pratt 1980：21）。Halliday（1964：303）首次将衔接划分为语法衔接和词汇衔接两大类；后来，Hasan（1968）对语法衔接做了较为详尽的探讨。在文学语言的研究方面，Gutwinski（1976）从语法衔接和词汇衔接的角度对文学语篇的衔接现象进行了分析。Halliday & Hasan（1976）在《英语中的衔接》（*Cohesion in English*）一书中对语篇的衔接理论进行了全面、系统的论述。一般认为，该书的出版标志着衔接理论的创立。Halliday和Hasan对语篇衔接的研究一直没有中断，他们（Halliday 1985；Halliday & Hasan 1985）沿着自己的研究方向继续探索，进一步发展和完善了衔接理论（朱永生 1995：36）。

在系统功能语言学的理论框架中，衔接是一种语义关系，当语篇中的某一语言成分需要依赖另一语言成分来解释时，便产生了衔接关系（Halliday & Hasan 1976：4）。作为一种语义关系，衔接在具体的语篇中体现为语法衔接和词汇衔接。语法衔接包括照应（reference）、替代（substitution）、省略（ellipsis）、连接（conjunction）等衔接手段，词汇衔接包括重述（reiteration）和搭配（collocation）等衔接手段。语篇中的各种衔接手段是借助意义把语篇中的语言成分连接在一起的。Halliday & Hasan（1976）把衔接看作是一种语义关系，并把它作为语篇连贯性的必要条件之一。

2.2 语法衔接

2.2.1 照应

在语篇中，如果对一个词语的解释不能从词语本身获得，而必须从该词语所指的对象中寻求答案，这就产生了照应关系。因此，照应是一种语义关系，它指的是语篇中一个成分做另一个成分的参照点，也就是说，语篇中一个语言成分与另一个可以与之相互解释的成分之间的关系。例如：

（1）孙少平和田晓霞气喘吁吁爬上南山，来到那个青草铺地的平台上。地畔上的小树林像一道绿色的幕帐把他们和对面的矿区隔成了两个世界。

（路遥，《平凡的世界》）

（2）曾有过一个热爱唱歌的小伙子，他也是每天都到这园中来，来唱歌，唱了好多年，后来不见了。他的年纪与我相仿，他多半是早晨来，唱半小时或整整唱一个上午，估计在另外的时间里他还得上班。我们经常在祭坛东侧的小路上相遇，我知道他是到东南角的高墙下去唱歌，他一定猜想我去东北的树林里做什么。

（史铁生，《我与地坛》）

在例（1）和（2）中，代词"他们""他""我"和"我们"的确切含义是由它的所指对象决定的。如果对它做出语义解释，就得在语篇上下文和情景语境中寻找和它构成照应关系的词语或所指对象。例（1）中的"他们"指的是上文提到的"孙少平和田晓霞"；例（2）中的"他"指的是"热爱唱歌的小伙子"，"我"指的是情景语境中的说话者，"我们"指的是"我"和"热爱唱歌的小伙子"。

从语言使用的角度看，照应性（phoricity）是语言交际过程中的一个普遍现象。在语篇的生成过程中，照应性使发话者通过语言手段来指代语篇中所涉及的实体、概念或事态。正如 Halliday & Hasan（1976）所说的那样，照应性具体地指导人们从某个方向回收为理解有关语言成分所需的信息。在语篇的理解过程中，有时人们需要从语篇之外来寻找某一指代成分的所指对象，有时人们则需要从语篇内部来寻找某一指代成分的所指对象。因此，从语用功能的角度来看，照应可以分为两种：外指（exophora）和内指（endophora）。外指照应指的是语篇中某个成分的参照点不在语篇本身内部，而是存在于语境中。内指照应指的是语言成分的参照点存在于语篇上下文中。内指可以进一步分为回指（anaphora）和下指（cataphora）。回指照应指的是所指对象位于上文，即指代成分的指称位于指代成分之前；下指照应指的是所指对象位于下文，即指代成分的指称位于指代成分之后。例如：

（3）这滴水诞生于凌晨的一场大雾。人们称它为露珠，而她只把它当作一滴水来看待，它的的确确就是一滴水。最初发现它的人是一个七八岁的小女孩，她不是在玫瑰园中发现它的，而是为了放一只羊去草地在一片草茎的叶脉上发现的。那时雾已散去，阳光在透明的空气中飞舞。她低头的一瞬发现了那滴水。

（迟子建，《一滴水可以活多久》）

在例（3）中，"人们"用来泛指那些把这滴水称为露珠的人，其所指对象不在语篇内部，属于外指照应。代词"她"指的是"一个七八岁的小女孩"，第一次出现的时候，读者并不知道其所指对象是谁，需要从下文中寻找，因而属于下指照应。当"一个七八岁的小女孩"被引入语篇后，代词"她"又与所指对象构成回指照应关系。代词"它"与"这滴水"构成回指照应关系。

从以上分析中可以看出，照应是语篇中某一成分和另一成分之间在指称意义上的相互解释的关系。更确切地说，它是语篇中的指代成分与指称或所指对象之间的相互解释关系。虽然语篇中的照应关系是通过一定的语言手段来表达的，但指代成分与所指对象之间是通过语义联系来构成照应关系的。照应在语篇中发挥着重要的作用。首先，它可以使发话者运用简短的指代形式来表达上下文中已经或即将提到的内容，从而使语篇在修辞上具有言简意赅的效果。更为重要的是，照应可以使语篇在结构上更加紧凑，从而使语篇成为前后衔接的整体。在词汇语法层次上，照应可分为人称照应、指示照应和比较照应。

2.2.1.1　人称照应

人称照应指的是用人称代词及其相应的限定性所有格代词和名词性所有格代词所表示的照应关系。人称代词包括"你""我""他""她""他们""她们""我们"等，可以在句中充当主语或宾语。限定性所有格代词包括"你的""我的""他的""她的""他们的""她们的""我们的"等，在句中充当定语。汉语中的名词性所有格代词在形式上与限定性所有格代词相同，差别在于语法功能的不同，名词性所有格代词在句中充当主语或宾语。例如：

（4）杨瑞和钟宁一起上班，他们并肩走进公司的写字楼，一同上电梯，一同走进公司。公司里的人看到他们又出双入对地走在一起，无不关注而且好奇地看他们。

（海岩，《玉观音》）

（5）我对复旦大学的教师们有一种很高的整体评价，而且经过几十年之后直到今天，这种评价有增无减。他们的学术成就未必永远胜过其他高校，但他们有一种不知如何形成的君子之风，即便在政治风雨中也默默固守着。

（余秋雨，《借我一生》）

（6）可是这瞒不了老奸巨猾的沈绿村，他一下子就明白了自己的妹妹是在怎么样的情景下死去的。妹妹姓沈，他也姓沈，一笔写不出两个沈字。他大妹小，长兄如父，妹妹是他的，就像珠宝巷的房产是他的，上海南京路上的绸庄是他的一样，他有责任保护好他的私人财产。

（王旭烽，《茶人三部曲》）

例（4）中的"他们"回指"杨瑞和钟宁"，第一个"他们"用作主语，后两个"他们"用作宾语。例（5）中的"他们的"与"复旦大学的教师们"构成回指照应关系，并充当"学术成就"的定语。例（6）中的"他的"与上文的"沈绿村"形成回指照应关系，在句中充当宾语，分别相当于"他的妹妹""他的房产"和"他的绸庄"。

根据人称系统所体现出的人际角色关系，汉语中的人称系统也可以划分为三类：第一人称、第二人称和第三人称，如图2-1所示。每一个类型都涉及单数形式和复数形式的区别，第一人称又分为一般人称（我、我们）和谦称。谦称主要包括"愚弟""愚兄""在下""不才""老朽""老身""贱内""妾"等称谓词，常见于古汉语或正式文体。第二人称分为一般人称（你、你们）和敬称。敬称除了人称代词"您"之外，还包括"君""兄""贤弟"等称谓词，一般也是用在正式的场合。第三人称除了单复数的区别之外，在性别上区分阳性（他、他们）、阴性（她、她们）和中性（它、他们）。在正式场合，第三人称系统也存在敬称和谦称的区分，如称呼对方的父母或子女时，可以用"令尊""令堂""令郎""令媛"之类的称呼语，称呼自己的妻子或儿子时，可以用"贱内""犬子"之类的称呼语。

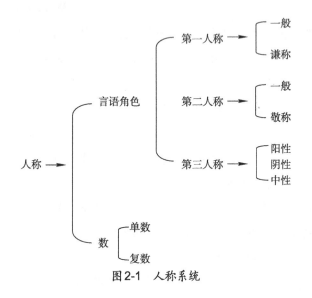

图2-1 人称系统

此外，在口语中还经常用"咱们"来表示第一人称复数。"咱们"和"我们"的不同之处在于"咱们"必须包括受话者在内，而"我们"不一定包括受话者在内。汉语中的"别人""人家"和"大家"也具有指代功能。"别人"是和"自己"相对的，用来指称所涉及的某人之外的人；"人家"一般用于第三人称，偶尔也用于第一人称单数；"大家"是统括众人的总称。

在表示复数意义时，汉语在单数形式的后面加上一个"们"字，如"我们""他们""你们"，等等，有时也可以在单数或复数形式后面加上表示复数的数量词，如"他两个""他俩""你二人""我们俩""他们四个"，等等。在表示统括众人的总称时，可以在复数的人称代词的后面加上"大家"，如"我们大家""你们大家""他们大家"等。

2.2.1.2 指示照应

指示照应指的是用指示代词表示的照应关系。陈安定（1991：52）将汉语的指示代词做了如下划分。

1. 指代人或事物：这（些）、那（些）；

2. 指代处所：这儿、那儿、这里、那里；

3. 指代时间：这会儿、那会儿；

4. 指代性质、状态和程度：这么、那么、这样、那样。

王力（1985：213）根据说话者与所指对象之间的距离将汉语中的普通指示代词划分为两类：近指的和远指的，每一种类型有表现出单数和复数的区别。如图2-2所示。

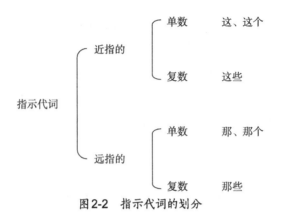

图2-2　指示代词的划分

指示代词可做主语、宾语、定语、状语、谓语和补语。例如：

（7）a.　班长，这是我结婚的戒指。（主语）

　　 b.　离这儿十里地，有个大村叫何庄。（宾语）

　　 c.　我也吃这饭，这饭好吃。（定语）

　　 d.　你再看看你的单子不是那么写的吗？（状语）

　　 e.　别这样，叫人看见多不好。（谓语）

　　 f.　孩子病得这样，你别吓着他呀！（状语）

（丁声树、吕叔湘等，1961：151-157）

而且有的指示代词的语法功能也不尽相同。譬如，"这""那"单独使用时，主要用作主语，用作宾语时一般用"这个""那个"。例如：

（8）a.　原来是云儿有这个。

　　 b　那个我不要。

（王力，1985：213）

另外，"这""那"做主语一般指事物，指人多半是用"是"做动词，做宾语时只指事物。例如：

（9）a.　这就是我的窖。

　　 b.　爹！这是那村的客？

　　 c.　小孩们念个那，有什么危险？

（丁声树、吕叔湘等，1961：151）

在用作限定词时，除了以上提到的之外，汉语中还有一些词语也可以充当指示限定词，如：今（番/次）、本（地/年）、此（时/地）、该（国）等。

指示代词通过指称语篇上下文中的人、事物、处所、时间、性质、状态和程度，建立照应关系，促进语篇的衔接。例如：

（10）等东西都买齐全，已快到晚上，老四提议大家去饭店吃一顿，毕竟和谢文东头一天认识，要在一起过四年，互相之间联络感情最快捷的地点就是在酒桌上。谢文东对此没有意见，说句："我是最后来的，这顿饭我请客！"众人听后欢呼一声，急忙帮着把谢文东买的东西送回寝室后，浩浩荡荡去了H大侧门的饭店。这里的东西不便宜，但也不太贵，谢文东感觉还算是实惠。七人喝了一箱啤酒，扎啤喝了多少记不清了。只是后来回学校的时候都步履蹒跚，里倒歪斜的。最主要是，这顿饭吃完后大家都成哥们儿了。

（六道，《坏蛋是怎样炼成的》）

（11）正在闲着没有事干的这一群人，有了这机会，便包围着罗雪茵和秦枫谷两人，立时闹做一团糟。在这样情况之下，罗雪茵即使要发脾气，也不好意思发作，何况她给秦枫谷带笑的几句话，怒气早已消了一半，现在这样一来，虚荣心获得了十二分的满足，不仅不生气，反而得意起来了。"不敢不敢，"她笑着说，"我也拜托诸位，要怎样处罚他，我完全委托诸位全权办理。"适才的怒气，空跑了一趟江湾的懊恼，现在完全忘记了。她又背过脸去，打开手提袋，拿出镜子照起来了。集团裁判的结果，发现罗雪茵还饿着肚子，没有吃晚饭，便一致议决罚秦枫谷去喊了一客八角钱的俄国大菜，买了一块钱的水果来请客，又罚他在最近期内请看电影。"好的好的，等发了薪水，我立即全体请客。"这样说着的时候，他高兴的自己跑去喊俄国大菜。他觉得破费了两块钱来平息这一场风波，同时又换得

那样一个美满的下午，无论如何是值得的。他更庆幸自己
从沙利文出来便到张一天这里来，他万想不到罗雪茵居然
曾寻到这里来的，如果他不在，那决不会像这样简单的过
去了。

（叶灵凤，《永久的女性》）

在例（10）中，指示代词"此"回指上文的"大家去饭店吃一顿"的
建议，指示代词"这"在"这顿饭"中充当定语，分别指代老四提议的这顿
饭和大家已经吃完的这顿饭。"这里"做定语，指代"H大侧门的饭店"。在
例（11）中，指示代词"这"单独出现三次，"这样"出现四次，"那""那
样"和"这里"各出现一次。指示代词的使用加强了语篇上下文之间的照应
关系，虽然语篇涉及不同的指称对象，指示代词使语篇中的各种照应关系清
楚明了，使语篇衔接紧凑。

2.2.1.3 比较照应

比较照应指的是用比较事物异同的形容词或副词及其比较意义所表示的
照应关系。由于任何比较最少都要涉及两个实体或事态，所以当语篇中出现
表达比较的词语时，受话者就会在上下文中寻找与其构成比较关系的其他词
语。因此，比较照应在语篇中具有承接上下文的作用。

比较照应涉及总体比较和具体比较。总体比较是仅仅就事物的异同而进
行的比较，不涉及事物的任何特征。在语篇中，涉及比较关系的两个事物或
事态可以完全相同或者在总体上具有相似性，也可以是不同的。

就总体比较而言，汉语中常用形容词和副词表达事物的异同。形容词
包括"同样的""相同的""同等的""类似的""其他的""不同的""别的"，
等等。副词包括"同样""同等""一样""不同""不然"，等等。例如：

（12）这种方式在书信中普遍使用，例如给朋友写信，彼此身份、
年龄相当，但为了表示对对方的尊敬，信封上写"某某先生
书童收"，意谓不敢直接交给对方，而只能请其书童转呈。
或写作"某某先生俯收"，以表示彼高己卑之意。类似的表

达方式，今日依然在某些文人雅士中使用。

（猛子，《大汉帝国风云录》）

（13）人家说，能吃是福气，这位老太太大概是世界上最有福气的一位老太太了。别的老太太就算能活到她这样的年纪，也没有这么能吃能喝，就算这么样能吃能喝，也没有她这样的荣华富贵，也没有她这么样多子多孙，就算有这么多子多孙，也不会像她这样，所有的子孙都能出人头地。

（古龙，《午夜兰花》）

（14）他不爱四萍了，但在感情上还是把她当作姐妹一样，所以他受不了四萍变成了这副德行。其实四萍对龙小羽也同样没有绝情，这在后来韩丁的调查中被一再地证实。

（海岩，《拿什么拯救你，我的爱人》）

例（12）中的"类似的"与上文的"某某先生书童收"和"某某先生俯收"构成比较照应关系，使语篇前后紧密地衔接在一起。例（13）中的"别的"与上文提到的"这位老太太"构成比较关系，指的是与"这位老太太"不同的其他老太太。例（14）中的"同样（没有绝情）"与上文"他不爱四萍了，但在感情上还是把她当作姐妹一样"形成比较照应。

除了词汇手段之外，汉语还可以运用比较结构来表达总体比较，常见的有："如……一样""和……差不多""和……相同""像……之类的""……也是如此""没有（不像）……那样"，等等。例如：

（15）近年来他亲眼见到努尔哈赤在立储上的一次又一次的失败，心中交织着一种复杂的感情。在阿敦看来，努尔哈赤虽有众多的儿子，却没有一个如他们的父亲那样，具备了雄才大略、智勇双全的能力。

（司马路人，《努尔哈赤私密生活全记录》）

（16）天空积满了灰色的云块，呆滞滞的不动。他脸上的气色和天空差不多。

（茅盾，《子夜》）

例（15）中的"没有一个如他们的父亲那样"使"努尔哈赤"与"众多的儿子"之间形成鲜明的对照，从而在评价努尔哈赤的众多儿子的同时，使语篇前后紧密地衔接在一起。例（16）表达了"他脸上的气色"与"积满了灰色云块的天空"之间的对比关系，使语篇前后承接。

具体比较是就事物的数量或质量而进行的比较。这种比较关系主要是通过普通形容词或副词的比较级来表达的。汉语的形容词和副词没有比较级的形态变化，具体比较是通过词汇、语法手段来表达的。汉语在表达具体比较时常用的词汇手段有："更""更加""再""比较""这么"，等等。最常用的语法结构是"比……+形容词或副词"。为了加强比较的意义，形容词或副词前常常用"更""还""还要"修饰，如"比电线杆还高"，有时形容词或副词之后可以加上"得多"，如"比电线杆高得多"，有时也可以在形容词或副词前后都加上修饰成分，如"比电线杆还要高些"。最简单的表达方式是在形容词或副词之后加上"了些"，表示在数量或质量上的增减。在表达否定意义的具体比较时，汉语常常使用以下结构："没有/不如……+形容词或副词""没有/不如……那样+形容词或副词""比……+形容词或副词+不到哪儿去"，等等。例如：

（17）杨昌济很快看完了一遍，抬起头，仿佛要开口，大家正等着听他的评价，不料他沉吟了一下，却一言不发，又从头开始看起第二遍来，这回看得反而慢得多。

（黄晖，《恰同学少年》）

（18）对于这种程度的迁怒，张越自不放在心上，看裘氏胃口还算不错，他不禁很是佩服她的乐天知命，也更安心了些。

（府天，《朱门风流》）

（19）进入院门后，管事并没有领他们进正屋，而是朝院子的花园走去。一路上，夜晚晦暗的光线掩盖了建筑物的老旧。不过来人也知道，这些堂屋应该好不到哪儿去。心想，在我们的国家，总管国家事务的大臣，却居住在如此寒酸的地方，连很普通大臣的居住条件也比这里好得多。

（风似刀，《大汉骑军》）

（20）我们的作家看见胡子不但不知自己为难，反而恭维一字千
　　　金，胆子立刻壮起来，傲然说："没那么贵。我先请问，贵
　　　处是不是美国？折合美金，我的稿费并不算贵。"

（钱锺书，《灵感》）

例（17）中的"慢得多"建立了"杨昌济很快看完了一遍"和"又从
头开始看起第二遍来"之间的比较照应关系。在例（18）中，"更安心了些"
通过比较照应将"对于这种程度的迁怒，张越自不放在心上"和"看裴氏胃
口还算不错，他不禁很是佩服她的乐天知命"两部分内容联系起来，使语篇
衔接紧凑。例（19）中的"好不到哪儿去"是在上文的"建筑物的老旧"基
础上做出的推理和比较；"好得多"则是对"如此寒酸的地方"和"很普通
大臣的居住条件"的比较。这两处比较一方面凸显了不尽如人意的居住条
件，另一方面也强化了语篇上下文的照应关系。在例（20）中，"没那么贵"
是以上文的"一字千金"为比较基础的，并以此承接上文，起到了语篇衔接
的作用。

2.2.2　替代

替代指的是用替代形式来取代上文中的某一成分。在语法和修辞上，替
代被认为是为了避免重复而采用的一种重要的语言手段。在语篇中，由于替
代形式的意义必须从所替代的成分那里去索引，因而替代起着衔接上下文的
作用。例如：

（21）女真人失去首领，又见方彪凶悍无比，军中顿时大乱。本在
　　　此良机，吴三桂正可指挥军队冲击，但谁都没有想到，吴三
　　　桂居然没有这么做。

（西方蜘蛛，《血沃轩辕》）

在例（21）中，"这么做"替代上文的"指挥军队冲击"，这样不仅避免
了用词上的重复，而且使语篇前后承接，从而起到语篇衔接的功能。

在语篇的层面上，替代可以通过替代成分与替代对象之间的索引关系使

语篇中的句子紧密地连接在一起，从而起到语篇衔接的作用。替代成分的出现预设了被替代成分的存在，因此替代成分的出现必然会使受话者从语篇上文中去寻找被替代的语言成分。根据 Halliday & Hasan（1976）的划分，替代可分为名词性替代（nominal substitution）、动词性替代（verbal substitution）和分句性替代（clausal substitution）。

2.2.2.1　名词性替代

名词性替代指用可充当名词词组中心词的替代词来取代另一个名词词组。汉语中具有名词替代功能的替代词为"的"和"者"。例如：

（22）各式各样的球鞋像装在万花筒里，在她面前转开了：白色的、蓝色的，高筒的、矮帮的，白色带红边的、白色带蓝边的。给圆圆挑一双吧，他脚上的鞋早已破了。给他买一双白球鞋吧，他会高兴一个月。

（谌容，《人到中年》）

（23）莲花是自成一类的花卉，我个人认为是花中最美丽者，只要想想它是那么连枝带叶整个浮在水上。

（林语堂，《谈花和养花》）

例（22）中"白色的、蓝色的，高筒的、矮帮的，白色带红边的、白色带蓝边的"与上文的"球鞋"构成了非常紧密的衔接关系，因为"的"替代上文的"球鞋"。例（23）中的"者"也具有类似的替代功能，它与上文的"花卉"构成了替代关系。

2.2.2.2　动词性替代

动词性替代指的是用动词性替代词去替代动词词组。汉语中最常见的动词性替代词为"干"和"做"，经常与"这么"和"这样"搭配，替代上文提到的动词词组。例如：

（24）"咱们应该告他那是那妞儿的哥哥上去就抽，……"

　　"对对，这可以，再让老东西写个悔过书，那就等于有了个

活期存折。把那妞儿就近找个马桶按进去冲了，要不脑门子
上贴张八分邮票远远地寄黑龙江去。"

高洋说，"这么干有意思，先得弄清楚老头和那妞儿是什么
关系，别是父女俩。"

（王朔，《玩的就是心跳》）

例（24）中的"干"几乎替代了上文中的所有动词词组，这种替代关系
不但加强了语篇的前后衔接，而且使语篇在表达上简洁明快，信息突出。

除了"干"和"做"之外，汉语中有时也用"来""弄""搞"等替代上
文中出现的动词词组。例如：

（25）——我们下棋好不好？

　　　——我不来。

（26）——你能铺床吗？

　　　——我不会弄。

（27）——家庭作业完成了吗？

　　　——早就搞好了。

（夏日光1998：216）

在以上几个例子中，"来"替代"下棋"，"弄"替代"铺床"，"搞"替
代"完成"。

2.2.2.3　小句性替代

小句性替代指的是用替代词来取代小句。根据小句性替代所发生的语
境，Halliday & Hasan（1976：131）将小句性替代划分为三类：引语（report）
替代、条件（condition）替代和情态（modality）替代。

汉语中的引语替代现象十分常见，常用的引语替代词为"这样""这
么"，用于替代表达肯定意义的引语。例如：

（28）那时虽远在五四运动以前，但我们那里的中学生却常有打进
　　　戏园看白戏的事。中学生能白看戏，小学生为什么不能白吃

桃子呢？我们都这样想，便由那提议人纠合了十几个同学，浩浩荡荡地向城外而去。

（朱自清，《看花》）

（29）他（君实）更猜不透娴娴对于他的态度。说她是有些异样罢，她仍旧和她很亲热很温婉；说她是没有异样罢，她至少是已经不愿意君实去过问她的事，并且不耐烦听君实的批评了。甚至于刚才不愿意听君实讲关于她的梦。

——呵，神秘的女子的心！君实又不自觉地这么想。

（茅盾，《创造》）

（30）"就是见着了也未必认识。"李江云说。

"恐怕是这样。"中年人说。

（王朔，《玩的就是心跳》）

显然，在例（28）中的"这样"替代的是上文的"中学生能白看戏，小学生为什么不能白吃桃子呢？"。同样，例（29）中的"这么"替代的是上文的整个小句"神秘的女子的心！"。例（30）中的"（恐怕是）这样"也是一个引语替代结构，替代"就是见着了也未必认识"。

另外，汉语中的"是"有时也可以用于引语替代。例如：

（31）谭丽笑："你很爱她是吗？"

"谁？噢，大概是，我想是。我们虽然惨点，爱爱总是可以的，哪怕人家不爱咱呢。"

（王朔，《玩的就是心跳》）

例（31）中的"我想是"相当于"我想我很爱她"，我们可以把"是"看作是"是这样"的缩略形式。

在表达否定意义时，汉语是通过直接否定替代词"这样""这么""是"，来表达否定意义的。例如：

（32）我不知道你能不能见到这封信。也许，它将是一封永远无法投递的信。我多么希望不会是这样的，我也相信绝不会是这样的。这次，你病得很重。但我总觉得你会好起来的。

（谌容，《人到中年》）

在例（32）中，两个替代结构可以还原为："我多么希望它将不是一封永远无法投递的信，我也相信它将绝不会是一封永远无法投递的信。"

在汉语的条件替代中，替代词"这样"与条件副词"如果"搭配，有时也可以用"既这样"或"这样的话"之类的替代结构；否定意义的替代词是"不然"或"不这样"，常常出现在"要不然""不然的话""如果不这样""不这样的话"等替代结构中，有时"不然"可以单独使用，"要不"也经常用于条件替代。例如：

（33）乌世保说："我松，我草包，洋人来了我没有枪对枪刀对刀的勇气，可我也不能上赶着当亡国奴不是？这点耻辱之心我还有。"

聂小轩说："这是九爷订的活，咱不烧九爷能依吗？"

柳娘说："既这样，咱们快收拾收拾逃开吧？"

（邓友梅，《烟壶》）

（34）"孙主任已经快七十了。他自己的眼睛也不行了。再说，他已经好几年没上手术台。他现在的任务是搞点学术研究，带好这一批中青年大夫，还有教学的任务。让他做手术，老实说，还不如让陆大夫做更有把握。

"要不，请郭大夫做，行不行？"

（谌容，《人到中年》）

例（33）中的"这样"替代的是乌世宝和聂小轩所说的话，即两位说话者所描述的这种进退两难的境地。例（34）中的"要不"替代的是上文的"（不）让他做手术"。

汉语中最常见的情态替代词"是"和"不是"，分别表达肯定意义和否定意义，与其相搭配的情态副词有"或许""大概""可能""的确""绝对""一定"等。如：

（35）谭丽笑："你很爱她是吗？"

"谁？嗷，大概是，我想是。我们虽然惨点，爱爱总是可以的，哪怕人家不爱咱呢。"

（王朔，《玩的就是心跳》）

（36）"那么，他自己运了私货自己报告，那不是跟钱袋作对么？"

"也许他报告的是别人的私货——"

"绝对不是！全县的贩私机关就只有他一个！"

（茅盾，《手的故事》）

例（35）中的"大概是"是一个情态替代结构，"是"替代的是"我很爱她"。例（36）中的"不是"替代的是"他报告的不是别人的私货"，因此，"绝对不是"可以还原为"他报告的绝对不是别人的私货"。

2.2.3 省略

省略指的是把语言结构中的某个成分省去不提，它是避免重复，突出新信息，使表达简练、清晰的一种修辞方式，也是使语篇前后衔接的一种语法手段。从某种程度上讲，省略结构在句法上是不完整的，但这并不意味着省略结构是不可理解的，因为受话者可以从上下文中找到被省略的成分。也就是说，省略结构的出现预设了被省略成分的存在，发话者在省掉某一成分时必须以该语言成分在上下文中的存在为前提的，而受话者也必须从上下文中寻找被省略的语言成分并以此来补足省略结构。正是由于省略结构与被省略成分之间的这种预设关系，句子或语篇得以前后衔接。

在语篇的层面上，由于被省略成分存在于语篇上下文中，因此省略是语篇中句子之间的纽带。例如：

（37）"你愿意在眼科吗？"孙逸民几乎决定草草结束这谈话了。

他手臂撑在桌沿上，用手指揉着太阳穴，疲倦地问道。

"愿意。我在学校的时候就对眼科有兴趣。"她说话略带南方口音。

（谌容，《人到中年》）

例（37）中说话者用"愿意"回答了对方的疑问，不但省略了与问话中相重复的内容，而且使回答简捷明快，富有表达力。从这两个例子中可以看出，跨句省略不但可以避免重复，使新信息更加突出，而且省略结构和省略成分之间的预设关系使语篇前后衔接，结构紧凑。

根据Halliday & Hasan（1976）的语篇衔接理论，英语中的省略可以分为名词性省略（nominal ellipsis）、动词性省略（verbal ellipsis）和小句性省略（clausal ellipsis）。

2.2.3.1　名词性省略

名词性省略指的是名词词组内的中心词的省略，中心词与部分修饰成分的省略，甚至整个名词词组的省略。名词词组是由一个表示事物意义的中心词和若干个修饰成分构成的，其中的修饰成分可有可无。从某种程度上讲，名词性省略意味着将名词词组中的修饰成分提升为中心词。例如：

（38）荒荒说："今年的化肥分来不少，可是摊到各家各户就那么一点点。后来才知道肖万昌书记给你们留了一手儿。俺是来跟你商量一下，借几百斤先用一用。"

（张炜，《秋天的愤怒》）

例（38）中的"几百斤"是由"几百斤化肥"省略而来，中心词"化肥"被省略后，修饰成分"几百斤"被提升到中心词的位置上，并充当"借"的宾语。

2.2.3.2　动词性省略

动词性省略指的是发生在动词词组内的动词的省略，或整个动词词组的省略。例如：

（39）"你上午已经安排两个手术了。身体能顶下来吗？"
"能。"陆文婷挺直了身子，笑了笑，好像要证明她身上蕴藏着无穷无尽的精力。

（谌容，《人到中年》）

（40）"是哪家的小姐？我这就叫人送帖子去。"

"不用了，这两个人，我跟警予亲自去请。"

（黄晖，《恰同学少年》）

例（39）中的陆文婷用一个"能"字回答了对方的疑问，省略了主语和动词词组"顶下来"。例（40）中的"不用了"是由"不用叫人送帖子去了"省略而来，省略的成分是动词词组"叫人送帖子去"。

2.2.3.3　小句性省略

小句性省略指的是整个小句或小句的一部分被省略的现象。这种省略较多地出现在问答语列中。例如：

（41）"我全想过，一样一样全想过。你以为我要和他分手，光是因为他不做活吗？因为害怕吃亏吗？不是！你也知道不是！"

（张炜，《秋天的愤怒》）

例（41）中的两个"不是"之后均省略了两个小句："因为他不做活"和"因为害怕吃亏"。

2.2.4　连接

连接是通过连接成分体现语篇中各种逻辑关系的语法手段。Halliday & Hasan（1976）把连接关系分为四类。

1. 添加（additive）：指语言使用者在说完或写完一句话之后，又补充一些新的内容或信息。

（42）韩丁听得出来，他是坚决不打算向死者家属让步的，而且言语强调相当激烈。

（海岩，《拿什么拯救你，我的爱人》）

2. 转折（adversative）：指的是后一句的意义与前一句的意义截然相反。

（43）严冬季节终于过去，春天来了。但太湖的春天一点儿也不能叫人稍微轻松一点，因为立即要投入春播春种。

（余秋雨，《借我一生》）

3. 因果（causal）：指的是语篇中所体现的原因和结果之间的逻辑关系。

（44）其实不是我不知道，学生们不喜欢我，因为我专横，我压制。

（黄晖，《恰同学少年》）

4. 时间（temporal）：指的是事件发生的先后顺序。

（45）他现在想让明楼先把加林收拾一顿，把这事先镇压下去。然
后得马上给巧珍找人家。

（路遥，《人生》）

后来，Halliday & Matthiessen（2004，2014）在此分类基础上，从逻辑语
义关系的角度将连接关系划分为三类：详述（elaboration）、延伸（extension）
和增强（enhancement）。这三种类型也适合描写汉语中的连接关系。

2.2.4.1　详述

详述包括同位语（appositive）和阐明（clarifying）两种情况，是对前面
内容的进一步说明、评论或解释。

同位语是通过说明（expository）或举例（exemplifying）对前面内容
的重述。表示说明的连接成分有："换句话说""换言之""也就是说""这
就是说""那就是说""即""或者（说）""即是说""具体地说""具体而
言"。表示举例的连接成分有："例如""比如""譬如""举例说""以……
为例""拿……来说"。

阐明不是对前面内容的重述，而是对前面内容的修正、总结和澄清，包
括七个小类。

1. 矫正（corrective）：毋宁说，至少，确切地说，严格地说，与其说……倒
不如说

2. 题外（distractive）：顺便说一句，附带说一下

3. 毋论（dismissive）：不论，无论如何，不管怎样，在任何情况下

4. 特殊（particularizing）：尤其是，特别是

5. 继续（resumptive）：接着说，言归正传，回到刚才的话题

6. 总结（summative）：总之，总而言之，一句话，一言以蔽之，概括起来，总的说来，总的看来，简单地说

7. 确认（verifactive）：其实，当然，实际上，事实上，说真的，老实说

详述是通过提供进一步的说明和解释，为语篇增添新的内容，使信息或事实更加清楚。语篇在展开的过程中，连接词的使用增强了信息的相关性，使语篇上下文承接自然，结构紧凑。例如：

（46）很多人都以为来当铺的客人都是经济有困难的人，其实这是错误的。他们中不乏富裕的人，他们上门不一定是要周转，往往是别有所求。

例如我的邻居黄老太太，她家从上一辈开始便累积了不少房产，晚年生活优渥，在地方上小有名气，她的儿子黄先生则在市场里摆了个菜摊。其实以黄家的经济状况，黄先生根本不需要赚钱，与其说是做生意，倒不如说是打发时间。

（秦嗣林，《传家金簪》）

（47）"名词不一样了，可这还不是单干哩？"高明楼心里不满地想。实际上，他自己也清楚，现时的新政策的确能多打粮，多赚钱。尤其是山区，绝大部分农民都拥护。

（路遥，《人生》）

（48）秋天的美多少带点萧瑟之意，就像宋人吴文英写的词"何处合成愁？离人心上秋"。一般人认为秋天的心情会有些愁恼肃杀。其实，秋天是成熟的季节，何尝没有清朗圆满的启示呢？

（林清玄，《秋天的心》）

在以上例子中，"其实"和"实际上"对上文的信息和内容进行了澄清和确认。例（46）中的"与其说是做生意倒不如说是打发时间"通过"与其说……倒不如说"将"做生意"这一信息矫正为"打发时间"，从而对上文的"以黄家的经济状况，黄先生根本不需要赚钱"做出了进一步的解释。例（47）中的"尤其是"将"山区"的情况作为一个特例，对上文的"现时的新政策的确能多打粮，多赚钱"做了进一步的说明。

2.2.4.2 延伸

延伸是从正面或反面增加新的陈述，或交代例外情况。延伸分为添加（additive）、转折（adversative）和变换（varying）三种类型。

添加就是在上文基础上增加新的信息，又可细分为肯定和否定。表示添加的连接成分包括：

1. 肯定：而且，并且，还有，加上，加之，再加上，再加之，再说，再者，再则，也，还，更，甚至，何况，况且，此外，又，进而，进一步，更有甚者，连……也，连……都

2. 否定：也不，既不……也不

转折就是交代例外情况或表达与期待相反的信息，常见的连接词包括："但""但是""然而""可""可是""尽管""虽然""只是""不料""不过""其实""可惜""幸而""退一步说"。

变换就是通过提供对立的、剩余的和可供选择的其他信息，增加新的陈述。变换又分为对立（replacive）、除外（subtractive）和选择（alternative）。表示变换的连接成分如下：

1. 对立：相反，反之，恰恰相反，而是，反而，（反）倒，倒是……，反过来说，相比之下

2. 除外：另外，在另一方面，此外，除此之外，除了……之外

3. 选择：或者，要不，不然，或者……或者，要么……要么

延伸是语篇增加新的内容和陈述的重要逻辑语义手段。语篇在展开的过程中可以增加不同类型的内容，连接词则通过标记不同的内容延伸，表达不同的逻辑语义关系，促进语篇的衔接。例如：

（49）我尝见许多年青的朋友，聪明用功，成绩优异，而语文程度不足以达意，甚至写一封信亦难得通顺，问其故则曰其兴趣不在语文方面。又有一些位，执笔为文，斐然可诵，而视数理科目如仇雠，勉强才能及格，问其故则曰其情趣不在数理方面，而且他们觉得某些科目没有趣味，便撇在一旁视如敝屣，怡然自得，振振有词，略无愧色，好像这

就是发扬趣味主义。

（梁实秋，《学问与趣味》）

（50）对于有钱的人，庄稼人一般都是很尊重的。不过，村里人尊
重刘立本，也还有另外一个原因。立本的大女儿巧英前年和
高明楼的大儿子结婚了，所以他的身份在村里又高了一截。

（路遥，《人生》）

（51）行程已被旅行社规定得死死，每到一处，导游甫到就会举着
大喇叭筒噼里啪啦：几点看这个景点，几点看那个景点，几
点吃饭，几点购物。安排得妥妥当当。游客就像一群鸭子，
摇摇摆摆地跟在后头，匆匆赶完所有的景点，来不及看清，
更来不及消化，甚至回来之后，要靠照片向人证明：我曾到
过某某地方。况且，现代社会专业越分越细，生活节奏越来
越急速，人们的搏杀程度越来越强，"读万卷书，行万里路"
几乎成了痴人说梦。除非是出公差，要不，一年内出外一两
次，已是很了不得的事。

（费勇、钟晓毅，《梁羽生传奇》）

例（49）中的"甚至""又"和"而且"通过添加新的实例和程度上的
递进阐述了学问与趣味之间的关系。例（50）中的"不过"引出了村里人尊
敬刘立本的另一个真实原因，这一原因与上文提到的"对于有钱的人，庄稼
人一般都是很尊重的"这一通常的原因有出入。例（51）中的"要不"表达
了"除非是出公差"以外的其他选择，进一步强调了为什么"读万卷书，行
万里路"几乎成了痴人说梦。

2.2.4.3 增强

增强指的是提供或补充必要的信息，从而达到加强语义并使其更加完
整的效果。这一连接关系可以分为时空（spatio-temporal）、方式（manner）、
因果与条件（causal-conditional）、话题（matter）四种类型。表示增强的连
接成分如下。

1. 时空

（1）空间：这里，那里，后面，前面，在附近，上边，下边

（2）时间：首先，然后，后来，而后，尔后，继而，以前，此前，此后，原先，事前，事先，起先，最初，最后，立刻，马上，迄今，这时，那时，同时，不久，不一会，稍后，随即，其间，接着，紧接着

2. 方式

（1）比较：同样，不同的是

（2）手段：因此，以此

3. 因果与条件

（1）因果：因此，因而，因之，据此，所以，故而，可见，由此看来，正因为如此，因为，由于，于是，终于，原来，难怪，怪不得，无怪乎，结果，果然，果不其然，果真

（2）条件：那么，如果，在这种情况下，否则，不然，要不，尽管，不管，即使，只要，只有，除非，假使，哪怕，就算，纵然，固然，诚然

4. 话题

（1）肯定：在这一点上，就此，在这一方面，至于

（2）否定：另一方面，在其他方面

增强是通过提供和补充时间、空间、方式、原因、结果、条件、话题等方面的信息，提高语篇中信息的完整性，满足受话者的信息预期，并以此加强语篇的衔接。例如：

（52）高加林回村后，起初每当听见黄亚萍清脆好听的普通话播音的时候，总有一种很惆怅的感觉，就好像丢了一件贵重的东西，而且没指望找回来了。后来，这一切都渐渐地淡漠了。只是不知什么时候，他隐约听另外村一个同学说，黄亚萍可能正和张克南谈恋爱时，他才又莫名其妙地难受了一下。以后他便很快把这一切都推得更远了，很长时间甚至没有想到过他们……

（路遥，《人生》）

（53）战争结束我们懂得了怨。而且我们虽然体验了激烈的战争，也懂得了同情和爱。因此，我在歌乐山最后的两年中，听到东京遭受轰炸的时候，感到有种说不出来的痛苦之情。

（冰心，《从重庆到箱根》）

（54）我喜欢花，不管是哪一种，我喜欢清瘦的秋菊，浓郁的玫瑰，孤洁的百合，以及悠闲的素馨。我也喜欢开在深山里不知名的小野花。我十分相信上帝在造万花的时候，赋给它们同样的尊荣。

（张晓风，《我喜欢》）

例（52）通过"起初""后来"和"以后"这三个时间连接词，描述了高加林回到农村后对黄亚萍的情感的心路历程：从"起初"的"惆怅"到"后来"的"淡漠"，再到"以后""很快把这一切都推得更远"。例（53）中的"因此"表达了不同情感之间的因果联系。例（54）中的"不管"表明作者对花的喜欢是不受花的种类限制的，这一方面增强了"我喜欢花"的语义内涵，另一方面又为引出下文的内容做了很好的铺垫，加强了语篇的衔接。

2.3 词汇衔接

词汇衔接指的是通过语篇上下文中词与词之间的语义联系形成的衔接关系。Halliday & Hasan（1976）把英语语篇中的词汇衔接关系分为两大类：重述（reiteration）关系和搭配（collocation）关系。

2.3.1 重述关系

重述关系是通过词的重复、同义词或近义词、反义词、上下义词和概括词等词汇手段形成的语篇衔接关系。例如：

（55）咳巴黎！到过巴黎的，一定不会再稀罕天堂；尝过巴黎的，老实说，连地狱都不想去了。整个的巴黎就像是一床野鸭绒的垫褥，衬得你通体舒泰，硬骨头都给熏酥了的—— 有时许

太热一些。那也不碍事，只要你受得住。赞美是多余的，正
如赞美天堂是多余的；咒诅也是多余的，正如咒诅地狱是多
余的。巴黎，软绵绵的巴黎，只在你临别的时候轻轻地嘱咐
一声"别忘了，再来！"其实连这都是多余的。谁不想再
去？谁忘得了？

（徐志摩，《巴黎的鳞爪》）

（56）美的分配在人体上是极神秘的一个现象，我不信有理想的全
才，不论男女我想几乎是不可能的；上帝拿着一把颜色望
地面上撒，玫瑰、罗兰、石榴、玉簪、剪秋罗，各样都沾到
了一种或几种的彩泽，但绝没有一种花包涵所有可能的色调
的，那如其有，按理论讲，岂不是又得回复了没颜色的本相？

（徐志摩，《巴黎的鳞爪》）

（57）很多人都以为来当铺的客人都是经济有困难的人，其实这是
错误的。他们中不乏富裕的人，他们上门不一定是要周转，
往往是别有所求。

（秦嗣林，《传家金簪》）

（58）中原大地，最多的鸟类是麻雀，这种动物既食虫又食粮，说
不上是益鸟是害鸟。

（司雨客，《我是阿斗，我不用人扶》）

（59）王小嫚从上到下打量着变了样的陆大夫，最后又直盯着她的
眼睛。从那双温柔的含着笑意的眼睛里，孩子似乎找到了力
量。她身不由己地上了手术台。护士给小病人罩上有孔巾。

（谌容，《人到中年》）

例（55）描写了作者对巴黎的感受，"巴黎"在文中重复出现了六次，"多
余的"出现了五次，并通过"赞美"和"诅咒"的重复在文中形成了排比句
式。例（56）中的词汇衔接体现为"颜色"的重复及其同义词"彩泽"和"色
调"的运用。反义词的语篇衔接功能体现在例（55）中"天堂"和"地狱"的
使用，以及例（57）中出现的"经济有困难的人"和"富裕的人"的反义关

系。例（58）是一个典型的通过上下义关系实现词汇衔接的例子，"动物"是"鸟类""麻雀""益鸟"和"害鸟"的上义词，"鸟类"既是"麻雀"的上义词，也是"益鸟"和"害鸟"的上义词。例（59）在回指上文的"王小嫚"时，分别使用了"孩子"和"小病人"，这种照应关系也是一种特殊的词汇衔接，如果孤立地看，"王小嫚"与"孩子"和"小病人"之间在语义上不存在任何的联系，它们之间的联系是建立在"王小嫚是个孩子"和"王小嫚是一个小病人"这样的背景知识基础之上的。这种联系只存在于当前的语篇之中，"孩子"和"小病人"是对"王小嫚"的属性和类别进行概括或范畴化的词汇手段。

2.3.2　搭配关系

搭配关系指的是词的共现（co-occurrence）关系，既包括一个词组或一个句子内部的词与词的组合关系，也包括跨句或跨段落的词项的习惯性共现。这里所说的搭配是一种广义上的词汇共现，既包括像"司机+开+汽车"这样的线性组合关系，也包括"司机""汽车""车速""交通""道路""开车""停车"等词汇在同一个语篇中的语义联系。搭配关系表现为各种语义关系，在同一个语篇中，词与词之间通过语义联想构成衔接关系。例如：

（60）我挑了两只紫铜的壶，没有讲价，快快的把钱交给这个少年。那时，我的心，终于得到了一点点自由。我走了，走时，忍不住回过头去，再看他一次。这一回，他的那双眼睛，仍然躲着一种悲伤，于是我想，他的哀愁，和买卖一点关系也没有。就因为这一回头，反而更难过了。

（三毛，《你的那双眼睛》）

（61）在以往的战争年月中，人们穿行在崎岖的山径和茫茫的原野，每当风声怒号，夜色深沉时，多怕迷失了方向，迷失了道路，而又多么容易迷失方向和道路啊！可是，这时候，只要在路边，借着模糊的星光发现了前人设置的路标，就会发出惊喜的喊声，更加振奋地向前行进。

（魏巍，《路标》）

（62）书籍到了我的手里，我的习惯是先看序文，次看目录。页数
　　 不多的往往立刻通读，篇幅大的，只把正文任择一二章节略
　　 加翻阅，就插在书架上。除小说外，我少有全体读完的大部
　　 的书，只凭了购入当时的记忆，知道某册书是何种性质，其
　　 中大概有些什么可取的材料而已。什么书在什么时候再去读
　　 再去翻，连我自己也无把握，完全要看一个时期一个时期的
　　 兴趣。关于这事，我常自比为古时的皇帝，而把插在架上的
　　 书譬诸列屋而居的宫女。

（夏丏尊，《我之于书》）

　　在例（60）中，"挑—讲价—钱—交给—买卖"构成了一个商品交易的
词汇衔接链。例（61）描写了路标在旅行中的重要性，语篇以"旅行"为关
键词展开，谈到"人们穿行在崎岖的山径和茫茫的原野"，害怕"迷失了方
向，迷失了道路"，只要在"路边"发现了前人设置的"路标"，就会更加
振奋地"向前行进"，涉及旅行路径、旅途中的担心、路标所带来的惊喜和
兴奋，这就在语篇中形成了一个"旅行"的词汇衔接链："穿行—崎岖的山
径和茫茫的原野—迷失了方向—迷失了道路—路边—路标—向前行进"。例
（62）是一个与读书有关的段落，整个语篇围绕"读书"展开，形成了一个
与"书籍"相关的名词词汇链和一个与"读"相关的动词词汇链。这两个词
汇链分别是："书籍—序文—目录—页数—篇幅—正文—章节—书架—小说
—大部的书—册—材料—架"和"看—通读—翻阅—读完—读—翻"。当然，
这两个词汇链完全可以合并为一个关于读书的完整词汇链。以上分析可以看
出，词汇链通过语义上的联系构成了跨句衔接关系，使语篇成为一个内容紧
凑、前后衔接的整体。

练　习

1. 请分析下列语篇的语法衔接手段。

　　（1）有喜有忧，有笑有泪，有花有实，有香有色，既须劳动，又长见

识，这就是养花的乐趣。

（老舍，《养花》）

（2）在这风云滔滔的人世，在秋天如此美丽清明的季节，要在空山的落叶中寻找朋友的足迹是多么困难！而在红砖道上，淹没在人潮车流之中，要找自己的足迹，不是更难吗？

（林清玄，《秋天的心》）

（3）这样的手术，陆文婷大夫不知做过多少次了。可是，每当她一上手术台，面对一只新的眼睛，拿起手术刀时，她的感觉都好像是初次上阵的士兵。这一次，也是这样。

（谌容，《人到中年》）

（4）那天晚上的天色不太好，可是爹爹也来到，实在很难得！爹爹说："你们爱吃花生么？"我们都争着答应："爱！"

（许地山，《落花生》）

（5）真心想做的事，即使前路茫茫，有许多未知的变数，还是要去做；即使这件事不容易，自己心里有不少的忐忑不安，还是要放手一搏。这，是为了真正活得自由吧？人的内心，是容易自相矛盾的。熟悉的小环境会带来安全感，但如果只停留在安全地带，不越雷池半步，又会觉得受束缚。走出安全区，走向更广阔的天地，那也可以说，是在寻求与更大的天地相融合。

（谭洪岗，《有些事现在不做，就永远不会做了》）

（6）不怕直说，我是相当欣赏自己的。我承认自己有许多不如人的地方，但也知道并不老是这样差劲。所以，我做了一件事，写了一篇文章，只要自觉得还不错我可以乐上几天，遇有人赞，更飘飘然得不像话；甚至还会忘其所以，插上几句自夸的话。

真的，我一点也不谦虚。

或者这就是自负吧，恐怕要给人骂了。但有什么不对呢？

我也欣赏别人，凡是好的东西我都欣赏。只懂得欣赏别人而忘了欣赏自己，岂不是太不公平了？

（英培安，《欣赏自己》）

（7）到了十九岁，我在苏州"蒙藏垦殖专门学校"读书，有功夫，还是看小说。我觉得光是看，还有些不够，所以也作了两篇，往《小说月报》社投稿。当然，我那时还很年轻，读书不但不多，而且很多应当读的书，我只看到或者听到它的名字而已，所以两篇小说，投过了邮也就算了，并没有想到还有什么下文。可是过了几日，《小说月报》居然回信了，说我的小说还算不错，望我努力。那小说虽然没有发表，但给我的鼓励真是不小。于是我就对小说更为细心研究，尤其是写景一方面，小动作一方面，中国小说虽然也有，却是并不多，我就在西洋小说中加倍注意。

（张恨水，《我写小说的道路》）

2. 请分析下列语篇的词汇衔接手段。

（1）太阳从大玻璃窗透进来，照到大白纸糊的墙上，照到三屉桌上，照到我的小床上来了。我醒了，还躺在床上，看那道太阳光里飞舞着的许多小小的，小小的尘埃。宋妈过来掸窗台，掸桌子，随着鸡毛掸子的舞动，那道阳光里的尘埃加多了，飞舞得更热闹了，我赶忙拉起被来蒙住脸，是怕尘埃把我呛得咳嗽。

（林海音，《城南旧事》）

（2）没有人生来就立志要活得孤独。各式各样的行走与探索，即使以独行的方式开始，也都是要走向融合：与有共鸣的同类相融合，与自然环境相融合，与整个世界更好地融合。

（谭洪岗，《有些事现在不做，就永远不会做了》）

（3）最重要的是上课时的感觉，这是一种快感，一种美感，一种价值感，一种幸福感，一种节日感，一种自我实现感……对了，我想起了小时候，有一次，在小溪里抓鱼，抓了好半天，还一无所获，我感到很失望。可突然运气来了，我终于抓住了一条不算大却看起来很肥美的鳜鱼，我那幼小的心剧烈地跳动起来，我永远不会忘记那一时刻。我这一生遇到的倒霉事不少，幸运的是我经常上课，每上完一堂成功的课，都有抓住一条鳜鱼的感觉。

（童庆炳，《我的"节日"》）

（4）战士是永远追求光明的。他并不躺在晴空下享受阳光，却在黑夜里燃起火炬，给人们照亮道路，使他们走向黎明。驱散黑暗，这是战士的任务。他不躲避黑暗，却要面对黑暗，跟躲藏在阴影里的魑魅魍魉搏斗。他要消灭它们而取得光明。战士是不知道妥协的。他得不到光明便不会停止战斗。

（巴金,《做一个战士》）

第三章
语篇的连贯

3.1　什么是连贯？

　　对连贯的研究早在现代语言学诞生之前就开始了。在修辞学中，连贯被认为是使文章获得统一性的重要前提条件。自从语篇分析产生以来，对语篇连贯的标准问题，不同的人有不同的看法。这是因为语篇分析是一个涉及语义、语用、认知等多个领域的跨学科研究。连贯通常被看作是语篇深层的语义或功能关系，即连贯是通过句子或语段（utterance）之间的语义或功能关系实现的（Crystal 1992）。连贯有时被看作是一种心理现象，即语篇的连贯性是受话者或读者在话语理解过程中强加给语篇的结果（Brown & Yule 1983；Stubbs 1983）。在通常情况下，我们很少遇到不连贯的语篇。语篇是否连贯有时取决于受话者和读者的理解，如果我们无法理解一个语篇，就很难判断这个语篇是否连贯。反过来说，我们在理解一个语篇时，往往首先假设这个语篇是连贯的。通俗一点说，连贯就是语篇中的各个组成部分之间在语义和功能上连接顺畅自然，语通句顺，在宏观上围绕同一个主题或意图展开。

3.2　衔接与连贯的关系

　　在衔接与连贯的关系问题上，存在着不同的观点和看法，分歧的焦点是衔接在连贯中的作用。归纳起来大致有以下三种不同的观点：其一，衔接是连贯的必要条件但不是充分条件；其二，衔接既不是连贯的必要条件也不是充分条件；其三，要从语言运用的过程和认知科学的角度来解释衔接与连贯的关系。第一种观点认为连贯的语篇必须是衔接的，但只有衔接是不够的。在实际的语言使用中，我们很容易找到不依赖衔接手段的连贯语篇来反驳"衔接是连贯的必要条件"这一观点。第二种观点虽然没有完全否定衔接在连贯中的作用，但基本上厘清了衔接与连贯之间的关系。持这一观点的学者更加注重从功能和语用的角度分析语篇的连贯性。例如，Tsui（1991）认为，在会话语篇中，不管是否存在衔接关系，只要一个语段能够满足其前面语段的言外意图或者与其语用预设有关，那么这两个语段之间就可构成连贯关系。Brown & Yule（1983：197）认为，在把一段文字作为语篇解释时，受话者和读者力图使所描写的一系列事件形成一幅连贯的画面，把这些事件连成一体，而不是只看是否有语言上的连接。Brown & Yule（1983：225）还进一步强调了含意（implicature）对解释语篇连贯性的重要性，并强调了语篇接收者在理解话语含意时所运用的三种语用策略：交际功能的运算、社会文化知识的运用、对所要做出的推理的确定。第三种观点与第二种观点有一定的联系，并且可以看作是第二种观点的延伸。持这一观点的人大都承认衔接既不是语篇连贯的必要条件也不是充分条件，但他们更注重从语言运用的过程和认知科学的角度来探讨语篇的连贯性问题。这一观点的出发点在于语篇的连贯性与语篇接收者的认知思维有关。Brown & Yule（1983：199）指出，语篇就是受话者和读者视为语篇的话语，语篇的连贯性是受话者或读者在话语理解过程中强加给语篇的结果。这一看法与Stubbs（1983：96）的观点不谋而合：是受话者的理解创造了语篇的连贯性。Beaugrande & Dressler（1981：84）把连贯看作是将语义用于语篇使之成为有意义的心理操作过程的结果。他们认为，语篇所描绘的事件和情景的线性排列会激活语篇接收者的心理操作，并以此还原或创造连贯关系。

　　就衔接与连贯的关系而言，Beaugrande & Dressler（1981：71）认为，衔接是建立在预先设定的（presupposed）连贯性基础之上的，重复、省略、替代、连接等语篇衔接手段的运用有助于增强语篇在表达上和理解上的简易性（efficiency），即增强语篇的稳定性和经济性，用起来省力。Blackmore（1987，1988，1992），在Sperber & Wilson（1986）的关联理论基础之上对语篇连贯的认知模式所做的探索也恰恰证实了这一点。Blackmore认为，连贯性产生于受话者在话语的理解过程中对关联性的寻求，而衔接手段的目的在于制约话语的关联方式，从而减少受话者在对关联性的寻求过程中所付出的认知努力。基于以上讨论，我们可以从以下几个方面来把握衔接与连贯的关系问题。

第一，要确定语篇连贯的标准，这是正确看待衔接与连贯关系问题的关键所在。朱永生（1997：23）认为，连贯是一个语义概念，它指的是话语内不同组成部分之间在意义上的联系，具体表现在两个方面：其一，话语内不同组成部分所表达的命题彼此相关；其二，话语内不同的组成部分所表达的言外之意彼此相关。话语只要符合上面任何一条标准，即可视为连贯。归纳起来，语篇的连贯性指的是语篇的组成部分在意义或功能上的连接关系。

第二，要正确理解衔接的真正含义。衔接是一种语义关系，它在语篇中体现为具体的词汇和语法形式。在探讨衔接关系时不应脱离意义，因为衔接手段是借助意义来实现衔接关系的，离开了意义也就谈不上衔接。孤立地去分析各种衔接手段对研究语篇的连贯性并无多大帮助。衔接只是表达语篇连贯性可能用到的手段，而语篇表层的衔接关系是建立在深层的连贯关系基础上的。

第三，要用辩证的方法来看待衔接与连贯之间的相互关系，我们要对这两个概念加以区分，但不能把它们对立起来。在说明衔接与连贯的关系时，许多语篇分析者仿照句法学家的做法，杜撰出充满衔接但不连贯，或者连贯但不衔接的语篇，这些例子从某种程度上的确能说明一定的问题，但在实际的语言运用中，情况并非这么简单。甚至可以说，这些人为制造的语篇与人们运用语言的实际情况相去甚远。在语言交际中，语篇的发出者总是最大限度地保持语篇的连贯性，语篇的接收者则以语篇的连贯性为前提来理解话语。在语篇的生成过程中，交际者可以根据需要选择适当的衔接手段，以加强语篇的连贯性，并使语篇接收者在语篇的理解过程中付出较小的认知努力。在另一些情况下，语篇的衔接，特别是词汇衔接，则是在连贯语篇的生成过程中产生的副产品或伴生物。透过语篇所使用的衔接手段可以揭示连贯的语篇是如何在语言系统中通过具体的语言编码实现的，但它们本身并不能从本质上说明语篇的连贯性。

第四，语篇连贯理论涉及语义、语用、认知等多种理论和知识，在进行语篇分析时，我们要用全面的眼光去看待语篇的连贯性问题。从语义的角度看，语篇连贯性在局部上表现为语篇中前后相连的句子之间的语义联系，在总体上则表现为句子意义与语篇的宏观结构（macrostructure），即语篇主题之间的联系。从语用的角度看，语篇连贯性体现为语篇的组成部分在功能上的连接关系，即句子或语段所实施的言外功能之间的联系。从认知的角度看，语篇连贯性涉及语篇接收者在语篇理解过程中的心理运算和认知推理。因此，单纯从一个角度不足以说明语篇连贯性的全貌。

第五，语篇不仅是一个静态的成品（product），而且也是一个动态的过程（process）。作为成品，它是语言运用的结果或产物；作为过程，它是语言使用者在语言交际过程中的相互作用（interaction）。在进行语篇分析时，我们可以把语篇看作是一个静态的成品，并对其衔接手段进行分析。但是这种静态的分析在很大程度上不能说明语篇的连贯性。语篇是在语言的运用过程中产生的，脱离了语言运用的实际过程以及与语篇的生成和理解相关的因素，便很难揭示语篇连贯性的实质。

3.3　语篇连贯的语义视角

从语义的角度看，语篇连贯体现为语篇中命题之间的关系及命题与宏观主题之间的联系。语义视角比较适合分析书面语篇的连贯性。从语义的角度看，语篇是由表达命题序列的话语序列构成的（Beaugrande & Dressler 1981；van Dijk 1972，1977，1985）。在微观层面上，语篇连贯体现为前后相连的命题在语义上的联系，即局部连贯；在宏观层面上，语篇连贯体现为语篇中的所有命题与语篇主题之间的联系，即整体连贯。

语篇的局部连贯是通过话语序列的语义结构实现的。一般来说，话语序列的语义结构表现为外延的（extensional）和内涵的（intensional）两种类型（van Dijk 1977）。如果话语序列所表达的事态的线性组合与真实世界里的排列顺序相对应，那么，话语序列表现为外延的语义结构；如果话语序列所表达的事态的线性组合在真实世界里找不到对应体，那么，话语序列表现为内涵的语义结构。例如：

（1）a. 张三的关节炎又犯了。

　　 b. 他去了协和医院。

（2）a. 张三去了协和医院。

　　 b. 他的关节炎又犯了。

例（1）是一个由（1a）和（1b）构成的话语序列，它是一个外延结构，因为它反映了真实世界中的因果、条件或先后的自然逻辑或顺序关系。例（2）则是一个内涵结构，它颠倒了例（1）中的自然顺序关系，（2a）表示的是结果，而（2b）表示的是原因，而且从时间顺序上看，（2b）应先于（2a）。所以，（2a）和（2b）之间是通过功能上的连贯关系构成一个连贯的话语序列的，即（2b）是对（2a）的进一步说明或解释。

在现实世界中，许多事态、事件、行为的自然顺序是相对固定的，因此，在语篇中，为了达到话语序列在语义上的连贯，话语序列的组合关系需要与现实世界中的自然顺序相对应。也就是说，语篇世界要与现实世界相吻合。语义连贯对命题的排列顺序的制约作用在事件或动作的时间关系上表现得尤为明显，例如：

（3）a. 他在网上点了一份外卖。

　　 b. 外卖小哥很快就送到了。

在例（3）中，（3a）表示（3b）的条件，（3b）表示结果或者是对（3a）的详细说明。如果把（3a）和（3b）的排列顺序颠倒过来，该话语序列就不再具有语义上的连贯性，因为语篇接收者难以把握事件的时间顺序。

除了现实世界中自然顺序的限制，话语序列的语义结构还受到语篇发出者的思维和感知等认知规律的制约。人类认识和描述客观世界时往往遵循从一般到特殊、从整体到局部的认知模式。例如，van Dijk（1977：106）认为，在对某种事态进行描述时，命题之间的序列关系一般呈现为以下排列顺序：一般—特殊、整体—局部/部分、集合—子集—成分、包括—被包括、大—小、外—内、拥有者—被拥有。下面的例子均取自路遥的小说《平凡的世界》：

(4) 就在这时候，在空旷的院坝的北头，走过来一个瘦高个的青年人。他胳膊窝里夹着一只碗，缩着脖子在泥地里蹒跚而行。小伙子脸色黄瘦，而且两颊有点塌陷，显得鼻子像希腊人一样又高又直。脸上看来才刚刚褪掉少年的稚气显然由于营养不良，还没有焕发出他这个年龄所特有的那种青春光彩。

(5) 在校园内的南墙根下，现在已经按班级排起了十几路纵队。各班的值日生正在忙碌地给众人分饭菜。每个人的饭菜都是昨天登记好并付了饭票的。

(6) 以后紧接着的几天，气候突然转暖了。人们惊异地发现，街头和河岸边的柳树不知不觉地抽出了绿丝；桃杏树的枝头也已经缀满了粉红的花蕾。如果细心留看，那向阳山坡的枯草间，已经冒出了一些青草的绿芽。

(路遥，《平凡的世界》)

例（4）符合整体—局部/部分的排列顺序，作者从"瘦高个的青年人"开始，以局部展开，详细描写了这个青年人的外表和精神面貌。例（5）符合集合—子集—成分的排列顺序，作者首先提到"按班级排起了十几路纵队"，然后从"众人"直到"每个人"。例（6）是由大到小的排列顺序，描写从"街头和河岸边的柳树"和"桃杏树的枝头"到"枯草间"冒出的"青草的绿芽"。这样的呈现顺序与一般的思维和感知顺序是相吻合的，因而更容易让人接受。当然，在有些情况下，语篇并不总是遵循以上这些逻辑顺序。

局部连贯只能说明语篇中相邻命题之间的联系，但只有局部连贯是不够的，语篇在整体上还要围绕一个宏观主题展开，即语篇中的命题与语篇主题之间的联系。语篇的整体连贯对命题之间的联系施加宏观的制约。例如：

（7）"开卷有益"是说打开书就一定会有收获。歌德曾说过"读一本好书就是和许多高尚的人谈话"。确实，书是人类最好的朋友、最好的老师。书是人类获得知识的重要途径。书能帮助人们看清世间的美与丑，使人们不断完善，走向进步。当然，有的书是有缺点的，要善于选择。如果你勤读书、读好书，你就一定能真正体会到读书的乐趣。

例（7）中的命题在微观层面上前后承接，命题之间的逻辑关系清晰，语篇在局部上是连贯的。在宏观层面上，所有命题围绕"开卷有益"的主题展开，从不同的方面论述了读书的益处。试比较：

（8）张三喜欢读书。他经常去图书馆借阅书籍。书是人类获得知识的重要途径。图书馆里的书种类繁多。不同类型的图书可以满足不同读者的需要。

例（8）中的命题虽然在局部上是连贯的，但在宏观层面上缺乏主题，令人不知所云，因而缺乏整体连贯。

3.4 语篇连贯的语用视角

单纯从语义的角度并不能完全解释话语序列的连贯关系。首先，同一个句子可以出现在不同的话语序列中，也就是说，命题意义相同的句子可以具有不同的话语价值（discourse value）。例如：

（9）张三从自行车上摔了下来。他的右腿骨折了。

（10）张三住院了。他的右腿骨折了。

在例（9）和（10）中，"他的右腿骨折了"表达了相同的命题意义，但它在例（9）中表示结果，在例（10）中则表示原因，或者是对前一个命题的进一步说明。

其次，对于有些话语序列来说，如果脱离了语境，就很难确定其连贯关系。例如：

（11）没有买卖，就没有杀害。

（12）摇一摇，有惊喜。

单纯从语义的角度看，例（11）虽然通过"没有……就……"标记了两个句子之间的逻辑关系，但脱离了语境就难以理解语篇所表达的意义。这是因为第一部分是关于商业行为的，第二部分则与杀戮有关，二者在语义上差别较大。如果我们知道这是一条野生动物保护的标语，就不难理解买卖和伤害之间的关系。某些人为了获取鱼翅和象牙等物品，他们的贪欲导致了非法的买卖行为和对野生动物的肆意伤害与杀戮。例（12）对于熟悉手机微信"摇一摇"功能的人来说并不难理解，因为"摇一摇"是微信中具有传感功能的应用，可以实现各种搜索功能。但是，不熟悉这一应用的人就难以建立起"摇一摇"和"有惊喜"之间的连贯关系。

由此看来，话语序列的连贯关系并不总是单纯通过句子的命题意义实现的。从语用的角度看，语篇并不是单纯的句子的组合，而是言语行为的序列，即话语序列的连贯关系是通过句子所实施的交际功能实现的。Widdowson（1978：29）认为，语篇的连贯性体现为句子所实施的言外行为（illocutionary act）之间的连接关系。如果把话语序列看成是言语行为的线性组合，那么，言语行为在话语序列中的作用并不总是平等的。Van Dijk（1977：215）区分了并列言语行为（compound act）和复合言语行为（complex act）。并列言语行为是由两个或两个以上的成分性言语行为（component act）构成的一个完整的言语行为。复合言语行为指的是由成分性言语行为和辅助性言语行为（auxiliary act）构成的一个完整的言语行为。例如：

（13）请关上窗户。我感觉有些冷。

（14）张三生病住院了。这是李四告诉我的。

从整体上看，例（13）实施了"请求"的言外功能，它是由两个相对独立的成分性言语行为构成的并列言语行为，即二者都是实施"请求关窗"这一行为的必要而且充分的条件。例（14）是一个复合言语行为，它在整体上实施了"陈述"的言外功能，其中，第一个言语行为是成分性的，在整个

"陈述"行为中起主导作用，第二个言语行为是辅助性的，它主要是用来说明所陈述的信息的来源，以便增强信息的可信度。也就是说，辅助言语行为是为成功地实施成分性言语行为服务的。

Ferrara（1985：145-146）对主导言语行为（dominant act）和从属言语行为（subordinate act）做了区分。这种区分与 van Dijk（1977）的成分性言语行为和辅助性言语性为的划分是相通的。言语行为序列的连贯关系可以表现为各种类型（van Dijk 1977，1981；Ferrara 1980a，1980b，1985）。其中，最常见的有以下几类。

1. 辩解关系（justification）：从属言语行为为主导言语行为提供理由或动机上的辩解。例如：

（15）我们在图书馆里。不要大声喧哗。

2. 解释关系（explanation）：从属言语行为针对主导言语行为的命题内容做出"为什么"的回答。例如：

（16）张三住院了。他得了气管炎。

3. 扩展关系（expansion）：一个言语行为对另一个言语行为做出进一步的说明或概括。例如：

（17）张三今天还会迟到的。他周一总是迟到。

4. 重复关系（repetition）：一个或数个言语行为对另一言语行为进行重复，即言语行为序列涉及相同的事态。例如：

（18）我们一定会成功的。我们已经准备了这么长的时间，付出了
　　　这么多努力，我们有把握取得成功。

5. 评论关系（comment）：一个或数个言语行为对另一言语行为所表达的命题内容进行评论，即表达说话者对某一言语行为的观点或态度。例如：

（19）他一口气吃了三十个包子。这太不可思议了。

6. 准备关系（preparation）：从属言语行为是为实施主导言语行为提供准

备条件，以保证主导言语行为的顺利实施。例如：

（20）你明天有空吗？我想请你吃饭。

Brown & Yule（1983：197）认为，在把一段文字作为语篇解释时，受话者和读者力图使所描写的一系列事件形成一幅连贯的画面，把这些事件连成一体，而不是只看是否有语言上的连接。Brown & Yule（1983：225）还进一步强调了含意（implicature）对解释语篇连贯性的重要性，并强调了语篇接收者在理解话语含意时所运用的三种语用策略：交际功能的运算、社会文化知识的运用、对所要做出的推理的确定。例如：

（21）甲：我们今晚去看电影吧。

　　　乙：我明天有考试。

在例（21）中，甲发出了今晚去看电影的要求，乙却回答"我明天有考试"。乙的回答公然违反了合作原则的关系准则。甲在理解乙的回答时，需要借助社会文化知识推导乙所传达的会话含义，即乙今晚不能去看电影，并以此建立话语之间的连贯关系。

3.5　语篇连贯的认知视角

语篇连贯的认知视角，就是从语言运用的过程和认知科学的角度来探讨语篇的连贯性问题。这一观点的出发点在于，语篇的连贯性与语篇接收者的认知思维有关。Brown & Yule（1983：199）指出，语篇就是受话者和读者视为语篇的话语，语篇的连贯性是受话者或读者在话语理解过程中强加给语篇的结果。这一看法与Stubbs（1983：96）的观点不谋而合：是受话者的理解创造了语篇的连贯性。在这一方面，Beaugrande & Dressler（1981）从认知科学的角度对语篇连贯性的研究具有代表性的意义。他们在语篇研究中采用的是心理操作法（procedural approach），语篇研究的中心就是确定语言系统在运用时所涉及的心理操作或运算过程并寻找这些操作的动机和策略。Beaugrande & Dressler（1981：84）把连贯看作是将语义用于语篇，使之成为有意义的心理操作过程的结果。他们认为，语篇所描绘的事件和情景的线性排列会激活语篇接收者的心理操作，并以此还原或创造连贯关系。例如：

（22）六王毕，四海一；蜀山兀，阿房出。

例（22）出自杜牧所写《阿房官赋》，意思是：六国的君主灭亡了，全国统一；蜀地的山光秃秃的，阿房宫建造出来了。在语篇的理解过程中，不管读者是否掌握相关的历史知识，都需要通过认知过程建立起事件之间的联系。这些事件的线性排列可以使读者激活如下的心理操作和运算："六王毕"和"四海一"发生在同一个历史时期；"六王毕"先于"四海一"；"六王毕"和"四海一"具有因果联系，"四海一"是"六王毕"的结果；等等。同样，"蜀山兀"和"阿房出"之间也具有时间关系和因果关系。"蜀山兀"先于"阿房出"。"蜀山兀"和"阿房出"之间的因果关系相对复杂一些。我们可以把"阿房出"看作是"蜀山兀"的结果，也可以把"蜀山兀"看作是"阿房出"的结果。秦始皇统一全国后开始骄奢淫逸，大兴土木，为了建造阿房官将蜀山的树木砍伐殆尽，导致了"蜀山兀"。同时，"蜀山兀"使"阿房出"成为可能。

由此看来，对语篇连贯性的理解涉及语篇接收者将语篇世界中的概念和事件连接在一起的心智活动或认知推理。例如，我们在居民小区门口或停车收费处的拦车杆上经常看到这样的语言：

（23）一车一杆，后果自负。

例（23）所传递的信息是：每一辆车在通过时，都要停车缴费，杆落车停，杆升车过，车辆依次通行。如果强行闯杆，拦车杆就会砸坏车辆，或者造成其他的不良后果。一旦出现这种情况，后果自负。短短两句话，却包含了大量的信息。有的信息不需要直接说出来，因为对于司机来说，语篇所涉及的概念和事件之间的联系是非常清楚的。但对于不开车的人来说，如果没有具体的语境，可能很难理解例（23）的意思。

在语篇的生成和理解过程中，认知图式（schema）发挥着重要的作用。图式是储存在大脑中关于人类经历的知识，涉及特定情境中的事态、活动、方式等方面的常识。图式是人们在长期的社会行为和经历的基础上积累起来的，有助于人们对熟悉的和相似的情境做出反应。例如，去餐馆吃饭，人们一般会按照以往的经历和流程完成从点菜到付账的过程。也就是说，人们在处理和应对熟悉的情境时，往往以大脑中储存的图式作为参照。在语篇的理解过程中，语篇所涉及的概念和情境往往可以激活人们的图式，并以此帮助语篇接收者理解语言篇的相关情境和事物之间的联系。例如：

（24）我们打了一辆出租车去游乐园，司机对线路不熟悉，我们花了很长时间才到达目的地。

在我们的认知图示中，"出租车上有司机"是不言而喻的信息，因此不需要陈述出来。在例（24）中，虽然"司机"第一次出现在语篇中，但受话者可以根据出租车的图式建立"司机"和"出租车"之间的联系。如果把"出租车上有司机"陈述出来，语篇反而显得冗赘。试比较：

（25）我们打了一辆出租车去游乐园，那个退伍军人对线路不熟悉，我们花了很长时间才到达目的地。

在理解这个语篇时，我们很难建立起"退伍军人"与出租车或者出租车司机之间的联系，因为在我们的认知图式中并没有"出租车司机是退伍军人"的知识。因而例（25）存在欹链，为使语篇获得连贯，我们应该补足"出租车司机是退伍军人"的信息。例如：

（26）我们打了一辆出租车去游乐园。出租车司机是个退伍军人，他对线路不熟悉，我们花了很长时间才到达目的地。

由于语篇所涉及的内容可以激活语篇接收者大脑中储存的认知图式，因此语篇可以将认知图式中的信息省略掉，从而避免冗赘和啰唆。例如：

（27）懒步岸边，柳影花阴，露冷风静。舍不得，至夜半方回住处。也是临湖的屋子，半圆形内阳台，落地窗子。拉开窗帘，煞时月华满屋。将床移至窗边，枕上即可见月满湖上，那画舫亭亭于水中。（北京语言大学汉语语料库）

在一般人的认知图式中，屋子有阳台、窗子、窗帘、床、枕头。因此，作者在例（27）中不需要把这样的信息陈述出来，否则语篇不仅会变得冗赘不堪，而且语篇的脉络和主要信息也会变得模糊不清。

3.6 小结

语篇的连贯是一个比较复杂的现象，对连贯的研究可以从语篇的各个方面进行。Östaman & Virtanen（1995：244-245）概括了连贯研究的六种主要理论和方法：（1）研究句子在微观层面上的结合关系，如从关联理论角度进行的连贯研究；（2）运用语篇的宏观结构模式对连贯进行的研究；（3）运用修辞结构理论（rhetorical structure theory）来研究语篇的连贯性；（4）围绕语篇的互动（interactive）特征进行的研究，如借助言语行为理论、英国伯明翰学派的语篇分析模式、美国的会话分析理论来解释语篇的连贯性；（5）运用图式理论（schema theory）对连贯进行的探讨；（6）从参与、协调、磋商等语篇策略（discourse strategy）的角度对连贯进行的研究。这些理论和方法可以使我们根据不同的语篇类型从不同的方面对语篇的连贯性进行研究。

练 习

1. 如何理解衔接和连贯的关系?

2. 如何理解下列语篇中的幽默? 连贯性对幽默的理解有何作用?

　　（1）狼病了，兔子带了胡萝卜去看他。

　　　　狼：来就来吧，还带什么礼物啊!

　　　　兔子：来看看你，可他们说也许你不会喜欢这个。

　　　　狼：我非常喜欢你的礼物，胡萝卜先生。

　　（2）母亲清晨催儿子起床去学校。

　　　　儿子：我不去——有两个理由：孩子恨我，老师也讨厌我。

　　母亲：我告诉你为什么应当去学校的两个理由：第一，你已经45岁了；第二，你是校长。

3. 请分析下列语篇，并解释其连贯性。

　　（1）随着社会的发展，生活的改变，许多字眼的意义也起了变化。比如有了桌子之后，"几"就只用于"茶几"，连炕上摆的跟古代的"几"十分相似的东西也叫作"炕桌儿"，不叫做"几"了。又如"床"，古代本是坐卧两用的，所以最早的坐具，类似现在的马扎的东西，叫作"胡床"，后来演变成了椅子，床就只指专供睡觉用的家具了。连"坐"字的意义，古代和现代也不完全一样：古代席地而坐，两膝着席，跟跪差不多，所以《战国策》里说伍子胥"坐行蒲服，乞食于吴市"，坐行就是膝行（蒲服即匍匐）；要是按现代的坐的姿势来理解，又是坐着又是走，那是绝对不可能的。

（吕叔湘，《语言的演变》）

　　（2）其实，一个人的心中有一个偶像或者喜欢某种产品，这并不可怕。但是，要是达到"脑残"的程度，这就要付出代价了。研究表明，任何一位名人和产品的粉丝都是有成本的。据网络统计，"玉米"成本最高，平均年支出为5000元人民币；小四的粉丝成本比较低，平均年支出为520元人民币。经济的成本是次要的，更重要的是精神甚至身体上的成本。苹果手机刚刚进入中国市场的时候，个别年轻人为了得到一部苹果手机，竟然去卖肾。可见，危害极大。

（田小野，《我们都是"脑残粉"》）

第四章
语篇的信息组织

信息性是衡量合格语篇的一个重要标准（Beaugrande & Dressler 1981）。在语言交际过程中，说话者在表达意义和传递消息的同时必须根据信息组织的方式和规律使信息与不断展开的整个语言事件（如会话、新闻报道等）相吻合，并建立起信息之间的紧密联系，使受话者能够比较容易地把握信息组织的来龙去脉。语篇分析需要回答的一个问题就是：语篇是如何组织信息的？具体地说就是：说话者以什么作为信息的出发点？哪些信息最具有信息价值？信息是以何种方式在语篇中展开的？在语篇的展开过程中，旧信息在语篇中起到承前启后的作用，可以充当信息的起点，并引出新信息。不包含新信息的语篇是没有交际价值的，而完全由新信息构成的语篇往往会给受话者造成理解上的困难。为保持信息流的畅通和信息的可及性（accessibility），语篇总是以一定的信息组织方式展开。

4.1 语篇的信息组织方式

在现代语言学研究中，最早对信息和信息结构进行系统研究的是布拉格学派，由马泰休斯（Mathesius 1928，1929）及其继承者提出和发展的功能句法观（Functional Sentence Perspective）为揭示主位结构和信息结构的特征以及语言交际过程中的信息组织方式奠定了基础。系统功能语言学的始创者韩礼德（Halliday 1967）继承并发展了布拉格学派的功能主义语言学思想，将主位结构和信息结构研究推向了一个新的高度。

在组句成篇的过程中，小句在结构上同时呈现为两条信息线（message line），一条为由主位和述位构成的主位结构（thematic structure），一条为由已知信息和新信息构成的信息结构（information structure）（Halliday 1985：85）。主位结构和信息结构是语篇的结构衔接手段，能够促进语篇的衔接和连贯。在语篇的信息组织中，主位结构和信息结构是信息推进的重要手段，在语篇的信息流中发挥着重要的作用。主位结构和信息结构都是发话者选择的结果；但主位结构是以发话者为取向的，而信息结构是以受话者为取向的。

主位结构是以发话者为取向的信息组织方式，涉及发话者对信息出发点的选择（Halliday & Matthiessen 2014：120）。在主位结构中，主位（theme）作为小句的开始部分，是信息的出发点。发话者选择将某一个小句成分放在句首，就是把这个成分作为小句的信息起点。小句的其余部分称作述位（rheme），是对主位的展开和陈述。例如：

（1）小明‖昨天去爬山了。
（2）昨天‖小明去爬山了。

主位是小句的起始部分，例（1）以"小明"为主位，小句的剩余部分"昨天去爬山了"为述位，是对"小明"的进一步说明。例（2）的主位是"昨天"，小句的剩余部分"小明去爬山了"为述位，是对"昨天"做出的陈述和说明。例（1）和例（2）的命题意义及信息内容没有差别，但由于发话者的信息起点不同，因而呈现为不同的主位结构。如果把这两个小句放在会话语篇中，例（1）回答的是"小明怎么了？"的问题，例（2）回答的则是"昨天发生了什么？"的问题。因此，主位的选择取决于说话者在谈论什么或者关注什么。

在信息结构中，信息的新与旧是由受话者决定的。在交际过程中，发话者需要对受话者的知识状态（knowledge state）做出假设，从而判断哪些信息对于受话者来说是已知信息，哪些信息是新信息。在一般情况下，已知信息出现在句首位置，新信息出现在句末位置。但情况并非完全如此，在口语语篇中发话者通常是通过语调（intonation）来标记信息状态的。新信息的出现一般会伴随着对比重音，受话者可以通过语调来判断小句的哪一部分是已知信息，哪一部分是新信息。例如：

（3）a. 小明昨天去爬山了。

　　b. 小明昨天去爬山了。

　　c. 小明昨天去爬山了。

　　d. 小明昨天去爬山了。

在例（3）中，当重音落在小句的不同位置时，小句的信息结构就会不同。当重音落在"小明"上时，"小明"是信息的焦点，意思是小明而不是其他人昨天去爬山了；当重音落在"昨天"上时，昨天成为新信息，意思是小明昨天去爬山了，而不是前天或今天；当重音落在"去"上时，"去"作为信息焦点传达的意思时小明昨天去爬山了，而不是没有去；当重音落在"爬山"上时，"爬山"是新信息，意思是小明昨天去爬山了，而不是去游泳或者从事其他的活动了。

语篇的信息组织不仅涉及交际过程中的发话者和受话者，而且涉及发话者和受话者之间的互动。话题–述题（topic-comment）结构就是以发话者和受话者之间的互动为取向的信息组织方式。话题的选择是交际双方在互动中磋商的结果（Östman & Virtanen 1999：98），并直接作用于交际双方对信息的理解（Saeed 2009：200）。话题–述题结构在小句层面上往往体现为话题化的句式结构，有时也会体现为话语标记。例如：

（4）这种树‖叶子很大。

（5）自行车‖他骑走了。

（6）那场大火‖，幸亏消防队来得早。

（7）至于你提到的问题‖，我们会认真对待的。

（8）水果呢‖，我只喜欢香蕉。

就句法结构而言，例（4）—（8）都呈现出不同的结构。但从信息组织的角度看，每个小句都是以话题作为出发点展开信息的。充当话题的句法成分一般为定指的名词短语，这个名词短语不一定是小句的主语。例（4）中的小句似乎难以用主谓结构进行分析，"这种树"在小句中充当的是话题，

"叶子很大"是对话题的陈述。例（5）中的"自行车"在小句中充当宾语，通过话题化结构成为小句的话题。例（6）中的"那场大火"与小句的其他成分之间似乎没有任何句法关系，作为话题，"幸亏消防队来得早"对"那场大火"进行了陈述，而且话题与述题之间的关系是建立在含意推理基础之上的语用关系。例（7）和（8）分别运用了话题标记"至于"和"呢"，使小句呈现为典型的话题−述题结构。

4.2　主位结构

对主位结构的研究可以追溯到布拉格学派的创建者马泰休斯提出的功能句法观。根据句子的组成部分在信息传递中所发挥的作用，句子结构由主位和述位组成，而且二者在信息传递中负载不同程度的交际动力（communicative dynamism）。具体地说，主位和述位对交际发展所起的作用具有程度上的差异。主位由于通常负载已知信息，被认为具有最低程度的交际动力；述位由于通常负载新信息，促进了交际过程，因而具有最高程度的交际动力。主位一般位于句首，是叙述的出发点、对象或基础，从而成为句子其余部分叙述内容的起点。述位是对主位的叙述、描写和说明，是叙述的核心内容。韩礼德沿用了布拉格学派的"主位""述位"等术语，把小句组织信息的出发点称作主位，小句中的其余部分用来发展主位，称作述位。韩礼德为主位的识别和确认提出了明确的标准：主位是小句的句首成分，从句首开始直到第一个经验成分为止。也就是说，主位必须包含一个经验成分。

在简单主位中，主位只包含一个表达经验意义的成分。小句的无标记主位一般是陈述句的主语。汉语中的疑问语气没有语序的变化，因而无标记主位是小句的主语或者充当主语的疑问词（如"谁""什么"等），在祈使语气小句中，无标记主位可以是人称代词"你""你们"和"我们"等，在省略主语的祈使语气小句中，无标记主位是句首动词。当主语以外的其他成分充当主位时，这类主位就是有标记主位。

（9）a. 他们‖去年夏天把家搬到了北京。

b. 去年夏天‖，他们把家搬到了北京。

（10）a. 你‖可以在这本书里找到这个理论的起源。

b. 在这本书里‖，你可以找到这个理论的起源。

当不同的小句成分出现在句首时，主位也相应发生变化。在例（9a）中，小句主语"他们"出现在句首位置，充当无标记主位。在例（9b）中，表达经验意义的环境成分"去年夏天"出现在句首位置，成为有标记主位。在例（10a）中，"你"是无标记主位，而在例（10b）中，"在这本书里"成为有标记主位。

在复杂主位中，经验成分之前可能会出现表达语篇意义或人际意义的成分，有时这两种成分也可能会同时出现。因此复杂主位除了必不可少的经验主位外，还包括语篇主位或/和人际主位。经验主位也称作话题主位，主要体现为小句中的参与者和环境成分。语篇主位主要包括连接词和话语标记。人际主位主要包括表达人际意义的情态词和称呼语。例如：

（11）但是这些议论‖，林白霜只听了一半进去。

（茅盾，《色盲》）

（12）也许因为我‖在江南农村长期生活过的缘故，我特别难忘那朴实无华的红花草。

（周稼骏，《红花草》）

（13）可是，我要说，这‖是由于他跟我们的战士，接触太少，还没有了解到我们的战士。

（魏巍，《谁是最可爱的人》）

在例（11）中，复杂主位由语篇主位"但是"和话题主位"这些议论"构成。在例（12）中，复杂主位包括人际主位"也许"、语篇主位"因为"和话题主位"我"构成。在例（13）中，语篇主位"可是"、人际主位"我要说"和话题主位"这"构成了小句的复杂主位。

主位结构反映了说话者是如何通过信息起点的选择来组织信息的。对主位结构进行分析只是了解信息组织方式的第一步。在交际过程中，说话者对主位的选择往往呈现出一定的规律或模式，说话者正是通过这样的模式将不断展开的交际过程向前推进。也就是说，在语篇的层面上，主位结构的信息组织功能体现为语篇的主位推进模式（thematic progression）。国内外学者对主位推进模式的研究已经很多，而且提出了不同数量的模式（Danes 1974；徐盛桓1982，1985；黄衍1985）。胡壮麟（1994）认为，最基本的主位推进模式不外乎三种：（1）重复前句中的主位，即第一句中的主位继续成为第二句的主位；（2）从前句述位中的某个内容发展为一个新的主位；（3）前句中主位和述位的内容一起产生一个新的主位。

当语篇在主位推进过程中重复前句的主位时，语篇的主位推进呈现为持续型（continuous）主位推进模式。例如：

（14）这场演出，本来是献给泰戈尔的礼物，也是新月社成立后结出
　　　的第一个果实。然而，这场演出，在梁家也引起了一场风波。

（林杉，《细香常伴月静天——林徽因传》）

（15）大哥自己也在演戏，他一连演了三天的戏。

（巴金，《做大哥的人》）

在例（14）和（15）的主位推进过程中，小句的主位保持一致。也就是说，后续小句的主位重复了前句的主位。这种主位推进模式可以用图4-1表示：

图4-1　持续型主位推进模式

当语篇中前一小句的述位成为后一小句的主位时，语篇的主位推进呈现为线性（linear）主位推进模式。例如：

（16）相传在海外东胜神洲，有一个傲来国，国近大海，海中有一
　　　座花果山，山上有一仙石。

（吴承恩，《西游记》（少儿注音经典文库·图文本，
延边教育出版社2000）

（17）大自然把一封封漂亮的书信传递给人们，人们读着这些熟悉
　　　的笔迹……

（李准，《黄河东流去》）

　　例（16）和（17）的语篇在主位推进过程中，将前一小句的述位部分变为后续小句的主位，从而使主位推进呈现为线性模式。这种主位推进模式可以用图4-2表示：

$$T1 \rightarrow R1$$
$$\downarrow$$
$$T2\,(=R1) \rightarrow R2$$
$$\downarrow$$
$$T3\,(=R2) \rightarrow R3$$

图4-2　线性主位推进模式

　　如果语篇中小句的主位是由前面小句的主位和述位派生而来，语篇的主位推进为派生型（derived）主位推进模式。例如：

（18）实际，我两年来的心情与秋最容易调和而融合。这情形与从
　　　前不同。

（丰子恺，《秋》）

（19）中国酒的种类虽少，可是中国人却很讲究饮酒的时间和环
　　　境。这种对于酒感觉是相当合理的。

（林语堂，《谈饮酒与酒令》）

　　在例（18）中，第二个小句的主位"这情形"派生于前一小句的主位和述位，是对上一个小句的高度概括。在例（19）中，"这种对于酒感觉"派生于"中国人却很讲究饮酒的时间和环境"，成为小句的主位。这种主位推

进模式可以用图4-3表示：

$$T1 \rightarrow R1$$
$$\downarrow$$
$$T2\ (=T1+R1) \rightarrow R2$$

图4-3　派生型主位推进模式

需要指出的是，主位推进模式反映的是语篇信息组织的倾向，一个完整的语篇在信息组织上可能会采用不止一种推进模式。主位必须包含一个经验成分，如果这个经验成分是小句的主语，主位是无标记的，否则就是有标记的。这一观点在后来发生了变化。Thompson（2004：173）认为，主位中应该包含一个无标记主位。也就是说，如果小句中出现有标记主位，其后的主语也应该作为无标记主位包括在主位的范围内。Halliday & Matthiessen（2004：103）把有标记主位之后的主语称为移位主位（displaced theme）。有标记主位可以为语篇提供语境框架，无标记主位可以保持语篇的话题连续性（Thompson 2004：173）。例如：

（20）大哥自己也在演戏，他一连演了三天的戏。在这些日子里他被人宝爱着像一个宝贝；被人玩弄着像一个傀儡。他似乎有一点点快乐，又有一点点兴奋。

（巴金，《做大哥的人》）

在例（20）中，小句"在这些日子里他被人宝爱着像一个宝贝"的第一个经验成分"在这些日子里"是有标记主位，为语篇的展开提供了时间语境框架，小句的主语"他"是小句的无标记主位。按照这样的分析方法，整个语篇的信息组织方式呈现为持续型主位推进模式。

4.3　信息结构

在语言交际过程中，发话者是以信息单元（information unit）的形式组织起一定的信息结构来传递信息的。Halliday（1994：296）认为，信息单元是由新信息和旧信息构成的，而信息则生成于新旧信息的相互作用之中。在语篇信息流的推进过程中，旧信息是发话者认为受话者可以复原的信息，即上文提及过的事物、处于语境中的事物以及正在谈论中的事物；新信息是发话者认为受话者不可复原的信息，即上文未提及的事物或意想不到的事物（不管上文是否提及过）。在口语语篇中，新信息体现为声调重音。在书面语篇中，信息结构中的新旧信息主要是通过词汇和语法结构来表达的，如表示确指的名词词组和各种替代成分大都表达已知信息。句法结构的差异往往体现信息结构的不同，从而使不同的句法结构在语篇的信息组织中发挥着不同的功能。汉语的语序所反映的是语法化的信息结构（La Polla 1990；陶红印1994）。信息结构向句法结构的映射制约着句子的语序及其在语篇中的功能（Erteschik-Shir 2007）。就语法结构而言，有些结构总是与一定的信息结构相联系，如汉语中的被动语态结构和"是……的"强调结构。例如：

（21）a. 大水冲了龙王庙。

　　　b. 龙王庙被大水冲了。

（22）a. 小王昨天去看电影了。

　　　b. 小王是昨天去看电影的。

　　　c. 昨天去看电影的是小王。

例（21a）和（21b）的概念意义相同，但由于语序不同，信息组织的方式也就不同。根据信息编排的一般规律，（21a）中的"大水"负载已知信息，"冲了龙王庙"为新信息，因而可以用于对"大水做了什么？"的回答；（21b）中的"龙王庙"负载已知信息，"被大水冲了"为新信息，因而可以用于对"龙王庙怎么了？"的回答。例（22a）为常规句，根据信息编排的一般规律，"小王"为已知信息，"昨天去看电影了"为新信息；在例（22b）和（22c）中，强调标记"是"对信息结构起到了调节作用，使"昨天"和"小王"成为信息焦点。

根据信息组织的一般规律，信息单元中的已知信息出现在新信息之前，即信息焦点位于句尾，这就是末端焦点（end-focus）原则。例如：

（23）　A：我以为你今天在悉尼参加一个会议，你在这里干什么？

　　　　B1：他们把会议取消了。

　　　　B2：他们取消了会议。

（Halliday 1981）

　　例（23）中的 B1 和 B2 之间在语义上并没有多大的差别，但在同一个语篇上下文中，B1 比 B2 更合适，因为"一个会议"是已知信息，因此在对"你在这里干什么？"做出回答时，"会议"作为定指的名词短语，表达的是已知信息，因而不能作为信息焦点出现在句尾。在 B1 中，"把"字结构调整了已知信息"会议"在句中的位置，从而对信息组织起到了一定的调节作用，这样就使 B1 的选择显得比较自然。而 B2 却把表达已知信息的"会议"放到了信息焦点的位置上。

　　在语篇的展开过程中，已知信息为新信息的传递提供铺垫和基础，并通过已知信息与新信息之间的相互作用，使信息流不断向前推进。例如：

（24）从前有座山，山上有座庙，庙里有个老和尚，老和尚在给小
　　　和尚讲故事。老和尚说……

（25）*从前有座山，有座庙在山上，有个老和尚在庙里，小和尚
　　　在听老和尚讲故事。老和尚说……

（金立鑫 2000：190）

　　例（24）是一个合格的语篇，符合信息推进的一般规律，已经引发的实体成为信息流中的已知信息和信息传递的出发点，这种流畅的信息推进模式在很大程度上依赖句法结构的选择。如果把例（24）中的句法结构变换为例（25）中的句式，虽然句子的语义没有发生变化，但语篇的信息流起伏较大，已经引发的实体不但没有成为信息传递的出发点，反而出现在新信息的位置上。

4.4　话题－述题结构

　　话题－述题也是常见的信息切分方式。Hockett（1958：201）用话题和

述题来描述句子主谓结构的一般特点，即说话人先抛出一个话题，然后就它做出说明。在英语和其他西方语言里通常话题是主语，述题是谓语。话题可能不是主语，但可以指明说话人要谈论的是什么。尽管语言学家对话题的阐释有所不同，但使用这种切分方法的学者大都认同话题的句首地位，认为它要么是主语，要么是前置的、话题化的部分（Vallduví 1990：40）。话题是句子要表达的事情。布拉格学派和系统功能语言学家强调话题的"关涉性"（aboutness），即把话题看作句子所要谈论的人和事，是"句子余下部分存在的理由"（Williams 1980：33）。

针对汉语的语法特点，早在1968年，赵元任（1968）就提出了用话题（topic）这一概念来代替传统的主语作为汉语句子的直接成分的观点。"在汉语里，把主语、谓语当作话题与述题来看待，比较合适"（赵元任1968）。根据话题和主语在一种语言中的地位，Li & Thompson（1976）从功能语言学的角度提出了主语突出型（subject-prominent）和话题突出型（topic-prominent）语言的区分，并把英语归类为主语突出型语言，把汉语归类为话题突出型语言。在主语突出型语言中，主语和谓语是句子结构的主要成分，而在话题突出型语言中，句子结构的基本成分是话题和述题。曹逢甫（Tsao 1979）在Li & Thompson（1976）的基础上，对汉语句子的话题进行了进一步的研究。曹逢甫指出，话题是一个语篇概念，话题与主语的一个重要区别就在于话题常常将其语义范围扩大到单句以外，而主语则不具有这一特点。

在信息的推进过程中，当语篇按同一个话题展开时，语篇的连贯程度和可接受性就会高于话题不连续的语篇。也就是说，话题连续性（topic continuity）是语篇可接受性的重要标准（Givón 1983）。例如：

（26）*在学校里，他是德智体全面发展的学生。去年同学们评他
　　　为"三好生"。今年他在各方面又取得了很大进步。

（27）在学校里，他是德智体全面发展的学生。去年他被同学们评
　　　为"三好生"。今年他在各方面又取得了很大进步。

（王天庆1985：29）

在例（26）中，话题从"他"转移到"同学们"然后又回到"他"，由于话题的中断，语篇的连贯程度被削弱。在例（27）中，被动语态的运用使语篇能够按同一个话题展开，保证了话题的连续性，因而例（27）的连贯程度要大大高于例（26）。

在语篇的信息推进过程中，话题的选择一方面受到话题连续性的制约，另一方面又是发话者和受话者互动的结果。语篇以什么为话题展开，话题如何延续，都是发话者和受话者互动和磋商的结果。这种互动体现在以下几个方面。首先，充当话题的成分一般是定指的名词词组或代词，话题的确定性程度越高，话题的连续性和可及性就越高。语篇中连续性和可及性最高的话题是零型回指。其次，为了保持话题的连续性，语篇的信息组织有时会涉及话题化的句法过程或句法结构的调整，如例（27）中的被动语态的选择。最后，语篇无论在开始谈论一个话题时，还是在转换话题时，一般会运用"至于……""关于……""提到……""……吧"等话题标记，以便提醒受话者。

4.5　小结

在语言交际过程中，发话者不但要使语篇具有一定的信息量（informativeness），而且还要使信息具有最佳的可及性。这是因为在语篇信息流的推进过程中，信息的编排一方面要受到交际目的的制约，即语篇要传递一定的信息，另一方面又受到交际者认知局限性的制约，即信息的编排要符合人类的一般认知规律，以便使受话者以较小的认知努力获取信息。就语篇的信息组织而言，主位与述位是以发话者为取向的，旧信息与新信息是以受话者为取向的，话题与述题是以交际过程中的互动为取向的。这些不同的取向涉及信息传递过程中的发话者、受话者和交际双方的互动。

练 习

1. 请分析下列语篇的主位推进模式。

（1）他们幸福极了。结合的幸福，创造的幸福，助人的幸福全汇聚在一起了。他们几乎被这种巨大的幸福给压倒了，啊呀，幸福一下子来得也太多了。

（张炜，《秋天的愤怒》）

（2）大自然把一封封漂亮的书信传递给人们，人们读着这些熟悉的笔迹：柳絮飞舞了，榆钱飘落了，蝴蝶和落在地上的油菜花瓣依依惜别，豌豆花变成了肥嫩的绿荚。这是春天向夏天告别的最后一幕。这一幕需要的道具是如此之多：男人们整理着套绳、磙框、桑杈、扫帚；女人们收拾着簸箕、篮子，缝补着破了的口袋。

（李准，《黄河东流去》）

2. 请分析下列语篇的信息组织方式，并从信息结构的角度解释"台上坐着主席团"和"主席团坐在台上"在语篇中的可接受性。

（1）小学校的操场上人声鼎沸，人们都是来参加选举大会的。操场东侧临时搭起了一个大台子，台上坐着主席团。

（2）出席今天会议的有英雄事迹报告团，工会代表团和刚刚推选出的大会主席团。主席团坐在台上，英雄事迹报告团和工会代表团坐在大礼堂的前排。

（陈国亭1984：58）

3. 请分析下列语篇的信息组织方式，并从话题–述题结构的角度解释语篇的话题连续性。

（1）高加林回村后，起初每当听见黄亚萍清脆好听的普通话播音的时候，总有一种很惆怅的感觉，就好像丢了一件贵重的东西，而且没指望找回来了。后来，这一切都渐渐地淡漠了。只是不知什么时候，他隐约听另外村一个同学说，黄亚萍可能正和张克南谈恋爱时，他才又莫名其妙地难受了一下。以后他便很快把这一切都推得更远了，很长时间甚至没有想到过他们……

（路遥,《人生》）

（2）战士是永远追求光明的。他并不躺在晴空下享受阳光，却在黑夜里燃起火炬，给人们照亮道路，使他们走向黎明。驱散黑暗，这是战士的任务。他不躲避黑暗，却要面对黑暗，跟躲藏在阴影里的魑魅魍魉搏斗。他要消灭它们而取得光明。战士是不知道妥协的。他得不到光明便不会停止战斗。

（巴金,《做一个战士》）

第五章
书面语篇的结构

在西方，对语篇结构的研究可以追溯到古典修辞学对文章"谋篇布局"的探讨。最早对语篇结构进行的研究是亚里士多德对古希腊悲剧结构进行的分析（Halliday & Hasan 1985：53）。当然，亚里士多德对语篇结构的研究是比较简单的，他把古希腊悲剧的结构划分为三个部分：开始、中间和结尾。在现代语言学领域，随着语言学理论，特别是语篇分析理论的不断发展和完善，语言学家从不同的角度对语篇结构进行了深入的研究。

5.1 语篇的线性结构与等级结构

语言单位在结构上可以呈现为线性结构和等级结构。线性结构是通过成分之间的相互依存和有序排列构成的组合关系。例如，词语按照一定的句法规则排列组合为句子。等级关系指的是成分之间的构成关系，即大的单位成分由小的单位成分构成，或者说小的单位成分可以构成大的单位成分。例如，句子由短语构成，短语由单词构成，单词由词素构成。

语篇在结构上呈现为线性结构和等级结构，这两种结构并不矛盾。语篇的线性结构体现为语篇中的句子总是按照一定的顺序排列在一起的，前面的句子为后面的句子提供语境，使语篇成为一个不断展开的过程或线性序列。语篇的等级结构则体现为大的语篇单位由小的语篇单位构成，也就是说，语篇是一个由语篇单位构成的有机整体。

在语言交际过程中，人们不是借助于孤立的、单个的词句，而是借助于由话语序列组成的连贯语篇来表达意义的（Crombie 1985：1）。因此，语篇分析的重要任务之一就是阐明句子或语段是如何通过线性组合构成连贯语篇的。语篇的线性结构特征有助于信息的传递和意义的表达。知识不是线性的，而语篇则是线性的（Coulthard 1994：7）。因而，在信息的传递和知识的表征过程中，发话者需要把所要表达的内容以线性的方式组合成连贯的语篇，从而减少受话者的认知努力。语篇的线性结构最直接地体现为语篇中的相邻语句构成的话语序列。从语义的角度看，语篇是由表达命题序列的话语序列构成的（Beaugrande & Dressler 1981；van Dijk 1972，1977，1985）。从语用的角度看，语篇并不是单纯的句子的组合，而是言语行为的序列，即语篇的连贯性体现为句子所实施的言外行为之间的连接关系（Widdowson 1978：29）。

在书面语篇中，句子也是按照一定的线性规则排列在一起的。句子的排列组合是受规则制约的，而不是杂乱无章地堆积在一起的。首先，句子的组合关系体现为命题意义之间的联系，因而需要遵循一定的逻辑顺序。例如：

（1）a. 钻塔灯火通明，工人们依依不舍地把总理送上车，目送着
车队消失在夜色中。

b. *钻塔灯火通明，工人们目送着车队消失在夜色中，他们
依依不舍地把总理送上车。

从语义结构的角度看，例（1）中两个话语序列的连贯关系表现为该话语序列所表达的两个事件之间的线性排列关系，即事态发生的先后顺序。（1a）的排列顺序与事件发生的先后顺序相吻合，因而是一个连贯的语篇，（1b）显然不符合事件发生的先后顺序，因而是不连贯的。

其次，句子的组合受到信息结构的制约。在一般情况下，一个句子的已知信息在前，新信息在后。语篇在展开的过程中，句子的前连后续必然受到句子信息结构的制约。例如：

（2）a. 从前有座山，山上有座庙，庙里有个老和尚，老和尚在给
小和尚讲故事。老和尚说……

b. *从前有座山，有座庙在山上，有个老和尚在庙里，小和
尚在听老和尚讲故事。老和尚说……

（金立鑫 2000）

我们讲故事时，一般在故事的开始用呈现句引入新信息，新信息被引入后就会变为旧信息，并为新信息的引入提供出发点。在例（2a）中，信息的推进符合一般的认知规律，新旧信息的交替使前一个句子中的新信息成为下一个句子中的旧信息，并为新信息的呈现提供了铺垫，以此保证了信息流的畅通。但在例（2b）中，除了第一个句子以外，其余的句子都将新信息放在了旧信息的前面，这就使得前后句子中的新旧信息难以彼此承接，造成了信息流的混乱和不畅。信息结构在语篇中的这种承前启后的功能，体现了语篇的线性结构。

语篇是线性的，句子通过排列组合构成了更大的语言单位。也就是说，语篇中的句子是更大的语篇单位的一部分。从这种意义上讲，语篇又具有等级结构。其实，刘勰的《文心雕龙》已经体现出等级结构的观点："夫人之立言，因字而生句，积句而为章，积章而成篇。""篇之彪炳，章无疵也；章之明靡，句无玷也；句之清英，字不妄也。"从这些论断中不难看出，语篇是由结构成分组成的有机整体。

Hoey（2001）认为，语篇同时具有线性结构和等级结构。线性结构不仅存在于句子之间，而且存在于更大的语篇单位之间，如段落或情节之间。语篇具有等级结构，这是因为我们可以把语篇切分为更小的构成单位。例如：

（3）[1]有三个男人漂流到一个孤岛上，捡到一个瓶子，打开后出来了一个魔鬼。[2]像阿拉丁神灯一样，那个魔鬼说：我被关闭了五百年，为了报答你们，可以满足你们的三个愿望。[3]第一个男人说："嗯，我想在非洲的海滩上搂着美女，喝着美酒。"[4]刚说完"叭"的一声就到了非洲。[5]第二个男人赶快说："我要在拉斯维加斯豪赌。"[6]说完他到了赌城。[7]第三个男人一看好灵验，急忙说了一句："他们要是在这里商量一下多好。"[8]刚说完"叭"的一声那两个男人又回来了。

例（3）中的笑话由八个句子构成。其中，句[1]—[2]为情景部分，句[3]—[8]为情节部分。整个语篇由三个情节构成，句[3]—[4]为

第一个情节，句〔5〕—〔6〕为第二个情节，句〔7〕—〔8〕为第三个情节。该语篇的等级结构如图5-1所示。

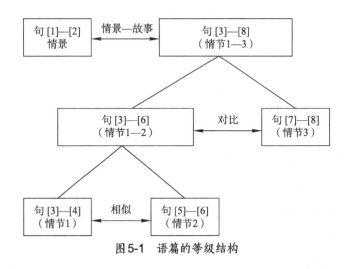

图5-1　语篇的等级结构

从图中可以看出，例（3）中的语篇由情景和情节构成，情节1和情节2构成相似关系，并与情节3构成对比关系。

5.2　语篇的语义结构

无论是语篇的线性结构还是等级结构，都涉及句子与语篇之间的关系问题。需要指出的是，不能简单地把语篇看作是句子的组合，也不能把句子与语篇之间的关系看成是一种单纯的构成关系。这是因为句子是一个语法单位，而语篇是一个交际单位。因此，从严格的意义上讲，语篇不是句子的累加，语篇分析也不是语法分析的延伸。Halliday & Hasan（1976）指出，语篇是语义单位或语言使用的单位，语篇不是由句子构成的，而是由句子体现或编码的。也就是说，句子与语篇之间是一种体现关系，句子是语篇的编码手段。

既然语篇是语义单位，那么语篇结构应该体现为语义结构（semantic structure）。语篇的语义结构在微观层面上体现为话语序列中句子之间的语义关系；在宏观层面上，语篇的语义结构体现为语篇中的句子所表达的命题与语篇主题之间的关系。也就是说，语篇的语义结构包括微观结构（microstructure）和宏观结构（macrostructure）。

一般来说，语篇的微观结构表现为外延的（extensional）语义结构和内涵的（intensional）语义结构（van Dijk 1977）。如果话语序列所表达的事态的线性组合与真实世界里的排列顺序相对应，那么，话语序列表现为外延的语义结构；如果话语序列所表达的事态的线性组合在真实世界里找不到对应体，那么，话语序列表现为内涵的语义结构。关于语篇的这两种语义结构，我们在第四章讨论语篇的语义连贯时已有详细介绍，此处不再赘述。

语篇的宏观结构是建立在语篇整体上的语义结构。根据 van Dijk（1977）的定义，宏观结构指的语篇或话语序列的高层次语义结构或整体意义，即语篇的主题或宏观命题（macropropostion）。宏观结构涉及语篇中的句子所表达的命题与语篇主题之间的联系。Van Dijk（1977）认为，语篇的宏观结构是一个等级结构，语篇的宏观语义信息的处理过程是一个从句子的命题信息开始的"自下而上"（bottom-up）的互动推理过程。这一过程是通过宏观规则（macrorule）的运作将语义信息不断压缩的过程。宏观规则包括删除规则（deletion rule）、概括规则（generalization rule）和建构规则（construction rule）。宏观规则的运作在很大程度上离不开人们的常识和认知图式。

删除规则：删除命题序列中不会对其他命题的理解产生影响或与其他命题的理解不相关的命题，即删除次要命题，保留主要命题。例如：

（4）a. 盛大的剪彩仪式开始了。首长在礼仪小姐的引领下上台为
　　　　企业开工剪彩。
　　　b. 首长为企业开工剪彩。

例（4a）包括三个命题："盛大的剪彩仪式开始了""首长在礼仪小姐的引领下上台"和"首长为企业开工剪彩"。在这三个命题中，"首长为企业开工剪彩"表达了整个剪彩活动的核心内容，而其他两个命题只是该命题的前提，因而可以删除。通过删除规则获得的宏观命题是可还原的

（recoverable）。也就是说，受话者可以根据一般的常识从（4b）这一命题还原被删除的命题"盛大的剪彩仪式开始了"和"首长在礼仪小姐的引领下上台"。

概括规则：将命题序列替换为每一个命题所蕴含的概括性命题。例如：

（5）a. 小明在搭积木。小红在跳绳。小强和小丽在玩捉迷藏。

b. 孩子们在玩耍。

在例（5a）中，每一个命题都蕴涵了"孩子们在玩耍"这一宏观命题。通过概括规则获得的宏观命题是不可还原的，因此受话者不能从（5b）还原出（5a）中的命题。

建构规则：将命题序列替换为该序列的命题集合所蕴含的命题。也就是说，宏观命题是通过命题的整合而建构的新命题。例如：

（6）a. 他来到机场，办理了乘机手续。他通过了安检，到达登机口准备登机……

b. 他在乘飞机。

在例（6a）中，每一个命题都表达了"乘坐飞机"这一过程或行为的一部分，因而（6a）中所有命题的集合就蕴涵着"他在乘飞机"这一宏观命题。通过建构规则获得的宏观命题是可还原的，因此受话者可以从（6b）还原出（6a）中的命题。

宏观规则在语篇的理解过程中发挥着重要的作用。通常情况下，对语篇整体意义的理解涉及多个规则的运作。例如：

（7）[1] 近代，西方自然科学和社会科学迅猛发展，而中国在这些方面落后了。

[2] 我们应当立志图强、奋起直追，虚心向西方学习，凡是好的、有用的都应该学，这是没有疑问的。

[3] 但我们如果因此丢弃了"自我"，失去了自我的根基，忘记了"我们自己是谁"，那恐怕就要成为民族罪人了。

[4] 历史证明，一个民族一旦失去了自己的文化传统，尤其是标志文化特质、体现文化灵魂的哲学思维传统，那就很难"自立于世界民族之林"，终究要被淘汰出局。

[5] 况且我们中华民族有着优秀的历史文化传统和独特的哲学思维个性，更应该发挥所长，为创造人类的新文化和新哲学做出应有的贡献。

例（7）包括五个句子，阐述了中国在自然科学和社会科学领域应如何向西方学习的问题。读者在语篇理解的过程中可以通过宏观规则的运作获得如下的宏观结构：

（8）a. 我们要虚心向西方学习。

b. 我们不能丢弃自我。

c. 我们要继承优秀民族传统，发挥所长。

宏观结构（8）中的三个宏观命题是通过删除规则和概括规则获得的。例（7）中句[1]、[2]核心思想是"我们要虚心向西方学习"。句[1]说明了向西方学习的原因，即近代中国在自然科学和社会科学领域落后于西方。句[2]核心内容是"我们要虚心向西方学习"。因此（8a）是在句[1]和[2]的基础上通过删除规则的运作而获得的。句[3]、[4]、[5]阐述了我们向西方学习时应注意的问题。句[3]的主要内容是"我们不能丢弃自我"，句[4]运用史实支持了句[3]的观点，句[5]进一步提出"我们要继承优秀民族传统，发挥所长"的观点。因此（8b）是通过删除规则和概括规则的运作，从句[3]和[4]获得的。（8c）是在句[5]的基础上通过删除规则和概括规则的运作获得的。读者可以运用删除规则、概括规则和建构规则将例（8）中的三个宏观命题整合为一个宏观命题："我们要在继承优秀民族传统的基础上学习西方。"

微观结构可以解释语篇的局部连贯，而宏观结构则对语篇的连贯实施整体制约。如果我们无法通过宏观规则从语篇的命题中获得语篇的宏观结构，那就说明语篇在整体上是不连贯的。

5.3　语篇的超级结构

　　语篇的超级结构（superstructure）是规约化的图式结构，是由若干结构要素组成的纲要结构。超级结构是语篇的形式结构，可以为语篇的宏观结构内容提供整体的组织框架。通俗地说，语篇的超级结构就是语篇的构思框架或计划。譬如，我们在写信时，一般要按照固定的格式来组织信的内容。这种固定的格式就是一种图式结构，是储存在大脑中用来组织语篇的形式构架。

　　语篇的超级结构是一种形式结构，只涉及语篇内容的组织方式，与语篇所表达的具体内容没有直接的关系。因此，超级结构有别于宏观结构。语篇的宏观结构是一种语义结构，涉及语篇的主题内容，是对语篇的语义内容进行的概括、总结、提炼和建构。内容不同的语篇在宏观结构上是不同的，但相同的语篇内容可以呈现为不同的超级结构。

　　不同类型的语篇往往具有不同的超级结构。科技论文的超级结构主要由标题、摘要、引言、理论框架、实验（包括受试、材料等）、结论、参考文献、附录等成分组成（Renkema 1993）。图5-2描述了科技论文的主体部分的形式结构。

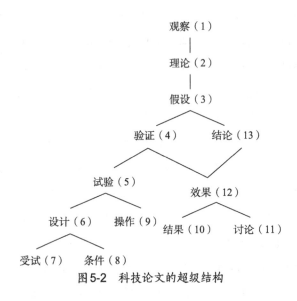

图5-2　科技论文的超级结构

　　图5-2呈现出了科技论文语篇的结构流程和形式框架。科技论文的超级

结构与论文本身的具体内容没有直接的联系。超级结构是超越了语篇的具体内容的结构图式，是为语篇内容的组织服务的。

新闻语篇的超级结构一般由概述（包括标题和导语）、故事（包括情节和背景）和结局（包括最后的评论和结论）等结构要素组成（van Dijk 1988: 14-16）。如图5-3所示：

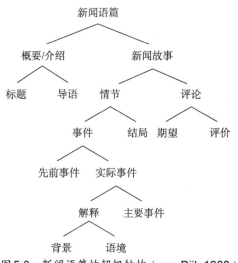

图5-3　新闻语篇的超级结构（van Dijk 1988）

从图5-3中可以看出，新闻语篇的超级结构是用来组织新闻内容的纲要或构架。超级结构为新闻内容的组织提供了形式结构，在具体的新闻语篇中，结构成分具有灵活性，有些结构成分的位置也是不固定的。例如：

（9）　**老虎伤人致1死1伤 八达岭动物园被勒令停业整顿**

　　昨天下午，北京八达岭野生动物园东北虎园内，发生一起老虎伤人事件，造成1死1伤。北京青年报记者从延庆区政府获悉，目前八达岭野生动物园已被勒令停业，进行整顿。

　　昨天下午3时许，北京八达岭野生动物园东北虎园内，发生一起老虎伤人事件，造成1死1伤，目前伤者仍在救治中。据初步调查，事故发生在当事游客自驾车过程中，游客私自下车受到老虎攻击。详细情况正在进一步调查中。

延庆区政府透露，事件发生后，延庆区全力组织救治伤
员，并责成相关部门组成联合调查组在第一时间对事件原因
进行调查。目前，延庆区政府已经责令北京八达岭野生动物
园立即停业，配合调查，进行整顿，确保旅游安全。同时提
醒游客，游园时要遵守有关规定，提高安全防范意识。

（《北京青年报》2016-07-24）

这则新闻报道由概要和新闻故事构成。概要包括标题和第一段的导语。
第二段是新闻故事的情节部分，由事件和结局构成。由于本新闻报道的是突
发事件，涉及的先前事件和背景没有详细的描述，结局部分包括伤亡情况和
相关部门所采取的措施，如救治伤员、责令动物园停业整顿、提醒游客等。
在这则报道中，记者没有对事件进行评论。

5.4 语篇的语类结构

系统功能语言学从情景语境出发研究语篇的语类结构（generic
structure）。系统功能语言学认为，语篇的结构特征不但能够区分完整的语
篇与不完整的语篇，而且能区分不同的语类形式（Hasan 1978：229）。语类
（genre）指的是语篇的类型；与每一种语类相联系的是一个概括性的结构定
式（structural formula）。这种结构定式为一系列具体的实际结构提供可能或
潜势。因此，就一个语篇所属的语类形式而言，语篇结构体现为语类结构潜
势（generic structure potential）。

语篇结构与语篇的情景语境之间存在着密切的关系，因为某一语类的
结构定式是由一组受情景语境变量控制的语篇结构成分组成的。Halliday &
Hasan（1985：70）认为，在语篇结构和情景语境之间存在着预测关系。这
种预测关系表现为情景语境变项（话语范围、话语基调、话语方式）的组合
与语篇结构成分之间的相互作用关系。语境组合指的是一组实现话语范围、
话语基调、话语方式的值。如果话语范围的值为"表扬"或"批评"，话语
基调的值为"父母对孩子"或"雇主对雇员"，话语方式的值为"口头"或

"书面"，那么就会出现如下四种可能的语境组合：

　　1. 父母口头表扬孩子；

　　2. 雇主书面表扬雇员；

　　3. 父母口头批评孩子；

　　4. 雇主书面批评雇员。

语境组合与语篇结构成分之间的预测关系也是双向的。我们不但可以通过语篇的结构成分预测语篇的情景语境因素，而且可以通过语境组合对语篇的结构做出预测。具体表现为：

　　1. 什么成分必须出现；

　　2. 什么成分可能出现；

　　3. 它们必须在什么位置出现；

　　4. 它们可能在什么位置出现；

　　5. 它们可能出现的频率是多少。

我们以轶事（anecdote）语类为例说明语类结构的分析方法。作为各种文化中比较常见的语篇类型，轶事语类的主要功能就是与他人分享不平常的经历或有趣的事件。向他人讲述轶事时，受话者往往是关系比较熟悉的人，讲述的是有趣的或不寻常的个人经历。这些情境语境变量就决定了轶事语类的结构特征。一般情况下，轶事语类的结构包括以下成分（Gerot & Wignell 1994：202）：

　　1. 点题（abstract）：对轶事的简要概括，作为讲述不平凡事件的标记；

　　2. 指向（orientation）：讲述背景，如时间、地点、人物、事件等；

　　3. 关键（crisis）：描述不平凡事件的细节；

　　4. 反应（reaction）：对不平凡事件的回应；

　　5. 结局（coda）：对事件的思考或评价。

点题的目的是通过简要的概括，引起受话者的兴趣。在讲述轶事时，讲述人常常以"你听说过某某的故事吗"或者"昨天发生了一件很有意思的事情"等句式作为开始。但在书面轶事语类中，点题有时可以不出现。例如，下面这个轶事语篇是直接从指向开始的。

（10）年少时，她与他曾是爱人。两人因为某些事情分手，以后再也没有联系。

许多年过去，她仍忘不了他。听说他结婚的消息后，她失落极了。

犹豫再三，她在网上将他的名字键入搜索栏。

费了好一番工夫，她终于从各种蛛丝马迹中追寻到了他的微博。闭目祈祷之后，她点开那个网页，他与妻子大大的合影马上跳入眼帘。

只是，他已经不是她脑海中存留的那个少年，而是一位已经发福的中年大叔。

她愣了一下，转而看了看镜中的自己，笑了。

那日之后，她不再想他。

有时候，现实就是这么可爱。

（七夏，"现实"，《皇冠》2015年第6期）

表5-1　轶事语类结构分析

题目	现实
指向	年少时，她与他曾是爱人。两人因为某些事情分手，以后再也没有联系。 许多年过去，她仍忘不了他。听说他结婚的消息后，她失落极了。
关键	犹豫再三，她在网上将他的名字键入搜索栏。 费了好一番工夫，她终于从各种蛛丝马迹中追寻到了他的微博。 闭目祈祷之后，她点开那个网页，他与妻子大大的合影马上跳入眼帘。
反应	只是，他已经不是她脑海中存留的那个少年，而是一位已经发福的中年大叔。 她愣了一下，转而看了看镜中的自己，笑了。
结局	那日之后，她不再想他。 有时候，现实就是这么可爱。

语篇的语类结构与超级结构有很大的相似性。但语类结构与情景语境关系密切，不但反映了情景语境变量，而且受到情景语境变量的影响。语篇的语类结构潜势就是一个包含某一语类所有的必要成分和选择成分的结构表达

式。结构中的必要成分具有区分语篇语类结构潜势的功能，这是因为语类是由语类结构潜势中的必要成分来界定的（Halliday & Hasan 1985：61）。语境变量的改变可引起语篇结构成分的改变，其中，必要成分的改变将会导致语域或语类结构的改变，而选择成分的异同会导致属于同一语类的语篇的多样化。对于一个特定的语篇语类来说，什么成分必须出现，什么成分可能出现以及它们必须或可能出现在什么位置等，都受到语境组合的制约。

语类结构潜势理论不仅进一步体现了语篇与语境之间的关系，而且是对语言的功能性的承认。根据这一理论，正确的说话或写作的方式不止一种，具体情况应视具体的语境而定。在一个语境中合适的东西在另一个语境中则不一定合适。

（11）　　　　　　　　**上山下乡通知书**

×××同志：

你遵照伟大领袖毛主席"知识青年到农村去"的伟大教导，要求上山下乡走与工农相结合的道路，建设社会主义新农村，已被光荣批准。

特此通知。

（12）　　　　　　　　**××大学录取通知书**

×××同学：

我校决定录取你入物理学院物理学专业学习。请你准时于2016年9月1日凭本通知书到校报到。

"上山下乡通知书"是发生在特定历史时期的通知语类，其格式和形式带有明显的历史特征。如果把这种语篇类型放在当代社会语境中就不合时宜了。同样，不同时期的大学录取通知书也是不一样的，而且不同学校的录取通知书也会在内容和结构上有所不同。

5.5　语篇的修辞结构

从语义的角度看，语篇中的句子或命题按照一定的逻辑语义关系构成连贯的语篇。从功能的角度看，句子或命题在语篇中具有话语价值，即一个句子或命题相对于其他句子或命题而言，具有一定的功能。因此，语篇结构可以解释为话语序列中的一个命题相对于前一个命题所发挥的功能，如后一个命题对前一个命题进行解释、补充或说明。这说明，语篇结构并不总是单纯依赖命题意义之间的关系。语篇并不是单纯的句子的组合，而是言语行为的序列，即语篇结构体现为句子所实施的交际功能或修辞功能之间的关系。

Mann & Thompson（1988）提出的修辞结构理论（rhetorical structure theory）可以从功能的角度对语篇结构做出解释。根据修辞结构理论，语篇内部各部分之间通过功能上的联系构成修辞结构。修辞结构是一种等级结构，语篇中相邻的两个部分按照一定的修辞关系组成较大的部分，两个较大的部分又按照一定的修辞关系构成更大的部分，直至形成完整的语篇。修辞结构中的任何功能完整的组成部分都称作结构段（span）。结构段可以是一个小句，也可以是更大的组成部分，并根据结构段在结构关系中的地位或功能分为核心结构段（nucleus span）和辅助结构段（satellite span）。例如：

（13）［1］他天资聪颖。［2］三岁时，他就能吟诗作画。

在例（13）中，小句［1］是一个判断或陈述，小句［2］则为这一判断提供了依据，因此两个结构段构成证据（evidence）关系，小句［1］是核心结构段，小句［2］是辅助结构段。例（13）的修辞结构可以用图5-4表示：

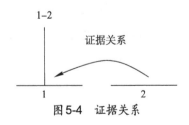

图 5-4　证据关系

在图5-4中，1–2表示由结构段1和2构成的语篇单位，箭头表示两个结构段之间的修辞关系，箭头所指方向为核心结构段。

根据修辞结构理论，语篇中存在着多种多样的修辞结构关系。主要包括：

对立（antithesis）关系　　　动机（motivation）关系

背景（background）关系　　　非意愿性原因（non-volitional cause）关系

环境（circumstance）关系　　非意愿性结果（non-volitional result）关系

让步（concession）关系　　　析取（otherwise）关系

条件（condition）关系　　　　准备（preparation）关系

阐述（elaboration）关系　　　意图（purpose）关系

使能（enablement）关系　　　重述（restatement）关系

评价（evaluation）关系　　　解决（solutionhood）关系

证据（evidence）关系　　　　总结（summary）关系

解释（interpretation）关系　意愿性原因（volitional cause）

证明（justify）关系　　　　　意愿性结果（volitional result）

以上关系都是核心结构段与辅助结构段之间的修辞关系。但在有些情况下，两个结构段之间无主次之分，这样就构成了多核心关系。常见的有：

对比（contrast）关系

联合（joint）关系

列举（list）关系

序列（sequence）关系

多核心关系中没有辅助结构段，所有结构段具有同等的地位。例如：

（14）[1] 我们的门前修了暗沟，院后要填平老阴沟，一福。

　　　[2] 前前后后都修上了大马路，二福。[3] 我们有了自来

　　　水，三福……

（老舍，《龙须沟》）

例（14）的三个结构段构成了序列关系，其修辞结构如图5-5所示：

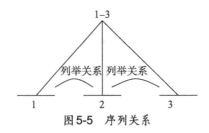

图5-5　序列关系

下面，我们通过对例（15）的分析，进一步说明语篇的修辞结构。

（15）[1] 由于茶叶发源自中国，全世界关于"茶"这个词儿的发音，都和普通话的 cha 或潮汕厦门话的 tea 近似。[2] 从海路接受了茶的，就把它称呼为 tea，从北方陆路接受了茶的，就把它称呼为 cha。[3] 全世界对于咖啡和可可的称呼，也和它原来的产地——非洲、美洲人们的称谓相近。[4] 再举一个有趣的例子：由于全世界各地所种的荔枝、龙眼、黄皮（中国南方的一种果子），都是从中国引进去的，世界各个国家的文字中，称呼这几种果子的名词，都和中国南方的口音差不多。[5] 从这样的事例，也可以看到：外来词的借用，是世界各族语言发展的共同规律。

（秦牧，《外来词的吸收和消化》）

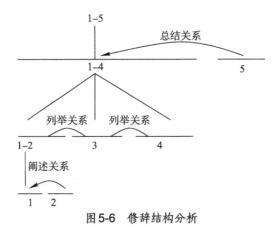

图5-6　修辞结构分析

从图5-6中可以看出，句［5］是对句［1］—［4］的总结。句［1］—［4］是一个由列举关系构成的结构段。句［1］—［2］又进一步分析为阐述关系，即句［2］是对句［1］的阐述。从以上分析可以看出，语篇的修辞结构在总体上表现为等级结构，即语篇由结构段构成，结构段则由更小的结构段构成。也可以说，两个小的结构段通过修辞关系构成更大的结构段。无论是在整体层面上还是局部层面上，语篇的修辞结构一般表现为两个结构段之间的修辞关系，以及由此而构成的更大的语篇单位。

5.6 语篇模式

语篇模式（textual pattern）是通过语言社团长期的积累并在以往经验的基础上形成的一些程式化或定型的语篇组织形式或策略（Hoey 1983, 2001）。特别是在书面语篇中，人们通常根据一定的语篇模式来组织语篇。语篇模式的运用体现了语言交际的规约性，因而在语篇的生成和理解过程中发挥着重要的作用。迄今为止，语篇分析学家已经对英语中常见的语篇模式进行了研究，并总结出了像"问题-解决"（problem-solution）"概括-具体"（general-specific）等几种主要的语篇模式以及识别这些语篇模式的方法（苗兴伟 2012）。

对语篇模式的研究是对小句关系研究的进一步延伸和发展。语篇模式研究是以语篇的等级结构为出发点的。或者说，语篇模式是基于等级结构的语篇组织形式。Hoey（1983：31）把"模式"看作用来组织语篇的关系的组合。小句通过组合形成逻辑序列关系或匹配关系，小句关系又可以组合为更大的语篇单位，并在长期的语言使用过程中以相对固定的结构模式积淀下来，成为语言社团或文化语境中反复使用的语篇组织框架和策略。

语篇模式与小句关系之间存在着密切的关系。小句关系层面上的匹配关系在语篇层面上表现为匹配模式。匹配模式中最常见的语篇模式是概括-具体模式。小句关系中的逻辑序列关系在语篇层面上主要体现为情景-评价模式，包括问题-解决模式、目的-实现模式、机会-获得模式、欲望激发-满足模式和知识空缺–填补模式。由于情景–评价模式涉及对情景中的某种刺激或目标做出反应，我们也可以把这类模式称为情景–反应模式。由于小句关系体现了语篇的互动性，小句关系在语篇层面上可以直接地体现或投射为提问–回答模式。

我们以情景–评价模式中最常见的问题–解决模式为例说明语篇模式的特点。问题–解决模式一般由四个成分构成：情景、问题、反应、评价。这一模式与人们在日常生活中的认知模式是相吻合的，即人们在一定的情景中认识到存在的问题之后，往往会对问题做出反应，以寻求解决问题的方法，然后对问题的解决情况做出评价。例如：

（16）我正在站岗。我发现敌人正在靠近。我开了枪。我击退了敌人的进攻。

这是一个问题–解决模式的典型例子。四个句子分别表示问题–解决模式的四个主要成分，如例（17）所示：

（17）我正在站岗。　　　　　　　　　（情景）

我发现敌人正在靠近。　　　　　（问题）

我开了枪。　　　　　　　　　　（反应）

我击退了敌人的进攻。　　　　　（评价）

问题–解决模式在具体的语篇中较多地体现为逻辑序列小句关系。在例（17）中，"我正在站岗"与"我发现敌人正在靠近"之间构成时间序列关系，"我发现敌人正在靠近"与"我开了枪"之间构成原因–结果关系，"我开了枪""我击退了敌人的进攻"之间构成手段–目的关系。

假设–真实模式也是书面语篇中常见的模式，一般有情景、主张、反应等三个组成成分。情景在很多情况下是可有可无的，所以说，该模式的核心成分就是主张与反应。在主张部分，作者陈述他人或自己已说过的但没有确认其真实性的观点或情况，有时可根据需要同时提供提出主张的理由；在反应部分，作者对主张部分中的观点或情况的真实性阐明自己的看法或观点，即支持或反驳、肯定或否定（修正）主张部分提出的观点或情况，一般给出相应的理由。需要指出的是，反应有时不一定是作者本人的看法或观点，而是作者提出另一方的反主张或者是描述真实的情况。例如：

（18）［1］《读书》二〇〇八年十一期145页，王敦在《"粪肥"与"英谚"》一文中说："伊藤博文和严复在英国是同学，严复在伊藤博文眼里还是高才生。［2］而伊藤博文在明治天皇的内阁当了总理，严复却始终'失其所'，只能去充当翻译家。"［3］此说不确，二人并非留英同学。

［4］严复（一八五四——一九二一），一八六六年冬考入福州船政学堂学习海军，一八七七年至一八七九年作为福州船政学堂第一届毕业生在英国留学。［5］回国后，一八七九年任福州船政学堂教习，一八八〇年任北洋水师学堂总教习，译介西学名著，宣传进化思想，唤起国人救亡图存，在中国思想界产生巨大影响。

［6］伊藤博文（一八四一——一九〇九），一八六三至一八六四年在英国学习海军，当时严复才十一二岁，尚未进入船政学堂。［7］该学堂一八六六年才创办。［8］一八七一年十一月至一八七三年九月，伊藤博文作为副使随同日本特命全权大使岩仓具视到欧美诸国考察，严复尚未出国。

［9］就笔者目力所及，较早持此说的是钱基博先生的《现代中国文学史》："光绪二年，派赴英国海军学校，肄战术及炮台建筑诸学，是时日本亦始遣人留学西洋，伊藤相、大隈伯之伦皆其选，而复试辄最上第。［10］……比学成归，……教授北洋水师学堂。［11］复见朝野玩，而日本同学归者，既用事图强，径琉球，则大戚！"［12］这恐怕是二人同学，且严复为高才生之说的出处。……

（张启民，"严复与伊藤博文并非同学"，《读书》2009年第2期）

该语篇模式如图5-7所示：

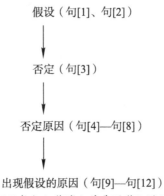

假设（句[1]、句[2]）

否定（句[3]）

否定原因（句[4]—句[8]）

出现假设的原因（句[9]—句[12]）

图5-7　"严复与伊藤博文并非同学"的语篇模式

在该语篇中，作者首先提出王敦的观点，然后立即予以否认，并逐一列举严复和伊藤博文的生平来反驳他人的观点。根据两人生活的时间线索得出"伊藤博文作为副使随同日本特命全权大使岩仓具视到欧美诸国考察，严复尚未出国"——进而说明二者并非同学。作者并未就此罢笔，而是继续追根溯源找出出现假设的原因作为文章结尾。但是这一部分通常出现在提出假设之后。

书面语篇中还有一种常见的模式是提问–回答模式。这一模式体现的是书面语篇的对话性。书面语篇中的提问一般属于无疑而问，虽然有些提问的目的也是寻找答案或解决疑惑，往往也是自问自答。从语篇组织的角度看，书面语篇中的提问一般是修辞性的，是为语篇的组织和发展服务的。提问–回答模式最常见的体现方式是一个完整的问答序列，这种结构与会话语篇中的话轮转换有相似之处。例如：

（19）那么，教育乱收费的根源何在？通过分析国家审计署公布的
　　　这一组数据，我们也许就能够得到答案：45个县违规教育收
　　　费4.13亿元；43个县挤占、挪用、滞留教育资金4.45亿元。
　　　就是说，地方政府和教育主管部门克扣教育经费的总额，比
　　　教育违规收费的总额还要多出一点。换句话说，如果教育经

费不被地方政府和教育部门克扣，那么各级各类学校即使不
违规收费也要较目前宽裕。

（傅新，"谁在怂恿学校乱收费"，《人民法院报》2004-06-29）

在例（19）中，作者提出问题后接着对这一问题做出回答，清楚地说明
了教育乱收费的根源所在。

提问–回答模式并不总是呈现为这种简单的问答结构。有时，作者在回
答问题之前可以对提出的问题进行一番评论。例如：

（20）生命是什么？

对于这个问题，不同的人会做出不同的回答。

（张海迪，《生命的追问》）

（21）为什么失眠？若说是忧国忧民，虽然冠冕堂皇，毕竟和事实
距离太远。况且不在其位，不谋其政，我们也不应该这样不
安分守己。那么，我们为什么失眠呢？

（王了一，《失眠》）

在例（20）中，作者提出"生命是什么"的问题后，并没有直接回答这一
问题，而是指出对这一问题的回答会因人而异。在例（21）中，作者提出
了"为什么失眠"这一问题之后并没有正面回答，而是首先对可能导致失眠
的原因做了分析并予以否认，为引出问题的答案做了铺垫。

提问–回答模式有时体现为有问无答的形式。在这种情况中，发话者通
过提问的方式来表达一些不言而喻的事实或事态，不需要对问题做出回答，
也就是我们常说的"反诘"。这种提问以肯定的形式表示否定的意思，以否
定的形式表示肯定的意思，以此表达不言自明或毋庸置疑的命题。从修辞
的角度看，这种提问方式可以加强语势，获得陈述语气所难以达到的效果。
例如：

（22）人类已有六千多年的文明，和其他动物相比，人类卓然不同
了。世界各国的博物馆、图书馆、美术馆所储藏的哲学、科
学、文学、政治、经济、历史和艺术等书籍，以及工艺品、

美术品等文物，不都具体证明人是万物之灵吗？

（杨绛，《走到人生边上》）

（23）存心给公众看，那就必须是值得给人家看的东西，对人家有
　　　好处的东西，哪怕好处只有一点儿。手里拿个烂苹果，能送
　　　给人家吃吗？

（叶圣陶，《文风问题在哪儿》）

　　例（22）和（23）只有提问没有回答，但问题的答案都是不言而喻的。我们可以把有问无答看作一种特殊的提问–回答模式，由于问题的答案已经隐含在语篇之中，因此没有必要对提问做出回答。这种反诘式的提问是对提问所涉及的命题的强烈肯定或否定。

　　在有问无答的形式中还有这样一种情况：发话者提问的目的是引发受话者的思考，因为问题的答案因人而异，或者说问题的答案本身是不确定的。这种情况一般出现在段落的结尾。例如：

（24）根据传说，魁生事实上并没有被钦点状元，状元之名仅仅是
　　　一种安慰。祭祀一个落榜儒生，这种拒绝势利的做法隐含着
　　　底层民间多少登云无路的辛酸，又流露出多少同病相怜的关
　　　怀，这究竟表明了客家人对于真才实学的敬重呢，还是寄托
　　　着对于偶然的"恩荣"的梦想？是激励学子百折不挠呢，还
　　　是暗示着一种更为朴实的达观人生？

（黄发有，《客家漫步》）

　　例（24）中的提问与反诘式的提问是截然不同的。作者以提问的方式阐发了对祭祀落榜儒生的动机的思考。虽然作者没有对提出的疑问一一做出回答，但答案似乎已经隐含于问题之中，只是答案并不确定，甚至根本就没有统一的答案。更重要的是，作者的提问可以引发读者对这一问题的深刻思考，体现了语篇的对话性。

　　语篇模式把语篇结构分解为几个关键要素，并在此基础上解释语篇的组织策略和构建方式。作为语篇组织策略，语篇模式与具体的语篇内容之间往

往没有直接的联系。每一种语篇模式都具有自己独特的词汇标记，而且我们往往可以通过这些常用的词汇标记来识别不同的语篇模式。

5.7　语篇结构分析模式比较

语篇结构分析的不同模式既有相似之处又有本质上的差别。总的来说，不同的分析模式在关注语篇的线性结构和等级结构的同时，从语言使用的不同方面对语篇结构进行了研究，而且不同的结构分析模式的研究目的有不同之处。

语篇的语义结构是以语篇中命题之间的关系为基础的，语义结构分析的目的是研究语篇的语义连贯。语篇的语义结构在局部层面上表现为语篇中相邻句子所表达的命题之间的关系，即微观结构。语篇的宏观结构体现为语篇中所有句子所表达的命题与语篇主题之间的联系。语篇的宏观结构可以解释语篇的整体连贯性。语篇的语义结构与语篇的语义内容之间有密切的关系，因此，语义结构不同于语篇的超级结构、语类结构和语篇模式。

语义结构与修辞结构之间也存在着明显的差别。语义结构关注命题之间的语义关系；修辞结构关注小句之间在功能上的联系，即语篇中的一个句子相对于另一个句子所发挥的修辞功能。语篇的修辞结构分析可以采用自上而下的方式，把语篇分解为两个或多个结构段，然后再把结构段分解为更小的结构段，直到小句。修辞结构分析也可以采用自下而上的方式，把小句看作语篇的基本单位，两个小句通过修辞关系构成一个结构段，两个结构段通过修辞关系构成更大的结构段，直到语篇。这与语义结构的分析模式是不同的，语篇的宏观结构分析采用自下而上的方式，是运用宏观规则，通过信息的缩减而获得宏观命题的过程。

语篇的超级结构是一种图式结构，涉及特定类型的语篇的形式结构，是超越了语篇内容的纲要结构，因而在很大程度上是静态的（Renkema 2004）。例如，我们可以谈论科技论文、新闻语篇、广告语篇的超级结构，这些超级结构一般涉及语篇的总体结构布局，如科技论文一般包括文献综述、研究方法、结果与讨论、结论等主要部分。语篇的超级结构是一种图式结构，与具体的语篇类型有关。也就是说，不同的语篇类型体现出不同的超级结构。同为语篇组织的策略，语篇模式是动态的，并且与语篇类型之间没有多大的关系。超级结构的分析模式把语篇看作一个静态的产物，语篇的理解被看作图式激活的过程。语篇模式则把语篇看作一个动态的过程，语篇的组织和理解是一个产生期待和满足期待的互动过程。

语篇模式是通过语言社团长期的积累并在以往经验的基础上形成的一些程式化或定型的语篇组织方式或策略。语篇模式是在一定的文化中形成的，因而往往带有文化积淀的内涵和文化规约性。也就是说，语篇模式与特定的文化联系在一起，具有复现性和可预测性。语篇模式与小句关系之间存在着密切的关系：小句通过组合形成逻辑序列关系或匹配关系，小句关系又可以组合为更大的语篇单位，并在语言社团长期的语言使用过程中固化为语言社团或文化语境中反复使用的语篇模式。作为语篇组织策略，语篇模式与具体的语篇内容之间往往没有直接的联系，每一种语篇模式都具有自己独特的词汇标记，而且我们往往可以通过这些常用的词汇标记来识别不同的语篇模式。

语篇模式是以语篇组织策略为取向的语篇组织形式，具有高度的概括性。与修辞结构不同的是，不同的语篇在修辞结构上表现出较大的差异，而语篇模式是在长期的语言使用过程中积淀下来的，不但具有文化规约性，而且是语言社团中反复使用的语篇组织策略。因而不同的语篇可以有相同的语篇模式。语篇模式与语类结构的差异在于语篇模式分析并不区分不同的语类，也不考虑具体的语境变量。这是因为，不同的语类可以采用相同的语篇模式，相同的语类也可以采用不同的语篇模式。

语篇具有线性结构还是等级结构，这在一定程度上取决于我们观察语篇结构的角度。语篇的线性结构体现的是语篇的组成部分如何在语篇展开的过程中按照一定的组合关系构成线性的序列，语篇的等级结构体现的是语篇的组成部分如何按照一定的组织策略和规约构成更大的语言单位。语篇结构同时具有线性特征和等级特征。语篇结构的分析模式在关注语篇的线性结构和等级结构的同时，从语言使用的不同方面对语篇的结构进行描述和概括。对语篇结构进行的分析不仅有助于我把握语篇的结构特征，而且对语篇的生成和理解具有理论意义和实践价值。

练 习

1. 请分析下面语篇的宏观结构。

　　昨天中午，公交总队反扒探长李政民等3名民警在雍和宫地铁站北口发现一男一女两个可疑人，正觊觎乘客的书包。3名民警迅速占据有利位置，准备抓贼。此时，吴小姐正从地铁口出来，男扒手给女同伙使了个眼色，女同伙迅速拉开事主的书包掏出一个钱包。3名民警上去把两人抓住，从女扒手身上发现了吴小姐的钱包和300余元现金。（《京华时报》2005-02-10）

2. 请分析下面这则新闻语篇的超级结构。

母亲竟不辞而别

　　本报6月16日热线消息　正当广大儿童们沉浸在"六一"节幸福欢乐中的时候，5月29日，两名济宁籍的小女孩却被母亲遗弃在德州。在当地热心群众的帮助下，两名孩子于次日回到亲人的身边。

　　5月29日下午，在德州商贸开发区运河街道办事处南陈庄村村委会附近，蜷缩着一名妇女和两名小女孩，其中一名小女孩只有三四个月。她们精神恍惚，面容憔悴。村民把她们安顿到村委会，村民们买来牛奶、火腿等食品，用奶粉帮着喂养襁褓中的婴儿，有的从家里拿来衣物给孩子穿上。

　　正当大家忙着照顾孩子时，那名妇女竟丢下孩子不知去向。大家从孩子身上的一张纸条上得知，她们母女三人是济宁市嘉祥县人。经了解，原来该妇女因与丈夫闹矛盾，一气之下带着孩子出走，一连几天没吃饭，最终由于体力不支落难德州。

　　该村村委委员刘俊亭，几经周折终于同娘仨所在村支部取得联系。5月30日凌晨，孩子的奶奶和舅舅赶到南陈庄村，见到了失散多天的孩子。（《齐鲁晚报》2003-06-02）

3. 请分析下面语篇的修辞结构。

文明的精神

　　［1］文明之于一个国家，是国民的自觉行为所体现出的素质与精神。［2］日本思想家福泽谕吉在《文明论概略》一书中说："某人似乎只谈文明的外表，忽视了文明的精神。那么，究竟所谓文明的精神是什么呢？这就是人民的'风气'。这个风气，既不能出售也不能购买，更不是人力所能一下子制造出来的。"［3］这说明，光有高铁、飞机和摩天大楼这些光鲜的外表，并不等于"文明的精神"；［4］就像富豪不等于贵族，玩奢侈品也不等于有品位一样。（《今晚报》2015-08-03）

4. 请分析下面语篇的语篇模式。

乌鸦喝水

　　一只乌鸦口渴了，到处找水喝。

　　乌鸦看见一个瓶子，瓶子里有水。可是瓶子里水不多，瓶口又小，乌鸦喝不着水。怎么办呢？

　　乌鸦看见旁边有许多小石子，想出办法来了。

　　乌鸦把小石子一个一个地放进瓶子里。瓶子里的水渐渐升高，乌鸦就喝着水了。

（九年义务教育五年制小学教科书《语文》第二册，

人民教育出版社，2000）

第六章
会话语篇的结构

从表面上看，会话似乎是杂乱无章的，如何分析会话语篇的结构呢？与书面语篇一样，会话语篇具有线性结构和等级结构。美国会话分析学派（如Sacks，Schegloff & Jefferson 1974）把会话看作是一个动态的过程，他们对话轮转换和会话语列的研究体现了会话结构的线性特征。就会话语篇的连贯性而言，Tsui（1991）提出了序列规则（sequencing rules）：在会话语篇中，不管是否存在衔接关系，只要一个语段能够满足其前面语段的言外意图或者与其语用预设有关，那么这两个语段之间就可构成连贯关系。会话语篇的等级结构体现为会话语篇与其组织部分之间的关系。一个完整的会话可以按照不同的话题分为不同的阶段，每个阶段可以包括不同的回合，每一个回合可以包括若干个话轮。以Sinclair & Coulthard（1975）为首的伯明翰学派在描写课堂会话时提出了一个包括五个层次的会话结构模式，充分体现了会话结构的等级特征。

6.1 会话分析模式

美国的会话分析学派运用民族方法论（ethnomethodology）的视角，致力于考察自然环境中语言使用者的交际行为。民族方法论者始终以自然环境中实际发生的口头会话为分析语料，并强调考察说话人和受话者的会话过程。因此，会话分析学派把会话结构看作是一种社会结构，他们所关注的不是建立整体的会话结构模式，而是主张结构分析应从最低层开始，考察正在进行交际的语言使用者怎样驾驭会话过程，例如怎样判断谁在什么时候可以发话。

美国会话分析学派把会话结构看作是话轮转换（turn-taking）的动态过程，并把由两位会话者分别发出的、前后相关的两个语段构成的序列称为毗邻话对（adjacency pair）。当然，日常会话并不只是一系列相邻语对的组合，有时毗邻话对中会出现插入语列（insertion sequence）或旁插语列（side sequence）之类的嵌入语列。除此之外，发话者在发出某一言语行为之前有时会使用预示语列（pre-sequence），在会话结束的时候往往会出现结束语列（closing sequence）。

6.1.1　话轮

话轮（turn）是日常会话的基本单位。在会话过程中，发话者的话语从开始到结束，被看作是一个话轮。受会话的场景、意图及发话者与受话者的角色关系等因素的影响，话轮长短不一。构成话轮的语言单位可以是单词、短语、分句、句子或更大的语言单位。会话是在发话者与受话者的共同参与中进行的，但在同一个时间里只应有一个人发话。也就是说，在会话过程中发话者与受话者需要不断变换角色，轮流发话。因此，会话就是话轮的序列，它的特点就是话轮转换。一次会话至少包括会话双方的一轮发话，如由"提问-回答"或"邀请-拒绝"等一前一后的一轮发话组成的毗邻话对。但会话双方的话轮可以不断替换，使会话持续较长的时间，直到会话结束。

会话是在会话参与者的话轮转换中进行的，但会话的构成不是话轮杂乱无章的组合，而是受一定的结构模式支配的。Cook（1989）根据话轮在会话结构中的功能将话轮分为三大类，即毗邻话对、预示语列和结束语列。

6.1.1.1　毗邻话对

毗邻话对是会话结构中最基本的话轮类型，它是由会话参与者双方分别发出的一前一后紧密邻接的话段。在会话中，有些话段在前后次序上较为固定，并且相互依存。也就是说，会话参与者双方通过一前一后的发话与应答完成一轮发话。前面的话段叫始发话（first pair part），后面的话段叫应答话（second pair part）。McCarthy（1991）指出，毗邻话对有各自不同的语用表现。在一些程式的相邻对话中，始发话与应答话完全相同。例如：

（1）A：恭喜发财！

　　　B：恭喜发财！

（2）A：早上好！

　　　B：早上好！

在另一些毗邻话对中，始发话与应答话则是不同的。例如：

（3）A：祝贺你获得了一等奖。

　　　B：谢谢！

（4）A：谢谢你的大力帮助。

　　　B：不客气。

另外还需要值得注意的是，某一始发话可能有各种不同的应答话。例如：

（5）A：星期天我们一起去爬山吧。（邀请）

　　　B：1）太好了，我们好久没有出去玩了。（接受）

　　　　　2）好的，我星期天下午有时间。（有条件接受）

　　　　　3）不行啊，我要准备下周的英语考试。（回绝）

同样，有些应答话可以预设几个不同的始发话。例如：

（6）A：1）我来帮你拎包吧。（提供帮助）

　　　　　2）你的发型真漂亮。（赞美）

　　　　　3）祝贺你获得了一等奖。（祝贺）

　　　B：谢谢。

毗邻话对是会话结构中最典型的话轮类型，其结构格式为：Q—A。有些会话是由一系列的毗邻话对组成的。例如：

（7）A：你看过电影《阿凡达》吗？　　（Q1）

　　　B：看过。　　　　　　　　　　（A1）

　　　A：好看吗？　　　　　　　　　（Q2）

　　　B：挺好看的。　　　　　　　　（A2）

例（7）中的会话是按照毗邻话对的序列展开的，这种会话的结构格式为：

（Q1—A1）（Q2—A2）…（Qn—An）

当然，日常会话并不总是一系列毗邻话对的组合。由于会话经常有意识或无意识地被打断，毗邻话对中有时会出现插入语列或旁插语列。毗邻话对中可以嵌入一对或一对以上的话轮，这种嵌入的话轮不影响整个会话的进行，并且在大多数情况下，当嵌入的话轮结束后会话仍在被打断的地方继续向前发展，所以这类话轮被称为插入语列。例如：

（8）A：周末我们去青年湖公园野餐好吗？　　（Q1）

　　 B：我可以带上我的同学吗？　　　　　　（Q2）

　　 A：几个同学？　　　　　　　　　　　　（Q3）

　　 B：人多不是更热闹吗？　　　　　　　　（Q4）

　　 A：我怕我的车坐不下。　　　　　　　　（A4）

　　 B：两个同学。　　　　　　　　　　　　（A3）

　　 A：没问题。　　　　　　　　　　　　　（A2）

　　 B：太好了。　　　　　　　　　　　　　（A1）

在例（8）的会话中，Q1—A1之间连环嵌入了三个插入语列。这种结构在日常会话中很常见，在一个问题被回答之前，有一系列的问题需要回答，这就使会话的结构格式体现为：

Q1〔Q2…（Qn—An）A2…〕A1

在会话过程中，受话者有时为了提出疑问、提示、补充或要求澄清必须打断发话者的话段，由此而产生的话轮就被称作旁插语列。由于这种话轮是对会话过程中出现的"问题"加以修正，所以旁插语列有时也被称作修正语列。例如：

（9）A：你读过贾平凹的小说《平凡的世界》吗？　　（Q1）

　　 B：你说的是路遥的《平凡的世界》吧。　　　　（Q2）

　　 A：记错了，是路遥的《平凡的世界》。　　　　（A2）

　　　　 你读过吗？　　　　　　　　　　　　　　（Q1）

在例（9）中，A把《平凡的世界》的作者记成了贾平凹，B马上对A的错误发起了修正，A在澄清了错误后，又重新回到了最初的话轮。嵌入旁插语列的会话结构格式如下：

Q1［（Q2—A2）…（Qn—An）］Q1

6.1.1.2　预示语列

预示语列就是会话参与者在发出某一言语行为（如邀请、请求等）之前，为试探对方或引起对方的注意而发出的话段。由于有些毗邻话对的始发话可以不止有一个应答语，如发话者的"邀请"可能被受话者接受，也可能被拒绝，必须预先"投石问路"，以免在发出某一言语行为之后出现不合意的（dispreferred）应答语。常见的预示语列有请求前语列（pre-request sequence）、邀请前语列（pre-invitation sequence）等。一般来说，当发话者向对方提出请求或发出口头邀请之前往往使用预示语列结构进行探听，看可否向对方提出请求或发出邀请。例如：

（10）顾客：有冰镇的青岛啤酒吗？

　　　服务员：有的。

　　　顾客：请给我来六瓶吧。

　　　服务员：好的，请稍等。

（11）A：你在忙什么？

　　　B：我正准备赶中午12点的飞机。

　　　A：我本来想中午请你吃饭的。

　　　B：谢谢你的邀请，再找个时间吧。

例（10）中包括一个请求前语列，顾客在请求提供冰镇的青岛啤酒前，先向服务员询问餐馆里是否有冰镇的青岛啤酒，然后才提出了请求。例（11）中包括一个邀请前语列，A在发出邀请前，先询问B在忙什么，以便知道B是否中午有空闲。

6.1.1.3 结束语列

结束语列就是会话的结束语。结束语列往往是一些程式化的毗邻话对。例如：

（12）A：再见！

B：再见！

在大多数情况下，会话的结束是在会话双方的共同协商中实现的，当会话双方认为彼此都已完成了会话的"任务"后，就可能发出会话即将结束的信号。因此，为了使会话的结束不显得太突然，大多数会话在结束前都有结束前语列（pre-closing sequence）。这种结束前语列往往包括一些标志着会话结束的话段，如：我想我们就先谈到这里吧。发话者也可以对前面的会话内容进行简要的概括，或者使用一些人际寒暄语，如：向令尊大人问好。结束前语列的出现标志着发话者有结束会话的意向，此时，如果会话的另一方还想继续交谈的话，就要告知对方，以使会话继续进行下去。

Wardhaugh（1986）认为，会话的结束需要几个步骤：话题的终结，如会话的一方说出"那就这样定了"或"一言为定"等话语后，对方加以重复，然后可能会出现结束前语列，如"好的"；进一步评述会话的性质，如"很高兴在这里见到你""期待下次再见"，最后双方互致告别语，如"再见"。

6.1.2 话轮转换的机制

话轮的转换常出现在会话的"转换关联位置"（transition relevance place，简称TRP）上。转换关联位置指的是一个话轮单位中受话者认为可以发生话轮转换的位置，如句子或分句的结尾处。

一般来说，话轮转换的规则大体表现为三种形式：（一）选择或指定下一个发话者；（二）若发话者不选择下一个发话者，受话者主动发话；（三）若上述两种情况均未发生，发话者继续发话。但是，话轮转换在会话中的具体表现比较复杂，因为这涉及话轮转换的机制问题，即话轮的转换是如何进行的。总的来说，话轮转换的机制可归结为言语的和非言语的两大类。

6.1.2.1 话轮转换的言语机制

会话中话轮的转换经常靠言语手段实现。会话的双方往往借助语言这一最为直接的手段来获得话轮或将话轮施与他人。首先，在会话过程中，受话者必须注意发话者的句法结构，以便在适当的"转换关联位置"出现时寻找发话的时机。在必要的情况下，受话者还可以运用一定的话语打断发话者的话。例如：

（13）我可以打断一下吗？

（14）我能发表一下自己的意见吗？

（15）我想插一句。

受话者也可以在发话者的话轮中插入某些表示赞同或鼓励的反馈信号，如"是的""嗯""对""是这样"，等等。其次，当发话者不想放弃自己的话轮并继续发话时，可以采用像"然而""而且""一方面……另一方面""首先"等话语标记作为话语未结束标记来告知受话者，以免话语被打断。发话者在讲话过程中还可以尽量避免毗邻话对的出现，以防话轮被受话者接过去。此外，话者常用的另一种方法就是在话轮的开头事先告知受话者此话轮的长短。例如：

（16）我尽量简短一点，但我想表达几点看法。

（17）下面我再补充三点。

（18）今天我要讲两件事。

最后，当发话者要结束自己的话轮时，同样可以借助一定的言语手段使受话者接过话轮。发话者可以使用呼语来指定或选择下一个发话者。例如：

（19）小张，你对这个问题是怎么看的？

（20）李主任，你也发表一下意见吧。

发话者也可以运用毗邻话对，即发话者说出始发话后让受话者说出应答话。另外，发话者也可以在结束话轮之前告知受话者其话轮即将或已经结束。例如：

（21）最后一点，……

（22）我就说这些吧。

（23）我马上就说完了。

6.1.2.2　话轮转换的非言语机制

话轮的转换除了其言语机制外还可以借助非言语手段。话轮转换的非言语机制涉及身势语、伴随语言及语境。身势语在语轮转换中起着不容忽视的作用。Wardhaugh（1986）认为，在会话过程中，发话者可以利用手势或身体姿势来阻止受话人发话。受语者可以通过与发话者的目光接触来表示有发话的愿望；如果发话者不想结束自己的话轮时，可以有意回避受话者的目光。当发话者要结束自己的话轮时，往往会伴随着某些身势语，如将身体姿势放松，打手势，做出微笑、示意等面部表情，将视线移向受话者或从受话者身上移开。在话轮转换中起重要作用的伴随语言主要是语调。Wardhaugh（1986）和Brown & Yule（1983）都认为，发话者在结束自己的话轮时往往将话段中最后一个音节或重读音节拉长，并伴有较长的停顿，发话者的音调也随之降低。McCarthy（1991）也认为，如果发话者不愿放弃自己的话轮而继续讲下去，就可以在发话过程中一直使用非降低音调。

语境对话轮的转换也有一定的影响。一方面，会话场境的不同影响着话轮转换的方式及话轮的分配。例如，在法庭上或较正式的辩论中，发话者的话轮及其长短大都是预先分配的；而在另外一些场合（如课堂），话轮的分配是通过点名的方式进行的。另一方面，会话参与者的社会角色关系也或多或少地影响着话轮转换的方式和话轮的分配。这种社会角色关系主要指会话双方的权位关系（如上下级关系或同级关系）和亲密度（即会话双方的亲疏程度）。一般来说，如果会话双方的社会地位相同或彼此之间关系较为亲密，话轮转换的方式就会比较随便；如果会话双方的社会地位存在着一定的差异，地位较高的一方在会话中被打断的次数就有可能较少。当然，这里面包含着许多社会文化因素。话轮转换的言语机制和非言语机制并不是相互孤立的，话轮的转换有时需要言语机制和非言语机制的相互配合。

6.2 会话的等级结构

　　无论是书面语篇还是口语语篇都具有等级结构。以Sinclair & Coulthard（1975）为首的伯明翰学派在描写话语结构时借鉴了Halliday（1961）的《语法理论范畴》（*Categories of the Theory of Grammar*）中的阶与范畴的语法结构模式，把语言研究中的等级结构描写方式应用于对话语结构的描写。他们经过对课堂会话的分析和研究提出了一个包括五个层次的话语结构模式：课（lesson）、课段（transaction）、回合（exchange）、话步（move）和话目（act）。课是这一等级中的最大单位，它由课段组成。课段由回合组成，回合则由话步组成；回合分为授课（teaching）回合和边界（boundary）回合。授课回合可以细分为检查（check）、启发（elicit）、指示（direct）、告知（inform）等类型。授课回合是课段的重要组成部分，由引发（initiating）、反应（responding）和反馈（follow-up）三个话步实现。边界回合标志一个课段的结束和另一课段的开始，它由框架（framing）话步和聚焦（focusing）话步构成。话步是由话目实现的，Sinclair & Coulthard（1975：40–44）在研究中共发现了22个话目，如诱发（elicitation）、示意（cue）、回答（reply）、评价（evaluation），等等。在伯明翰学派看来，话语是一个静态的成品，话语分析者可以运用等级结构模式以编码的方式对话语的各组成部分进行层次描写。课堂会话的等级结构如图6-1所示。

　　课堂会话等级结构中最小的单位是话目，一个话目相当于一个言语行为。一个话步可由若干个话目构成。课堂会话中主要话目包括以下几种。

　　标记：包括"嗯""好""那么""那""啊"和"哦"等语气词和话语标记，用来标记会话的边界并引入话题。

　　沉默重音：标记话目之后的停顿，用来突显会话的边界。

　　元陈述：用来陈述会话中的未来事件，如"今天我们开始学习第五课"。

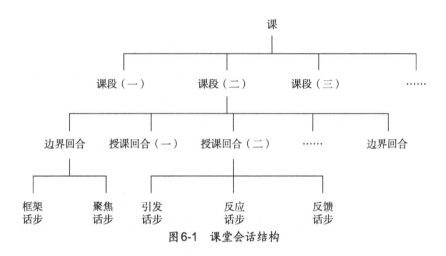

图6-1 课堂会话结构

开始：用来标记一个引发回合即将开始，目的是将学生的注意力引向某个方面，或者为即将开始的引发回合提供信息。如"这里还有一点""注意……""下面，……"。

总结：对前面会话的概括，如"我们就提问到这里"。

信息：由陈述句体现，用来提供信息。

诱发：通过疑问、陈述句、命令或非言语行为实现，目的是使学生做出口头的回答。

指令：由命令体现，目的是使学生做出非语言的回应，如"打开课本"。

回答：学生对教师的诱发做出口头回答。

回应：学生对教师的指令做出的非语言回应。

告知：包括"嗯""啊""好"等语气词，用来表示学生已经听懂了教师的提问或指令并将做出反应。教师也可以通过这类语气词表示学生的请求得到了允准，或者鼓励学生继续回答。

接受：教师运用"是""好""哎""对""嗯"，或者重复学生的回答，表示已经听见或明白学生的回答。

评价：教师运用"你很聪明""很好""不错""可以"等对学生回答或回应的质量进行评估。

评论：教师对学生的回答或回应进行扩充或提供额外的信息。

检查：教师对学生活动的进度，或学生对内容或指令的理解程度进行核实，如"准备好了没有？""很难是吗？""清楚了吗？"，等等。

催促：教师督促学生尽快完成活动或做出回答，如"快点啊""再想一想""抓紧""看谁组织得快"，等等。

线索：为学生的回答提供信息或思路，如"我刚才说了""用书上的哪个词？""想想外国人都有什么样的言和行"。

示意：教师示意学生参与活动或回答提问，如"举手""举手说""还有其他同学吗？""还有吗？""谁来回答？"，等等。

请求：学生举手表示愿意回答问题。

提名：用点名或手势等方式指定某个或某些学生回答。

回环：教师高声说"再说一遍"或"大点声"等提示，使会话返回到原来的正常状态。

题外：与授课内容关系不大，而是教师与学生保持人际关系的话语或者是教师的自言自语，如"坐下""我把图挂在这里"，等等。

根据以上分析框架，我们可以对以下课堂会话片段的结构进行分析。其中T表示教师的话轮，S表示学生的话轮，数字为话轮顺序编号。

（24）T1：今天咱们一起学习《夜走灵官峡》。这篇课文的目录前边有一个星号。同学们都看见了吧？

S2：看见了。

T3：那是什么课文？

S4：阅读课文。

T5：好，阅读课。那么，今天咱们就用一节课的时间来主要学习一个问题，就是这篇文章在材料处理方面怎样突出中心。好，现在同学们把课本打开，第189页。现在先请一个同学把全文朗读一下，全体同学熟悉此课文。李华。

S6：（读课文，耗时9分34秒）

T7：好，坐下。刚才咱们把课文读了一遍，全体同学把课文熟悉了一遍。嗯，现在咱们来看一看题目，分析一下这个题目，

105

《夜走灵官峡》。这个"走"字咱们期中考试考过了，比较了一下一篇古文里的"走"和普通的"走"字的意思的不同。谁还记得吗？那么在古文里那个"走"字是什么意思？一起说。

S8：逃跑。

T9：逃跑，啊。在现代汉语里一般的讲法是什么？

S10：行走。

T11：是行走吗？再想一想。刚才咱们熟悉了课文，这个"走"字应该怎么讲？

S12：（学生举手）

T13：好，王红，你说。

S14：经过。

T15：对，"经过"讲。跟咱们考过的那俩都不一样，啊，当"经过"讲。那么，夜走灵官峡，意思在夜里经过灵官峡，对不对？

S16：对。

T17：那么，谁经过啊？你们说说。好，你说。

S18：材料队长。

T19：对了，很好。就是咱们这篇课文里的材料队长，也就是这篇文章里常常说的那个字，谁呀？

S20："我"。

T21：很好，啊。那么，就是材料队长夜里经过灵官峡。

　　　　　　（注：本语料撰写自某优秀教师课堂教学录像。会话中的学生名字为化名。）

　　根据Sinclair & Coulthard（1975）的课堂会话分析模式，我们可以对这个课堂会话片段做如下分析：

表 6-1　课堂会话片段分析

回合	话步	会话	话目
边界	聚焦	T1：今天咱们一起学习《夜走灵官峡》。	元陈述
检查	引发	这篇课文的目录前边有一个星号。	开始
		同学们都看见了吧？	检查
	反应	S2：看见了。	回答
启发	引发	T3：那是什么课文？	诱发
	反应	S4：阅读课文。	回答
	反馈	T5：好，阅读课。	评价
边界	框架	那么，	标记
	聚焦	今天咱们就用一节课的时间来主要学习一个问题，就是这篇文章在材料处理方面怎样突出中心。	元陈述
指示	引发	好，	标记
		现在同学们把课本打开，第189页。	指令
		现在先请一个同学把全文朗读一下，全体同学熟悉此课文。	指令
		李华。	提名
	反应	S6：（读课文，耗时9分34秒）	回应
	反馈	T7：好，	评价
		坐下。	题外
边界	聚焦	刚才咱们把课文读了一遍，全体同学把课文熟悉了一遍。	总结
边界	框架	嗯，	标记
	聚焦	现在咱们来看一看题目，分析一下这个题目，《夜走灵官峡》。	元陈述
启发	引发	这个"走"字咱们期中考试考过了，比较了一下一篇古文里的"走"和普通的"走"字的意思的不同。	开始
		谁还记得吗？	诱发
		那么在古文里那个"走"字是什么意思？	诱发
		一起说。	指令
	反应	S8：逃跑。	回答
	反馈	T9：逃跑，啊。	接受
启发	引发	在现代汉语里一般的讲法是什么？	诱发
	反应	S10：行走。	回答

（待续）

（续表）

回合	话步	会话	话目
启发	引发	T11：是行走吗？ 再想一想。 刚才咱们熟悉了课文， 这个"走"字应该怎么讲？ S12：（学生举手）	诱发 催促 线索 催促 示意
	反应 引发	T13：好， 王红，你说。 S14：经过。	告知 提名 回答
	反应 反馈	T15：对， "经过"讲。 跟咱们考过的那俩都不一样，啊，当"经过"讲。	评价 接受 评论
启发	引发 反应	那么， 夜走灵官峡，意思在夜里经过灵官峡，对不对？ S16：对。	标记 诱发 回答
启发	引发 反应 反馈	T17：那么， 谁经过啊？ 你们说说。 好，你说。 S18：材料队长。 T19：对了，很好。 就是咱们这篇课文里的材料队长，也就是这篇文章里常常说的那个字，	标记 诱发 催促 提名 回答 评价 评论
启发	引发 反应 反馈	谁呀？ S20："我"。 T21：很好，啊。	诱发 回答 评价
边界	框架 聚焦	那么， 就是材料队长夜里经过灵官峡。	标记 总结

本课堂会话由三个课段组成，包括14个回合。课段之间的界限用双线表示，回合之间的界限用单线表示，虚线表示回合之间的界限不明显。通过以上分析可以看出，课堂会话结构分析的基本单位不是话轮，而是课段、回合、话步和话目。同一个话轮内部的话语可能属于不同的课段、回合、话步和话目。课堂会话结构分析可以呈现师生课堂互动中的话语分布和结构特征及其在会话中的作用和功能，从而使研究者更好地了解课堂教学的互动情况和语言使用。

练 习

1. 下面的对话选自曹禺的《雷雨》。请从话轮类型和话轮转换的角度分析四凤和鲁侍萍的会话结构。

四　凤：妈，（不安地）您回来了。

鲁侍萍：你忙着送周家的少爷，没有顾到看见我。

四　凤：（解释地）二少爷是他母亲叫他来的。

鲁侍萍：我听见你哥哥说，你们谈了半天的话吧？

四　凤：您说我跟周家二少爷？

鲁侍萍：嗯，他谈了些什么？

四　凤：没有什么！——平平常常的话。

鲁侍萍：凤儿，真的？

四　凤：您听见哥哥说了些什么话？哥哥是一点人情也不懂。

鲁侍萍：（严厉地）凤儿，（看着她，拉着她的手）你看看我，我是你的妈。是不是？

四　凤：妈，你怎么啦？

鲁侍萍：凤，妈是不是顶疼你？

四　凤：妈，您为什么说这些话？

鲁侍萍：我问你，妈是不是天底下最可怜，没有人疼的一个苦老婆子？

四　凤：不，妈，您别这样说话，我疼您。

鲁侍萍：凤儿，那我求你一件事。

四　凤：妈，您说啦，您说什么事！

鲁侍萍：你得告诉我，周家的少爷究竟跟你——怎么样了？

四　凤：哥哥总是瞎说八道的——他跟您说了什么？

鲁侍萍：不是，他没说什么，妈要问你！

2. 请分析下面的课堂会话片段并描写其会话结构（T表示教师的话轮，S表示学生的话轮，数字为话轮顺序编号）。

T1：上节课我们议论了一下，后来讨论到一个问题，就是这篇文章的主人公。那到底谁是这篇小说的主人公呢？我听到同学们三种意见，有说是卢进勇的，有说是无名战士的，还有的说卢进勇和无名战士都是主人公。那到底谁是主人公？

S2：卢进勇。

T3：那再给大家一点时间来讨论一下。

S4：（讨论，2分钟）

T5：（示意停止讨论）讨论好了吗？有没有愿意发言的？（老师示意举手发言）

S6：（学生举手）

T7：好，李明。

S8：我觉得是无名战士。这篇小说是说七根火柴，无名战士到死时候还是把火柴交给了卢进勇，把火柴留给大家使用，他就是体现了红军的精神。

T9：嗯，好，你坐下。其他同学，刘华。

S10：我觉得无名战士和卢进勇都是主人公，无名战士是直接的主人公，而卢进勇是间接的主人公。

T11：他提出直接主人公和间接主人公。

S12：哪有直接主人公和间接主人公？

T13：好，大家接着来。刘洋。

S14：我觉得无名战士是主人公，因为他甘愿牺牲自己，将自己保存的七根火柴交给卢进勇，让卢进勇交给队伍。

T15：嗯。王华。

S16：我也觉得是无名战士，因为文章是七根火柴，而这七根火柴，代表了无名战士对革命的忠诚品质，因为这篇文章也赞扬了这种品质，所以直接表现中心的还是无名战士。

T17：好。李咏。

S18：我觉得卢进勇是主人公，因为刚一开头就写了卢进勇并通过卢进勇的眼光描写了无名战士。

T19：好，我们的意见就到这里，还是这几种意见。

第七章
功能语篇分析

　　系统功能语言学是一种适用性和实用性都很强的普通语言学理论，它的目的之一就是为语篇分析提供理论框架和理论基础。黄国文（2001a，2001b）在21世纪初正式提出"功能语篇分析"这个名称，主张在系统功能语言学范式下对语篇进行描述和阐释。功能语篇分析将语篇看作是大于小句的序列，认为语篇是语言交际的基本单位，应该成为语言研究的基本出发点。

　　任何语篇的产生都离不开一定的文化语境和情景语境，只有在语境中语篇才会产生意义，而对语篇本身意义的确定也要依赖于它的社会功能和交际目的。在宏观、抽象的社会文化制约下，交际者在具体的情景语境中运用语言进行意义的交流，而语篇的意义则通过语篇中的词汇语法形式实现，四者是自上而下被体现的关系（见图7-1）。因此，功能语篇分析将社会分析与词汇语法分析结合起来。社会分析关注语篇意义如何反映并建构社会现实，而词汇语法分析关注语篇生成过程中一个个小句成分与结构扮演何种角色。它的目的在于通过系统的语言形式分析，说明语篇如何表达意义，为什么表达它所表达的意义，以及是否有效实现了它的交际目的。因此，语篇分析不仅是对语篇的描述，更重要的是对语篇的解释和评价（朱永生等 2004：168-170）。它涉及语篇的功能，实现功能的词汇语法形式，语篇结构，语境以及语境与语篇的对应关系的理解。下面，我们将通过具体的语篇分析实例对这些方面分别进行阐述。

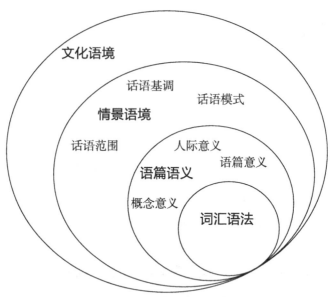

图7-1　词汇语法、语篇、情景语境、文化语境

7.1　功能分析

　　语言本质上是一个语义系统网络，通过概念功能（ideational function）、人际功能（interpersonal function）和语篇功能（textual function）提供意义潜势。人们根据社会文化语境在语言系统中通过意义潜势的选择来实现各种功能，使存在于意义潜势中的各种功能在语篇中得以实现（Halliday & Hasan 1985：10）。任何语篇都是通过表达语言的三大语义功能将语义系统现实化，其中概念功能对人们在现实世界中的各种经历进行描述，人际功能可以构建社会关系与身份以及表达态度，而语篇功能将语篇各个部分组成连贯的整体。下面我们依次分析实现这三大功能的意义模式，即语篇的语义系统。

7.1.1　概念功能

　　语篇的概念功能就是利用语篇建构经验，换言之，就是通过语言反映客观世界和主观世界中所发生的事，所牵涉到的人和物以及与之有关的时间、地点等环境因素。经验的建构通过及物性系统（transitivity）在词汇语法层中体现出来。及物性是一个基本的强有力的语义概念，与传统的及物性有着根本的区别。传统语法中的及物性是指句法上的区别，即动词带不带宾语；功能语篇分析中，及物性系统以小句（clause）为语言的基本单位，把人们在现实世界中的所作所为、所见所闻、所感所想表达成若干过程，并指明各种过程的"参与者"（participant）和"环境成分"（circumstantial element）。因此，及物性是以交代各种过程及其有关的参与者和环境成分来反映语言的概念功能，其中物质过程、心理过程和关系过程是最常见的三种表示概念功能的过程。物质过程是表示做某件事的过程，它可以有两个参与者："动作者"（actor），即过程的发出者；"目标"（goal），即表示过程影响的人或事。也可以只有"动作者"一个参与者。心理过程是表示"感觉"（sensing）等心理活动的过程，可以细分为"感知类"（perception）、"情感类"（affection）和"认知类"（cognition），分别表述人通过器官感觉到的各种心理意识状态，人产生的"喜欢""憎恨""害怕""担忧"等情感，以及人的思考、理解、看法、习惯、怀念等意识活动。心理过程一般有两个参与者：心理活动的主体"感知者"（sensor）和客体，即被感知的"现象"（phenomenon），包括事物或事实，在语言表征中二者之一有时会被隐没。关系过程是指反映事物之间处于何种关系的过程，可分为"归属类（attributive）关系过程"和"识别类（descriptive）关系过程"。前者对事物进行描写，参与者包括"载体"（carrier）和"属性"（attribute）；后者对事物进行限定，参与者包括"被识别者"（identified）和"识别者"（identifier）。例如：

（1）我（动作者）空闲的时候常常写些文章、随笔（目标），记录一些生活的点滴（目标）。

（物质过程）

（2）我们（感知者）害怕去尝试（现象），因为我们（感知者）害怕失去（现象）。

（心理过程：情感类）

（3）大家（感知者）**看见**了<u>他成功后的舒坦</u>（现象），却没**看见**<u>他背后的辛酸</u>（现象）。

（心理过程：感知类）

（4）我（感知者）从来**不信**<u>什么一夜成名的传说</u>（现象），只**信**<u>一分耕耘一分收获</u>（现象）。

（心理过程：认知类）

（5）<u>吕新</u>（被识别者）**是**<u>课上为数不多的勤学好问之人</u>（识别者）。

（关系过程：识别类）

（6）<u>时间</u>（载体）就**像**<u>海绵里的水</u>（属性）。

（关系过程：归属类）

（《人民日报》2016年2月24日《夜读》）

例（1）—（6）分别表达了物质过程、情感类心理过程、感知类心理过程、认知类心理过程、识别类关系过程和归属性关系过程（黑体字表示实现过程的事件词，带下划线的短语表示过程的参与者，斜体部分表示环境成分）。心理过程中感受到的现象包括事物，如"他成功后的舒坦""他背后的辛酸"和"什么一夜成名的传说"，也包括事实，如"一分耕耘一分收获"。另外，处所环境成分"空闲的时候"和"课上"表征了过程发生的时间与地点，跨度环境成分"常常""从来"描述了过程发生的频率，而"一些""为数不多"表达了过程的数量，属于"方式"环境成分的一种。

另外，行为过程指的是诸如呼吸、咳嗽、叹息、做梦、哭笑等生理活动的过程，一般只有一个通常表示人的参与者，即"行为者"。言语行为过程是通过讲话交流信息的过程，所涉及的参与者有"讲话者""受话者"和"讲话内容"。存在过程是表示事物存在的过程，"存在物"即为该过程的参与者。在汉语中无所谓存在过程，一般划入处所过程中，作为关系过程的一个次类（龙日金、彭宣维 2012：185）。例如：

（7）[1] 飞扬会给我留言，[2] 夸我写得不错。[3] 有时候上课碰到了，[4] 也会当着我的面赞我，[5] 我不好意思地笑笑，

［6］说都是随便瞎写的。

（《人民日报》2016年2月24日《夜读》）

例（7）是由六个小句构成的，小句［2］和小句［6］使用了由动词"夸"和"说"实现的言语行为过程，说话人分别是"飞扬"和"我"，而言语内容分别是"写得不错"和"都是随便瞎写的"。小句［5］描述了"我"笑的行为过程。

汉语中有时会出现零位动词，即小句中没有表示过程成分的事件词。例如在李娜自传《独自上场》中的两个语段：

（8）［1］她是个土生土长的武汉姑娘，［2］脾气有点倔，［3］有
      的时候温柔可人，［4］有时候需要你去哄她。

（9）去的时候，我们还都纪律严明……

例（8）是由四个并列小句组构成的复句群。前三个小句均为归属类关系过程小句，载体分别为"她""（她）的脾气"和"她"，但是小句［1］和小句［2］分别使用了体现关系过程的常见事件词"是"和"有"，而小句［3］没有事件词，内部的语义关系是"她"："温柔可人"，即载体"她"被赋予了"温柔可人"的属性。同样，下一个语段中也没有事件词，属性"纪律严明"被赋予到载体"我们"。

另外，汉语语篇小句中的各个成分不止限于词或词组，如例（8）语段关系过程中的属性形容词"倔"，表征属性的名词短语"土生土长的武汉姑娘"与并列形容词词组"温柔可人"，还有可能是小句、复句等其他成分。如在下面选自《独自上场》的另外两个语段中，第一个语段中的小句［2］的属性成分就是由物质过程小句"布雷克对阵费德勒"实现的。而第二个语段是一个识别类的关系过程小句，其识别者与被识别者均为内嵌的物质过程小句："我唯一不曾经历过的"和"在中国，在这么多摄像机镜头前，在近万名中国观众的注视下去打一场似乎注定会输的比赛"。

（10）［1］我和大威的比赛是那天的第二场比赛，［2］前一场是布
       雷克对阵费德勒。

（11）我唯一不曾经历过的，就是在中国，在这么多摄像机镜头前，在近万名中国观众的注视下去打一场似乎注定会输的比赛。

在从语言语义系统选择语法词汇形式对外部和内心世界进行描述的过程中，我们并不总是选择"一致性"式表达，即用小句复合体（clause complex）表示事件的序列（sequence），用小句表征言辞（figure），用动词词组描述过程，用形容词词组表征事物属性，用连词表示逻辑关系等，而会采用隐喻式，实现从高阶的词汇语法表达形式向低阶的转化，如从表达序列向小句复合体再向小句的转换（Halliday & Matthiessen 1999：236）。在这种转化过程中，概念成分会发生改变，例如过程和属性通过名词化转化为事物。在汉语语篇中，这种语言现象很普遍。例如：

（12）生物质能是一种重要的可再生能源，利用生物质气化技术能实现 CO_2 的归零排放，节约常规能源，符合可持续发展的要求。介绍了生物质气化的工艺特点和相关气化装置，阐述了生物质气化领域的重点研究方向，分析了我国生物质气化技术的商业化现状并提出了参考建议。

（《山东大学学报（工学版）》2007年第2期》）

在例（12）的科技论文摘要中，存在着从过程到属性的转化。小句中的物质过程"可持续发展"降低了原先的小句级别而成为其他词"要求"的修饰语，而物质过程"排放"在语篇中转换成了单独存在的个体。

隐喻式表达的使用在浓缩文字的同时可以承载丰富的信息量，符合科技文章和学术论文行文简洁、信息量大的文体要求。另外，过程转化为个体，使语言意义重在表述状态和表达客观，也符合这一文体强调存在的事实。因此，语篇生产者要根据语篇的交际目的在一致式和隐喻式表达之间进行选择。

下面，我们以一则题为"反映实情难称'勇士'"的评论短文为例，揭示在语篇展开的过程中每个小句和小句内的成分如何建构经验，形成事件、描述或论证等序列，实现语篇的概念功能。

（13）　　　　　　　　**反映实情难称"勇士"**

　　2016年高考将近，鉴于我校的学习过于紧张，我们难以有一个良好的状态备考。

　　我就给校长写了封信，反映相关情况。对此，有的同学说，这没用的，校长不理的；有的说小心校长针对你……说得我忐忑不安。

　　还好，我写信的第二天，校长就约我聊天，十分温和，解答我的疑惑，并承诺了一些利于我们高考的事。校长还表示，如果我早点反映情况就好了，让我以后勇于立刻反映遇到的问题。

　　经此一事，有同学给我带上"勇士""英雄"的高帽，甚至夸张地说我救了整个高三年级。哈哈，我也想做"勇士""英雄"，但我觉得自己做的事很普通，谈不上有多少勇气。中学政治课不是说了吗，公民有监督权，公民可以通过许多方式反映意见。我想，同学们也别忘了自己是一个公民。我们当然不能造谣，诽谤他人，但大家有一说一，就事论事地反映实际问题，提出合理化建议，这样的权利事实上是有法律保障的！

（《南方周末》2016-06-02）

整个语篇依次分为"出现问题""各方反应""问题解决""评论"四个语段。我们列出构成每个语段的小句以及小句中的参与者与过程：

（a）出现问题

2016年高考将近，鉴于我校的学习过于紧张

我们难以有一个良好的状态备考

（b）各方反应

我就给校长写了封信

（我）反映相关情况

对此，有的同学说，这没用的，校长不理的

有的（同学）说小心校长针对你

说得我忐忑不安

（c）问题解决

还好，我写信的第二天，校长就约我聊天

（校长）十分温和

（校长）解答我的疑惑

（校长）并承诺了一些利于我们高考的事

校长还表示，如果我早点反映情况就好了，让我以后勇于立

刻反映遇到的问题

（d）评论

经此一事，有同学给我带上"勇士""英雄"的高帽

（有同学）甚至夸张地说我救了整个高三年级

哈哈，我也想做"勇士""英雄"

但我觉得自己做的事很普通，谈不上有多少勇气

中学政治课不是说了吗，公民有监督权，公民可以通过许多

方式反映意见

我想，同学们也别忘了自己是一个公民

我们当然不能造谣，诽谤他人

但大家有一说一，就事论事地反映实际问题，提出合理化建

议，这样的权利事实上是有法律保障的

　　语篇最初的两个关系过程小句表征了我们在高考临近时遇到的困难。连接词"鉴于"表明两个小句之间存在着因果逻辑关系，点明了问题的原因和现状。接着，两个物质小句描述了参与者——笔者"我"采取的行动，两个言语过程小句表征同学们对此的反应，而所言内容表明他们的观点，认为笔者的行为不会解决问题。这使得笔者非常不安。这种负面的情绪体现在随后笔者"忐忑不安"的心理过程中。而在"问题解决"语段，所有小句，包括三个物质过程、一个关系过程和一个言语过程都围绕参与者"校长"展开，凸显了他对这件事情的投入，而环境成分"我写信的第二天"突出了校长解

决问题非常及时。这与同学们之前的预测形成鲜明的对比。至此，小句序列完成了对事件的描述，涉及相关的具体人物，即学生、校长以及第一人称表征的笔者的言行和认知。

在评论部分，言语过程小句表征的同学们的言语内容与心理过程小句表征的笔者认知形成对比。在相邻的两个心理过程小句中，笔者使用"也……但"结构突出了自身对此事的看法：自己做的事很普通。随后的言语过程用反问句句式实现，语气强烈，突出了机构参与者"政治课"论述的观点，即公民享有反映意见的权利，为笔者的看法提出依据。同时，笔者运用心理投射小句点明了"同学们"作为公民的身份，暗示同学们有反映意见的权利。语篇的最后部分，参与者不再是个人和单个群体，而转化为"含他"的第一人称复数"我们"和"大家"，将否定和肯定物质过程小句表征的行为"不造谣""不诽谤""有一说一""反映实际问题""提出合理化建议"构建为每位公民的行为。而这些行为过程在语篇最后被编码为名词短语"这些权利"，作为归属类关系过程"是有法律保护"中的载体。

通过分析这则短文的小句序列，我们可以总结出语篇的主要内容，即笔者基于校园问题的解决过程受法律保护，作为公民的学生具有反映事实的权利。

7.1.2　人际功能

人际功能指的是语言表达语篇生产者的身份、地位、动机并建立和维持一定的社会关系。语篇的人际功能通过语气结构和情态系统实现。语气结构涉及不同小句类型——陈述句、祈使句、疑问句，它们赋予语篇生产者不同的角色：在陈述句中，语篇生产者作为信息的拥有者和传递者；在疑问句中，语篇生产者寻求信息或者核查已有信息；而在祈使句中，语篇生产者希望语篇接受者实施某种行为。

如在例（14）的医患对话中，为了做出正确的诊断，医生需要了解病人的病情，因此在最初的几个毗邻对中医生作为信息的探寻者不断提出问题，病人相应地做出回答，提供医生所需的信息。二者在一问一答中推动交际活动顺利地展开。随后，在话轮14和话轮16的陈述句中，医生转化为信息提供者，基于专业知识，根据观察和病人的描述，做出了诊断。而病人在话轮17中运用陈述句进一步提供信息，对医生的诊断给予了认同。在稍后的话轮中，医生运用祈使句，明确提出了治疗措施。

（14）医生：×××（病人名），进来，请坐。怎么不好受？（话轮1）

　　　病人：有的时候上不来气儿。（话轮2）

　　　医生：以前看过病吗？（话轮3）

　　　病人：以前也看过。（话轮4）

　　　医生：那是什么时候呢？（话轮5）

　　　病人：就今年。（话轮6）

　　　医生：嗯。胸口疼过吗？（话轮7）

　　　病人：没有，就觉得挺闷的。（话轮8）

　　　……………

　　　医生：你那个喷的药带了吗？（话轮9）

　　　病人：没带今天。（话轮10）

　　　医生：没带哈。你是憋气的时候就喷，喷完就见好？（话轮11）

　　　医生：做个肺功能看一眼吧，你知道你喷那药叫什么名字吗？（话轮12）

　　　病人：好像是×××。（话轮13）

　　　……………

　　　医生：现在从你描述的情况看首先有哮喘，但不是特别典型的那种。（话轮14）

　　　病人：……（话轮15）

　　　医生：对，因为哮喘的话，它发病的时候主要是那种憋气啊，喘啊，当你不发病的时候跟正常人一模一样。（话轮16）

　　　病人：对，我就是什么事儿也没有。就光晚上，还不是说天

天晚上都这样，有的时候下雨，就有一点。（话轮17）

医生：我给你开万托林，你先喷着。（话轮18）

病人：有没有比它好点儿的？（话轮19）

医生：哦，行，那你喷一支试试吧，有时间的话再系统地查

一下。（话轮20）

病人：好。（话轮21）

医生：然后你就拿这去交费取药吧。（话轮22）

但是，在很多情况下，语气结构和交际功能并不是一一对应的关系。有时，人们使用疑问句，不是为了获取信息，而是婉转地提出要求。如在话轮19中，病人使用疑问句"有没有比它好点儿的？"，委婉地请求医生为他开其他药品。在这里，被选用的语气不是表达它通常表达的意义，而是表达另一种意义，产生了语气隐喻（Thompson 1996：172-175）。

语篇中的"吗""吧""啊"等语气助词可以帮助我们判断言语者的语气类型。如上述语篇中话轮3、话轮7、话轮9使用的句末语气助词"吗"以及话轮20、话轮22中的"吧"，分别是汉语中疑问语气和祈使语气的典型标识。

另外，在汉语口语语篇中，语调也是决定语气的关键因素。例如，话轮11中的最后一个小句，单纯从语法结构无法判断是陈述句还是疑问句，只有根据医生的"降-升"语调，才能知道他是在询问病人用药的效果。

情态系统表达使用者对自己的命题的成功性和有效性做出的判断，或在命令中要求对方承担义务，或在提议中表达个人的意愿，具有很强的人际功能。汉语情态意义最常见的表达方式是使用能愿动词（助动词）（见表7-1）。常用的能愿动词还包括表中所列动词的否定形式，如"不可以""不可能""不乐意""不配""不准"等。另外，表示归一性的判定词、多种语气副词（表7-2）和句末助词（屈承熹 2006：95；姜望琪 2011：211-215）均可表示情态意义。成功性和有效性的概率及频率有高低之分，义务和意愿也有强弱之别，因此情态系统中一个重要变量就是"情态判断所带有的值：高，中，低"。

表7-1 汉语常用能愿动词（马庆株 1992：49-50）

表示可能	能、能够、会、可、可能、可以、得以、容易、免不了、来得及
表示意愿	愿意、乐意、情愿、肯、要、愿、想要、想、要、要想、好意思、敢、敢于、勇于、苦于、肯、高兴、乐于、希望、企图、乐得、甘于、懒得、忍心
表示必要	应、该、应该、应当、得（dei）、该、当、须得、必得、犯得着、犯不着、理当
表示估价	值得、配、便于、有助于、善于、适于、宜于、难于、易于
表示许可	准、许、准许、许可、容许、允许

表7-2 汉语常用语气副词（肖应平 2012：134）

表示可能	大概、恐怕、也许、至少、似乎，等等
表示必然	必定、必然、一定、准保、未必、难免，等等
表示确信	的确、实在、根本、本来、绝对、决
表示评价	居然、竟然、难怪、原来、幸亏、好在、毕竟、才、就、可、并、也、又、还、到底、总、正好、碰巧、偏偏、偏、反而、反倒、却、倒是、甚至、甚而，等等
表示意志	万万、千万、切、必须、不妨、宁可、宁愿、只好、索性、非得，等等
表示情感	究竟、难道、莫非、何必、何妨、何不、太、多、多么、怪、真、好、可，等等

在一则有关整容的新闻报道中（例15），报道者引用了事件当事人与相关人士的话语。分析整容者、整形医师和心理咨询师言语中的情态成分，可以看出他们的态度与立场。整容者是一个热衷于整容的姑娘，有五年的整容经历。第一处引语是她回忆初次完成眼部美容手术时的感受。表情感的高量值副词"真"表达了她的惊喜，强化了整容效果给她带来的满足感。自此，她不断地尝试各种美容项目，包括下巴注射整形，但几年后下巴开始发炎，她必须接受治疗取出填充物。第一次治疗并不成功，第二处引语中的能愿动词"可以"说明她对下一步治疗的打算，表达了整容者为获得姣美的容貌愿意做出尝试，但情态成分的低量值说明整容者作为非专业人士对治疗的不确定性。而第三处引语出现在她坚信自己的下巴手术失败之后。表示评价的高量值副词"真"传达出她的震惊与失望，中量值能愿动词"要"被表示

必然性的高量值语气副词"一定"修饰，透露出她想恢复美丽容貌的强烈愿望。而连续的两个高量值能愿动词"必须"与"不得不"在叙述整容经历的话语中反映出她的无奈和被动。在她对自己整容观念的解释中，"才会""就算""也要"这些表评价的语气副词与表可能性和意愿的能愿动词一起使用，表达出她对美丽面容执着的追求，而她自身也认识到自己对整容的痴迷。"整容是会上瘾的"这句话中的低量值能愿动词"会"说明整容有可能使人着迷，而判定动词"是"加强了说话人的肯定语气，描述了她的状态。因此，整容者言语中的情态成分，帮助我们更真切地了解到她追求美丽容颜的执着与困境。

（15）　　　　**整容上瘾咋整：5年花费近30万元，整容十几次**

医生称部分上瘾者有心理问题

步履蹒跚、双眼周围瘀青，下巴和嘴唇有不同程度的浮肿……旁人眼中，33岁的黎美娟（化名）看起来好像刚遭遇过一场家暴。但事实上，这是整容的结果。5年多来，她为这张脸已经砸下近30万元，接受过大大小小十余个整容项目。

…………

黎美娟人生中接受的第一个整容项目是眼睛。5年前，她在无锡的一家美容院打工，老板娘拿她练手，做了双眼皮埋线，"做完觉得眼睛真的变大了。"

…………

饱尝痛苦 执着依旧

注射奥美定几年后，黎美娟下巴开始发炎，时不时感到刺痛，去年她在贵阳的整形医院取出大部分填充物，但仍有残留，后来又在广州再次进行摘取，"我知道取不干净，但我可以再做填充，把下巴修好看一点。"和记者见面时，她刚做完下巴填充手术。

…………

后来的抽脂手术，她说医生在手术过程中突然要求加项目，说大腿根部抽脂了，膝盖旁边也应该抽，额外收取3000元。"抽完脂必须马上穿的塑形裤，此前说好400元一条，当场变卦成650元，我不得不买。"

不过，这些经历在黎美娟眼中却不那么重要，她反复地强调着："只要结果好，这些都是小事情。"

"整得好看才有自信"

…………

但是，黎美娟心里已经有了不可动摇的"回炉重造"的想法，"它真的歪了，一定要扶正。"满脸瘀青的她表示，下个月要去韩国做下巴修复手术。她这样阐述自己的整容观："整得好看，人才会感觉自信，现在我这样子，你和我出来也没有面子。就算是假花，我也要当最好看的那朵。"

"整容是会上瘾的"

…………

"整容是会上瘾的。"黎美娟轻轻叹了口气，道别时，她腿上还穿着那双花了6倍价格购买的肉色塑身裤袜，简陋的纸袋里是病历和手机，由于常年飞到国外整形，她的手机流量经常不够用。昨晚回到医院后，和主治医生的争执让她在病床上失声痛哭，但她追求"兜下巴"和"欧美型眼睛"的决心大概不会改变。

心理咨询师："上瘾源于自我排斥"

晴朗天心理咨询机构咨询师袁荣亲表示，过分热衷整容和个人心理健康有关，心理健康的人会自我接纳，接受自己的身体本身、知识结构、精神状况等各方面；心理不健康的人则会产生自我排斥，对自己感到厌恶，这种厌恶会让人非常在意别人的看法。

"他们活在别人的眼光中，总觉得自己不够美。"袁荣亲指出，在这种想法的驱使下，过分热衷整容的人会让自己符合别人的审美期望——但事实上每个人的审美标准并不完全统一。

"整容这种外在方式只能让人获得短暂性心理平衡，但这种平衡会很快被打破，整容者又会回到不接纳自己、不自信的状态。"

整形医生："他们总想效仿别人"

广州现代整形美容医院的医生龚曙芳告诉记者，她接待的整形病人分两种，第一种确实是五官存在明显缺陷，外形对就业、人际有一定影响，希望微微改变就能达到普通标准。而另一种就是明显存在心理疾病的，"他们的期望值过高，心里却没有一个标准，总是想效仿别人，认为别人成功就是因为相貌好。"

"帮我做成某某明星的眼睛，我想要某某明星的鼻子，不少人提出这样的要求。"龚曙芳指出，有人坚信鼻子整得好才会"招财"，或自己好看才有面子，都是将自身其他问题归结到了相貌上，而不在其他方面自己好好努力。她表示，这一类选择整形的人应该及时寻求心理医生的帮助。

（《广州日报》2016-04-01）

虽然新闻主要报道整容者的话语，但是也引用了整容医师与心理咨询师的话语，表明了医师治疗中的立场和咨询师对整容者心理状态的分析。医师言语中缺少了表示可能性的能愿动词，更多使用归一性的判定词汇，表评价的语气副词"到底""才""本来""就"加强了权威性。高量值的能愿动词"应该"表明了医师看待美容者的立场——她们需要心理医生的帮助。而心理咨询师在解释美容者心理倾向的言语中除了使用"能""会"表征可能性的能愿动词以及表确信的语气副词"事实上"，较少使用情态成分，使自己的语言更加客观。

（a）整容者

"做完觉得眼睛<u>真</u>的变大了。"

"我知道取不干净，但我可以再做填充，把下巴修好看一点。"

"它真的歪了，<u>一定</u>要扶正。"满脸瘀青的她表示。

"抽完脂必须马上穿的塑形裤，此前说好400元一条，当场变卦成650元，我不得不买。"

她这样阐述自己的整容观："整得好看，人<u>才</u>会感觉自信，现在我这样子，你和我出来也没有面子。就算是假花，我<u>也要</u>当最好看的那朵。"

"整容是<u>会</u>上瘾的。"黎美娟轻轻叹了口气……

（b）整容医师

"<u>到底</u>是不是歪了，三个月后才能看出来。<u>本来</u>不用做的手术，你现在坚持做，<u>就是</u>在承担不必要的风险。"南方医院整形美容外科的医生说。

都是将自身其他问题归结到了相貌上，而不在其他方面自己好好努力。她表示，这一类选择整形的人应该及时寻求心理医生的帮助。

（c）心理咨询师

心理不健康的人则会产生自我排斥，对自己感到厌恶，这种厌恶会让人非常在意别人的看法。"他们活在别人的眼光中，总觉得自己不够美。"袁荣亲指出，在这种想法的驱使下，过分热衷整容的人会让自己符合别人的审美期望——但<u>事实上</u>每个人的审美标准并不完全统一。"整容这种外在方式只能让人获得短暂性心理平衡，但这种平衡会很快被打破，整容者又会回到不接纳自己、不自信的状态。"

另外，人称代词在语篇中的使用能告诉我们语篇生产者如何看待代词指称的人物，也有助于建立交际双方的特定关系，体现出人际意义。例如，汉语中的第二人称代词"你"和"您"的选择，就能反映交际双方的社会距离和亲近程度。电视访谈节目中主持人在提问环节非常善于运用人称代词的转化构建与被采访者的交际距离。例如在对故宫博物院退休院长单霁翔进行有关城市规划与文化遗产保护工作的采访中，主持人杨澜使用了不同的人称代词，包括第二人称代词"你"和"您"以及第一人称"我"和"咱们"：

（16）杨澜：咱先说说，从宫里到民间，从（故宫博物院）这退休以后，您就做了很多的工作，您去到了中国很多的世界文化遗产的这个当地进行拍摄，探索普及，包括一些学术的探讨等等。走了这一年多，你最大的感受是什么？

院长：当然，这个在故宫工作的时候，职责所在每天都在故宫里面走⋯⋯

杨澜：那时候您是官员，对吧？是文物局局长去的。

院长：那时候是被某一项任务去，⋯⋯

杨澜：说是这个做《万里走单骑》，你差不多一天得走了三万步左右，我跟了您一期，我也觉得那个走的量是蛮大的，有的时候，那几个年轻的，我看还跟不上您呢。

⋯⋯⋯⋯⋯

院长：现在就是越走越觉得年轻。

杨澜：越走，您真的逆龄生长。

院长：因为这个就是小伙伴们都年轻，是吧？⋯⋯

杨澜：行走的过程当中，最出乎意料的收获是什么？

院长：我觉得就是像比如静脉山谷、茶陵，像这个黄石工业遗产⋯⋯

杨澜：您跟当地的老百姓也都有很多的接触，比如说咱们一块去那个宏村西递的时候，我觉得您跟这些村民呢，这些街坊邻居都特别能够唠家常⋯⋯

杨澜作为采访者绝大多数情况下使用"您"指称被采访专家，表达了对被采访者的充分尊重，反映了被采访者较高的社会地位和公众对他专业度的认可。同时在首次提问时杨澜使用"你"询问被采访者的感受，有意拉近与被访者的距离，尝试营造"聊天式"采访氛围，并在回忆与被采访者共同经历的时候使用含他式复数第一人称代词"咱们",进一步拉近与被采访者的交际距离。

除以上典型的语法词汇体现外,情态意义的表达同样会出现隐喻体现形式。Halliday(1994:357)指出,每一种情态意义有四种体现方式:显性主观(explicit subjective),隐性主观(implicit subjective),显性客观(explicit objective),隐性客观(implicit objective)。以可能性这一种情态意义为例,就可能出现下面四种不同的体现形式:

(17)我觉得小强病了。(显性主观)

小强八成病了。(隐性主观)

小强可能病了。(隐性客观)

可能的情况是小强病了。(显性客观)

其中,隐性主观和隐性客观一般由助动词或语气副词来表达,是非隐喻性的;而显性主观和显性客观主要是靠心理过程小句和关系过程小句来表达对概率的主观判断,属于情态隐喻。显性主观的情态意义表达经常出现在政治演讲中,如"我认为""我感到""我坚信"等主从关系的"投射"小句强调了"我"的观点,带有强烈的主观情感色彩,便于演讲者直接表达自己对所谈论事情所持有的态度和立场。而显性客观的情态意义表达则常出现在新闻报道语篇中,如"据报道"等嵌入式小句的使用在新闻报道语篇中非常普遍。这类句子将动词隐喻为被动语态,避免出现人称性主语,实现了命题的非人性化,以此强调命题的客观性。

语篇的人际功能还具有表达态度的功能。例如,各种评价性形容词能够映射出说话人对人和事物的看法和判断:褒义、正面的词语代表了支持、赞同;相反,贬义、负面词汇表示反对和批评。我们将在本章第4节"评价意义分析"中详细阐述这部分内容。

7.1.3 语篇功能

语篇功能由主位系统、信息系统和衔接手段体现。主位是"信息的起点"（Hallidy 1985：38-39），是讲话者所关心的成分。主位推进模式（patterns of theme progression）主要研究前后句子的主位和述位之间如何发生联系和变化，从而推动整个语篇向前逐步展开，直至形成一个表达完整意义的整体（Danes 1974；Fries 1983；徐盛桓1985）。选择何种主位推进模式和上下文、语篇结构、体裁都有着密切关系，因此，探讨主位推进模式对研究语篇连贯和各类语篇的语义结构分析有所帮助（Francis 1990）。

而信息系统是从语篇接受者角度，将信息分为新旧信息，探讨新旧信息如何相互作用，使语篇的意义逐步展开。Halliday和Hasan对语篇中静态的语言衔接手段进行了比较全面的阐述，国内学者主张从多层次、多角度探讨语言衔接手段与语篇连贯的关系（朱永生1995，1996；张德禄1999）。以上语言资源和方式已在前面第三章和第五章做过详细的阐述，此处不再赘述。

功能语篇分析认为，语篇既是产品又是过程。语篇分析不仅要静态地描述产生的语篇，更要关注语篇生成的过程。在这个过程中，概念功能、人际功能与语篇功能协同作用产生语篇语义（Martin & Rose 2003：214）。我们以2016年6月2日刊登在《南方周末》上题为"反映实情难称'勇士'"的评论短文为例。概念功能再现了特定环境下出现的问题，相关人物做出的反应，随后校长解决问题的过程以及大家的回应与作者的思考。相应地，不同的主位结构使不同的行为人在事件的不同阶段被前景化，如问题产生后受到影响的"同学"和"我"成为主位信息。问题解决阶段，主位转化为"校长"，而反馈阶段又转变为"同学"和"我"。最后，主位不再局限于"同学""校长"或"我"这些指向具体人物的名词或代词，而扩展到了"公民""我们""大家"这些带有泛指意义的名词或代词，再加上新信息"提出合理化建议""具有法律保障"的出现，语篇由具体事件的陈述提升到相关的评论，体现了评论文章的功能。同时，作者选用不同的语气结构，作为信息提供者运用陈述句再现了整个事件的过程；而后运用疑问句，作为评论者引起人们的思考。

7.2 语域分析

语言活动都是在一定的情景语境中发生的，而情景语境是文化语境的具体体现（张德禄1999），所有情景语境的类型及内容将取决于文化，情景语境包含在文化语境之中。情景语境体现为话语范围、话语基调和话语方式三变量。话语范围不仅包括"发生的行为"，还涉及"它们的目的"；话语基调不仅指"参与者的角色"，还包括"他们之间的社会距离"；话语方式既指"语言的作用"（主导还是辅助），还具体涉及"渠道"（文字或语音）和"媒介"（笔头和口头）（Halliday & Hasan 1985：56-58）。语域是这三个语境变量组合产生的语义集合，并体现为语篇。它是某一文化的成员用以与某一情景语境相联系的语义手段的典型组合。语域是散布在一个特定的语境中的潜在的语义。因此，语域可以代表语义的选择，也可以代表语义选择的总和（Halliday 1975）。

因此，语域与情景语境联系紧密，是根据语言使用情景产生的语义变体。简而言之，情景语境影响语言的选择与使用，即情景变量影响语篇的生成，决定语篇描述的内容，相关交际者的关系以及交际的方式。具体而言，话语范围的特点与语篇的概念意义联系紧密，话语基调的特点与人际意义关系密切，而话语方式的特点与语篇意义关系密切（黄国文 2001b）。

下面的语篇是中国外交部2016年1月6日就朝鲜进行核试验发表的声明。我们尝试通过表7-3，将其中的语域变体与语篇意义之间的关系以及所选择的语篇功能在词汇-语法层面的体现进行详细分析。

（18）今天，朝鲜民主主义人民共和国不顾国际社会普遍反对，再次进行核试验，中国政府对此表示坚决反对。实现半岛无核化，防止核扩散，维护东北亚和平稳定，是中方的坚定立场。我们强烈敦促朝方信守无核化承诺，停止采取任何恶化局势的行动。维护半岛及东北亚和平稳定符合各方共同利益。中方将坚定推进半岛无核化目标，坚持通过六方会谈框架解决半岛核问题。

表 7-3　语篇中的语域变体与实现语篇各功能的语言手段

语域变体	语篇功能：词汇 – 语法体现
话语范围 朝鲜核试验	**概念意义** 及物系统表征的物质过程（"进行"），表征行为目标的名词短语（核试验，无核化，核扩散）
中方外交立场	及物系统表征的言语过程（"表示"），关系过程（"是""符合"），物质过程（"敦促"）
中方外交对策	及物系统表征的物质过程（"呼吁""解决"），以及其中的环境成分（"通过……""在……框架下"）
话语基调 交际一方为代表中国政府的外交部。另一方为包括朝鲜在内的国际社会	**人际意义** 指称结构"朝鲜民主主义人民共和国""中国政府""中方""排他"的复数第一人称
一方告知自身对朝鲜核试验事件的明确态度	高量值的情态副词"坚决""强烈"的频繁使用；助动词的缺失；主动语态的使用
话语方式 官方书面语篇 正式语篇	**语篇意义** 简单的主位结构，信息结构 名词化的使用

　　语境三大变量在某种语境中反复地相互配合，就会形成典型的情景类型，形成语域的可预测性。如果我们了解情景语境中的三个变量，就能够更好地理解情景语境，预测语篇生产者可能使用的与情景语境相关的语言特征。反过来，通过考察语言在特定语篇中的使用，我们能够确定某一语篇的所属语域。如例（19）和例（20）两段语篇，虽然它们谈论的是同一件珠宝，但基于词汇、指称代词、句式结构、及物系统方面的差异，我们可以判断它们产生于不同的情景类型：前者含有术语和较精确的数量词，并使用关系过程，语气肯定，缺少与交际者的直接交流，属于专家评估的情景类型；而后者使用第二人称代词和疑问句，突出了与交际者的直接交流，再加上"市场""到货"等词汇，很容易推断出它属于销售的情景类型。

（19）这条链子重8克拉，包金，长13英寸；宝石属于半宝石。总价值近2英镑10便士。

（20）它确实很美。宝石漂亮，链子也精致。想试试吗？很搭你的衣服而且性价比很高。工艺轻巧并且是市场上的新款。昨天刚到货。

（张蕾 2015：64）

情景类型越制度化，可选择的话语范围、话语基调和话语方式的范围越狭小，语域的可预测性就越强，如上面的官方公文、日常的应用文和学术论文都属于这种封闭型语域（closed register）。相对地，开放型语域（open register）（Halliday 1985：39）下进行的语言活动具有更高的可变性和可创造性，如文学作品的创造和广告语篇的策划。

继Halliday提出宏观层面的语域理论架构之后，系统功能语言学者（如Butt 2004；Bowcher 2007；Matthiessen 2009，2014；Hasan 2014）自20世纪90年代开始对语域要素进行细致描写，并提出了不同的次范畴系统。其中，Matthiessen（2009）提出的语域类型学根据话语范围中的社会符号活动（socio-semiotic activity）将语域分为八类（见表7-4）：

表7-4 基于社会符号活动的语域类型及其定义

语域类型	定义
阐释类（expounding）	对各类现象与知识进行科学分类，或解释其原因
报道类（reporting）	对某一事件或现象进行客观报道、记录、调查等
消遣类（recreating）	将想象或真实的事件故事化或艺术化
分享类（sharing）	以非正式的方式分享个人的经历、经验或想法
使能类（enabling）	通过规定或指示说明如何操作某物品，或进行某种活动
建议类（recommending）	通过建议、指令、警示或广告等手法进行劝说或引导
论辩类（exploring）	通过讨论、辩论或评论表达、交流不同的观点与立场
行动类（doing）	多人共同完成一项活动，语言或其他符号在其中起辅助作用

这种分类可以明确描述某一社会语境中的复杂话语类型，帮助阐释开放型语域中不同话语类型的混合关系。在分析过程中，我们可以通过确定语篇中不同的社会符号活动，清晰地呈现不同语域顺序组合和功能融合的方式。例如，分享类与建议类会在广告语篇中先后出现，先通过分享自己的经历再现生活中遇到的问题，随后通过提出建议的方式推出营销的产品。而各种宣传册中的图片同时具有多种语域特征，不仅可以阐释某一现象，还具有建议类与消遣类特征。

在数字媒体时代，网络与智能终端的普及深刻改变了信息的传播方式，促使原有语域更新并产生新的语域。语域理论的发展能够从理论建构与分析工具上为其分析提供支持。已有学者基于语域类型学提出分析全媒体、多模态话语的综合框架，并应用于多模态公共卫生教育话语和新媒体商务话语的研究（徐燕、冯德正 2020a，2020b）。

7.3 语类结构潜势

语境三变量一旦确定下来，不仅可以预测语域，即语篇的语义特征，还可以体现语类。语类是一个分为不同阶段的有目的的社会符号过程。每个语类都有语类结构潜势（generic structural potential，简称GSP），是从若干个个体语篇中高度概括出来的具有规律性的抽象模式。Hasan（1984：78）将其定义为"一个抽象的范畴，它描述的是语类中所有可能的语篇结构"。它必须满足以下三个条件：

1. 它必须详细说明所有的必要成分；

2. 它要列举所有的可选成分；

3. 它必须标示出所有必要成分和可选成分的出现顺序及其成分的再现。

因此，语类结构潜势包括必要成分和可选成分，它们以一定的次序组合而成。例如，国内期刊学术论文一般由以下结构成分按照以下顺序组成：

　　题目＾中文摘要＾（英文摘要）＾中文关键词＾（英文关键词）＾正文＾参考文献＾（注释）＾作者简介

　　此结构潜势中，（）表示可选择成分，＾表示成分之间的顺序。其中，题目、中文摘要、中文关键词、正文和参考文献是一篇完整的学术期刊论文必须包含的部分；正文部分又依次包括前言、理论陈述、方法论、具体分析、结论等必要成分。根据学术语类的交际目的，各部分都要实现一定的语篇功能，具备各自的语言特色。例如，摘要是对整篇论文的研究背景、研究对象、研究框架、研究方法、研究结果的简要概述。在例（21）这则摘要中，作者采用语气客观的陈述句，使用第三人称"本文"视角进行直接表述。此外，物质过程陈述了文章的发现，其中环境成分"以……为例"和"通过……"对研究方法和过程进行了描述；关系过程用于交代研究背景和研究意义，对研究对象的重要性和研究意义做出正面的判断；而言语过程或心理过程用于表征作者的观点。

（21）在政治演讲中，"认同"既是重要手段又是主要目的（**研究对象**）。本文提出了认同语言系统这个概念属于语言的人际意义范畴（**研究框架**）。本文以奥巴马的一次演讲为例（**研究方法**），通过分析其中的对词汇语法资源的选择揭示了该语篇表达的认同语义系统和意识形态（**研究过程与结果**）。分析、解读政治演讲语篇中的认同语言系统对深入理解一个国家的政治、文化和意识形态有着重要的意义（**研究意义**）。

（《外语教学》2015 年第 1 期）

　　除了必要成分，有些期刊会根据读者情况，刊登英文摘要和英文关键词。有些作者会在文末增加注释，为正文的论证提供更多细节，方便读者理解。

　　语类结构潜势的内容和形式主要受文化语境的影响，不同的文化语境产生不同的语类结构潜势。两种文化的相同语类的语类结构潜势不同，而且实现语类的方式也不同（Eggins 1994：35）。例如，受语类交际目的的制约，英汉学术著作前言享有同样的出现频率最高的结构成分——"主题介绍"和"感谢"；但也存在一些差异，其中最明显的就是"承担责任"这一成分。它在汉语语料中出现的频率（35%）明显高于在英语语料中出现的频率（5%），而且汉语著作者倾向于在此处提到自己书中可能存在的缺陷，希望读者批评指正。最典型的表述如下："由于时间仓促，加上我们水平有限，书中一定还存在某些不足，盼望得到同行专家及广大读者的指正。"这说明中国作者更加谦虚一些，透露出中国文化更加内敛的一面。这种文化语境也使中国学者在撰写学术论文简介部分时，对以往研究的评价会比西方学者更加温和与婉转（Loi & Evans 2010）。

除了跨文化语类结构潜势差异，在一种文化内部，由于社会发展，同一语类的结构潜势也在发生变化。以我们日常接触频繁的商业广告为例。除了典型的包含"情景^问题^解决办法^评估"四种成分的"问题–解决办法"结构潜势（黄国文 2001a），我们发现广告经常借用其他语类的结构潜势，并将其与自身的结构潜势的必要成分融合起来。例（22）是"聚美优品"的一则广告：

（22）我是陈欧，聚美优品创始人。蜗居，裸婚，都让我们撞上了。别担心，奋斗才刚刚开始，80后的我们一直在路上。不管压力有多大，也要活出自己的精彩。做最漂亮的自己，相信我们，相信聚美。我是陈欧，我为自己代言。

聚美优品是一家化妆品限时特卖商城，其消费主流人群是年轻人。上面的这则广告借用了故事叙述的基本方式之一——代言体。代言人突出了自己与受众同为80后，并通过"80后的我们一直在路上""不管压力有多大，也要活出自己的精彩""做最漂亮的自己"等语言描述了80后"坚强、乐观、执着"的形象，与反复出现的"含他"复数第一人称"我们"一起拉近了广告商与目标受众的社会距离，取得了他们的心理认同。整篇广告只有广告词"相信我们，相信聚美"提醒我们它是广告，但同样达到了广告这一语类宣传产品的交际目的。

由此我们认为，语类结构潜势来源于文化语境，语类在特定文化语境中的交际目标通过语域在语篇的词汇–语法层面上得以实现。而语域又影响语类结构中每个成分及步骤在词汇–语法层上做出的选择，最终通过音系层体现为特定的语篇。因此，语域和语类共同决定语篇的生成。

7.4 评价意义分析

评价是语篇中普遍存在的一种语言现象，语言学家曾从词汇、句法等不同层面对其进行研究。杨信彰（2003）对这些研究进行了综合阐述，指出系统功能语法首次对评价性手段进行了系统性研究，其中的及物性、语气结构和情态系统等概念为研究语篇中的评价性手段提供了理论依据。20世纪七八十年代，以Fowler（1986，1991）为代表的批评语言学家在分析新闻报道时大量运用了这些理论概念，提出及物性是新闻语篇中内容表达的基础，及物系统中的不同过程、动作者和目标在表达中的不同位置为报道者对同一事件做出不同报道提供了可能性，也间接透露出他们不同的观点和立场。另外，词汇构成、名词化、被动转化、主题化等命题变换和情态都能够直接或间接地表达报道者对事实的认可或否认，对人物的许可或批评。但是这种分析把某种语言结构和特定的思想意识之间的关系简单固定化，仅仅在篇章分析的基础上把特定的解读强加给读者，因此存在一定局限性（Boyd-Barrett 1994：22-39）。

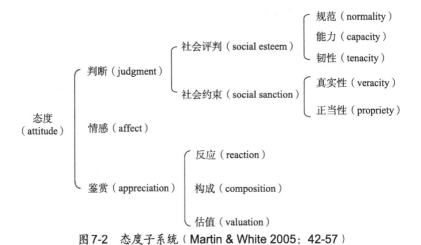

图7-2 态度子系统（Martin & White 2005：42-57）

20世纪90年代，澳大利亚的Martin（2000）和White（2001）在系统功能语言学人际元功能的基础上提出了评价理论（appraisal theory）。评价理论关注"如何用语篇来构建言语社团共享的感情和价值观"（Martin & White 2005：35），用来分析语言使用者如何通过语言表达特定的主体间立场（intersubjective positioning）。它首要关注的是说话人或写作者对他人、事物或事件所采取的态度，其次是态度介入的强烈程度，然后是态度的来源。据此，Martin & White将评价意义资源分为三个子系统，即态度（attitude）、介入（engagement）和级差（graduation）。态度是对人的行为、事物、事件或状态所做出的肯定或否定的评价，又可分为情感、判断和鉴赏三个子系统（见图7-2）。

情感（affect）指对行为和现象做出情感反应。例如，以下语篇中的"好奇""迷茫"与"害怕"关注人的感情等心理过程。

（23）大家都在**好奇**，为何一个如此平凡的女孩，可以一出道就担任如此大制作电影的女主角，而且她随后还相继被徐克《西游降魔篇2》和郭敬明《爵迹》看中，她究竟有什么样的魔力？

（《人民日报》2016-02-18）

（24）"一直想找你聊聊，最近一直好**迷茫**，你说，我要不要换个部门啊？……"我们**害怕**去尝试，因为我们**害怕**失去。

（《人民日报》2016-02-21）

判断（judgment）属于伦理范畴，涉及人们的性格和行为，是对应该（或不应该）怎么做的规范，分为社会评判（social esteem）和社会约束（social sanction）两个方面。社会评判进一步细化为规范（normality）、能力（capacity）和韧性（tenacity）三个子系统，关注人物的性格倾向，评价其古怪与否、聪明与否以及勇敢与否。如下面颁奖词中的评价资源对于刘翔的特点、能力、坚韧的体育精神和他对于国家特殊的意义给予了正面的判定。

（25）<u>这个风一样的年轻人</u>（**规范**），他<u>不断超越</u>（**能力**），<u>永不言</u>
　　　<u>败</u>（**韧性**），<u>代表着一个正在加速的民族</u>（**规范**）。

（中央电视台"感动中国2004年度人物"颁奖词）

　　社会约束则关注人们的品行和道德，看其是否诚实可信，是否公正，可分为真实性（veracity）和正当性（propriety）。例如，下面的颁奖词运用正当性、真实性以及韧性判定资源歌颂了季羡林先生的高贵品质和坚韧精神。

（26）心有<u>良知</u>（**正当性**）璞玉，笔下<u>道德</u>（**正当性**）文章。一介
　　　布衣，言有物，行有格，<u>贫贱不移</u>（**韧性**），<u>宠辱不惊</u>（**真
　　　实性**）。

（中央电视台"感动中国2006年度人物"颁奖词）

　　跟情感和判定系统不同的是，鉴赏（appreciation）主要评判事物的价值，属于美学范畴，可进一步系统化为反应（reaction）、构成（composition）和估值（valuation）。反应占主导地位，关注评估对象吸引人们注意力的程度以及事件对情绪的影响，试图加强与读者的亲和关系；构成涉及对评估对象均衡性和复杂程度的感知；估值是对评估对象社会意义的估算。如在例（27）的颁奖词中，估值性的鉴赏资源凸显了陈忠和带领中国女排取得世界冠军的重大意义，"动人"描述了他令人感动的微笑。例（28）的颁奖词运用构成性鉴赏资源"惊涛骇浪"和"一穷二白"描述了艰难的环境，突出了"中国核潜艇之父"黄旭华甘于奉献的爱国精神。

（27）他带领女排赢得了<u>久违</u>（**估值**）的胜利，而他的贡献不仅仅
　　　在于<u>一座阔别了17年的奖杯</u>（**估值**）……这种微笑出自内
　　　心，也因此更加<u>动人</u>（**反应**）。

（中央电视台"感动中国2003年度人物"颁奖词）

（28）时代到处是<u>惊涛骇浪</u>（**构成**），你埋下头，甘心做沉默的砥
　　　柱；<u>一穷二白</u>（**构成**）的年代，你挺起胸，成为国家最大的
　　　财富。

（中央电视台"感动中国2013年度人物"颁奖词）

态度意义有正面和负面之分，前者由正面积极的词汇体现，如例（25）至例（28）中语篇里出现的"不断超越""永不言败""动人""良知""贫贱不移""宠辱不惊"；相反，后者由负面消极的词汇体现，如"一穷二白""迷茫""害怕"等。但要正确判断某一词汇的态度意义，需要把它放在语境中考虑。例如，汉语副词"固执地"通常是对一个人坚持成见的行为做出负面的评价，但是在对英雄人物事迹进行歌颂的语境中，它被用来对英雄人物坚忍不拔的品质进行正面判断，如：

（29）在轮椅上度过青春，但你却固执地相信善良……

（中央电视台"感动中国2013年度人物"颁奖词）

另外，态度意义并不总是通过本身含有评价意义的属性形容词和它们构成的名词词组，以及带有情感色彩的副词直白地（explicitly）表达出来，而是含蓄地蕴含在语篇中的非核心词（non-core lexical）、修辞、习语、事实陈述产生的言外之意以及产生于特定社会文化中事物与价值之间固定联系的标记性评价中（White 2002）。语篇接受者可以基于社会文化背景知识推断出它们触发的态度意义。如在例（30）呈现的"感动中国2009年度人物"之一李灵的事迹说明语篇中，一系列的行为描写突出了她在乡村办学过程中的无私奉献与辛勤付出，这是对主人公社会贡献的正面评价，产生了积极的鉴赏意义，同时能唤起受众钦佩、热爱的情感。

（30）为了自己学校的孩子能坐在宽敞的阅览室里看书阅读，李灵趁着放暑假，向父亲要了200元只身来到郑州。她买了一辆破旧三轮车，沿街收购各种书籍。烈日下，李灵骑着破三轮车穿街过巷，拿着秤一斤斤地回收旧书本。她用汗水载回了孩子们的"精神食粮"。

（中央电视台"感动中国2009年度人物"事迹介绍片段）

介入系统显示语言使用者的立场与语篇中其他观点的关系。介入包括表明语篇和作者的声音来源的语言资源，它关注的是言语进行人际或概念意义的协商的方式。

Martin & White（2005）认为介入包括单声（monogloss）和多声（heterogloss）。单声指只提供一种立场，不公开承认其他立场存在的语言表达，如例（31）摘自中央电视台播放的生态环保片《美丽中国》，它所使用的单声介入资源展现了中国对生态文明建设的决心，以及对未来生态环境改善的自信，语气不容置疑。

（31）中国，以前所未有的坚定和自信阔步走上千年永续发展的生态文明之路。

多声是明确表示可能存在另一种意见的语言。从对话性功能的角度多声分为扩展（expand）和收缩（contract）两类（见图7-3）。扩展指的是语篇中的介入或多或少地引发了对话中的其他声音或立场，包括接纳（entertain）和归属（attribute）。接纳通常由情态来表达，常见的表达有"可能""可以""或许""大概""必须""必然"和"应该"等，如例（32）中情态词"必须"的使用具有接纳性，承认外部其他观点的可能性，但由于它属于高量值义务型情态，表达了话语生产者强烈的主观性，突出了保护崇明岛水域生态环境的必要性。

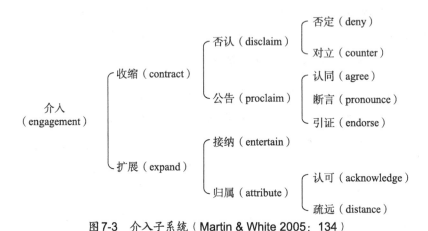

图7-3 介入子系统（Martin & White 2005：134）

（32）地处长江口的崇明岛水域，供应着上海市60％的日常用水，是长江生态环境的守门员。这道生态屏障，<u>必须</u>守护好。

归属则使用转述词汇"说""表示""报道"以及"根据……的观点""在他看来"等语言表达将命题表述为源于某个外部声音的看法。它进一步可划分为认可（acknowledge）和疏远（distance）。认可表示说话人认同这种看法，对它加以肯定或支持；而疏远则指引用他人说法，但不认同也不否定，不对命题负责任。如例（33）中，《美丽中国》纪录片旁白话语引用了联合国人类环境会议发表的宣言，说明保护环境、消除污染是世界关注的共同话题，与每个国家都息息相关。

（33）1972年6月5日，大会通过人类环境<u>宣言</u>：人类只有一个地球。

收缩则意味着话语中的介入资源挑战、反击或者限制其他声音和立场，包括否认（disclaim）和公告（proclaim）。前者包括否定（deny）和对立（counter），后者包括认同（agree）、断言（pronounce）和引证（endorse）。否定是在引入对方观点的同时摆明己方立场与之截然不同，从而收缩对话空间，限制对方观点存在的合理性和可能性。在例（34）中，《美丽中国》的旁白话语运用否定词"没有"否定了观众可能持有的观点：用高铁上排污技术改造农村污水排放系统是有先例可借鉴的。通过否定与潜在的观众结盟，展现了中国在环境治理上的创新精神与成果。

（34）"我们在育德村要有八个净化槽，要进行施工，那就抓紧干吧！"唐晶，中国中车的工程师，用高铁上成熟的排污技术改造农村污水排放系统。这样的行动，他们已经持续了两年多。与上海市区隔水相望的崇明岛，一场没有国际先例的改造行动，正在这里进行。

对立是用一个命题来取代或者反对另外一个有可能在此处出现的命题，一般通过连接词"虽然""但是""然而""却"或连接词"还""就""至多""仍然"等表达。《美丽中国》在介绍中国天然林保护工程的成效时使用了语段（35），20年前在世界范围仅存不到500株的濒临灭绝的植物在纪录片中提及的天然保护林区中有近300株。连接词"就"表示数量比预期多，产生了与观众的一般认知相对立的介入义，凸显了中国天然林保护工程成效显著，贡献卓越。

（35）全世界野生环境下仅存不超过500株，世界植物学界一度认
　　　为，已经灭绝的物种如今在李八斤所工作的雅江格西沟自然
　　　保护区就有260多株。

认同是公告的一种，是说话人公开表明同意某种意见观点或者看法，包
括"显然""理所当然""不可避免地"和"正是"等表达实现的显著性认
同，通过修辞性或引导性问句、一般疑问句、条件句或与条件有关的问句体
现的修辞性认同，以及通过第二人称形成的引导性认同。另外还包含衔接性
认同，主要通过"像/如/与……一样""仍然""还""再"等语言策略实现
对行为与状态的认同。例如话语（36）中"像……这样"对宣传垃圾分类的
志愿者的行为表示鼓励与赞扬。

（36）遍布全中国像月月这样的宣传垃圾分类的志愿者，已累计超
　　　过70万人。

断言涵盖了表明作者强调或明显介入的形式，通常由以下词语实现：
"事实上""本质上""我主张""完全""简直"等。《美丽中国》在讲述石化
企业恒力集团通过废能回收实现绿色持续发展的故事时使用了话语（37）。
其中，"完全"属于语气附加语，体现了事实强度与期望值完全符合，说明
循环再利用的水资源足够满足园区工业所需，既保护了环境，又节约了企业
成本，强调了绿色持续发展与生产力发展息息相关的观点。

（37）每年生产1,400万吨淡水，循环利用，完全可以满足整个园
　　　区的工业用水。

引证是指说话者把某种外部意见说成正确、有效和权威的意见，如《美
丽中国》在开篇即使用如下表述："全国生态环境保护大会在北京召开，鲜
明地提出：生态兴则文明兴，人与自然和谐共生，绿水青山就是金山银山。
良好生态环境是最普惠的民生福祉……"，通过引证会议精神，使倡导生态
文明的声音更具有权威性。

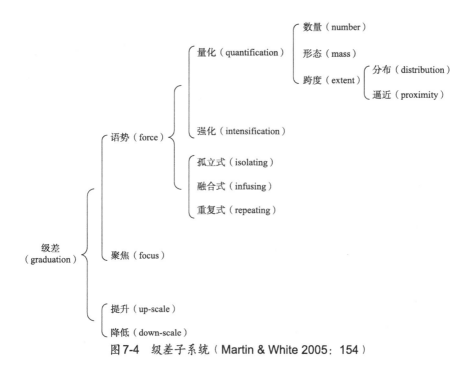

图7-4 级差子系统（Martin & White 2005：154）

评价理论的级差子系统包括语势（force）和聚焦（focus），前者增强或削弱话语的语势，后者模糊或强化话语的焦点（见图7-4）。语势有强化（intensification）和量化（qualification）两种手段；其中强化主要通过表示强化或弱化程度的修饰词、名词或副词修饰语等实现，量化则通过数量、程度和近似度来体现级差水平。例如，纪录片《美丽中国》采用修饰语、最高级以及重复使用数字强化自己的观点和立场。在"新中国工业发展迅猛，环境污染悄然而至"的表述中，动词前面或后面使用表示程度的修饰副词"迅猛"和"悄然"分别修饰相邻动词"发展"与"至"，在加强语势的同时，在两者之间形成鲜明的对比，凸显了工业繁荣发展带来的环境污染问题。而最高级标记"最"在"用最严格的制度、最严密法治保护生态环境"中的反复使用，强调了中国在环境保护方面的决心。同时，数字的使用，如"每年接待游客超千万人次""直接营业额近20亿元""4,855个林场新建起来"展现了转变经济增长方式、发展绿色经济带来的利益。另外，近似值表达"都""每"等强调了当地居民在环境保护中共同的任务和职责。

相对于强化，聚焦是对经验范畴的锐化或软化，把本来没有级差的范畴变得有级差性。例如，纪录片《美丽中国》在用"完全"突出环境治理成效显著，乡村变化巨大，人民充分享受到了生态文明建设带来的福利："……让你又能体会到田园的风光，让你完全享受在大自然的怀抱中，呼吸新鲜的空气，听到鸟语花香。"

根据级差及其限定成分的语义表现方式，级差有孤立式级差、融合式级差和重复式级差之分。孤立式级差主要附着在情感性词汇上，起到强化、量化和聚焦该词汇的作用。融合式级差是指在传递态度意义的同时，也起到强化或弱化其态度意义的级差，即它是集态度意义和强化作用于一身的级差资源。重复式级差常借助级差词汇的多次重复以达到强化其态度意义的作用，另外，通过同义词互现的方式也可以实现强化、量化和聚焦态度意义。从级差语义的词类实现特征上看，汉语多运用形容词表示孤立式级差，用副词或动词表示融合式和重复式级差。

上述表达评价意义的态度系统、介入系统和级差系统并不是孤立出现的，它们常常会在语篇中结合使用，如例（38）的语篇中形容词"迷茫"属于态度系统里的情感子系统，副词"一直"与"好"属于级差系统中的语势子系统，从量化与强化两个角度提升了"迷茫"这种负面情感。这种态度系统与级差系统的耦合（coupling）强化并细化了评价人际意义的表达（Martin 2008：39-40）。

（38）"一直想找你聊聊，最近一直好迷茫，你说，我要不要换个部门啊？

（《人民日报》2016-02-21）

评价系统内严格的范畴化使其分析局限于词汇层面和小句内的评价意义。而语篇的评价意义是动态实现的，词汇本身的评价意义会因它的上下文产生变化。因此对语篇评价意义的分析应该实现语境化（Macken-Horarik 2003），将词汇研究、语法研究和语境研究紧密结合起来（李战子 2004；苗兴伟 2007；朱永生 2009）。在这过程中，我们不能忽略社会、认知和上下文语言环境对评价意义形成所起的作用。语篇生产者所处社会风俗和文化会影响他们对语篇话题的偏好，篇章整体的安排，修辞、词汇的选择，直接或间接表达他们对人物、事件的态度。因此，评价性手段在语篇的宏观和微观层面上同时存在，它们所产生的评价意义具有一致性。评价意义既可以通过情态形容词、副词、名词词组、命题结构明确地表达出来，也隐藏在对他人之言的转述、预设和否定现象中，还会通过隐喻等修辞间接表达（胡壮麟 2009；张蕾 2011a）。另外，评价意义不仅通过语言符号系统各个层次体现，还能通过其他符号系统，如图片、图像、音乐等实现（张蕾2007；Economou 2009；胡壮麟2009）。语言结构与评价意义之间的关系不再简单地固定化，读者也不再只是被动的接受者。由于语篇的评价意义呈现出以上多层次、多模态、动态性、语境化特征，研究的重点转向对事件和人物有特定阐释模式的语篇生产者如何在语篇生成过程中运用各种评价性手段表达自己的立场和观点，并影响读者对语篇内容的理解。

随着功能语言学理论的不断发展，功能语篇分析的理论研究和应用研究也迅速发展。它应用系统功能语言学的理论，依赖文化语境、情景语境和上下文语境来描写、分析、解释和评估语篇，揭示语篇的价值，显示了系统功能语言学作为普通语言学理论的适用性和实用性。

练 习

1. 以下是2015年7月21日交通运输部发布的《收费公路管理条例》修订征求意见稿（限于篇幅，内容有删减）。请从语篇功能角度进行分析。

收费公路管理条例（修订征求意见稿）

第一章　总则

第一条　为加强收费公路管理，规范公路收费行为，保护收费公路使用者、投资者、债权人、经营管理者的合法权益，促进公路事业的可持续发展，根据《中华人民共和国公路法》（以下简称公路法），制定本条例。

第二条　本条例所称收费公路，是指符合公路法和本条例规定，经批准依法收取车辆通行费的公路（含桥梁和隧道）。

第三条　各级人民政府应当支持、促进公路事业的发展。公路发展应当以非收费公路为主，以收费公路为辅。

收费公路以高速公路为主体，其建设、养护、管理资金除一般公共预算投入外，通过政府举债、社会资本投资、征收车辆通行费等方式筹集。

············

第二章　收费公路的设立

第六条　建设收费公路，应当符合国家和省、自治区、直辖市公路发展规划，符合本条例规定的设立收费公路的技术等级和里程要求。

收费公路建设应当统筹考虑建设成本、偿债能力、合理确定建设规模和实施步骤。

第七条　建设收费公路，应当符合下列技术等级和里程要求：

（一）高速公路；

············

国家确定的东、中部省、直辖市已经取消收费的二级公路升级改造为一级公路的，不得重新收费。

新建和改建技术等级为二级以下（含二级）的公路不得收费。

············

第十二条　任何单位或者个人不得违反公路法和本条例的规定，在公路上设站（卡）收取车辆通行费。

对在公路上非法设立收费站（卡）收取车辆通行费的，任何单位和个人都有权拒绝交纳。

············

第三章　收费公路权益的转让

第十九条　政府收费公路不得无偿划拨。除收费公路权益外，收费公路资产不得转让和上市交易。

第二十条　除第二十一条规定的情形外，收费公路权益可以依法转让。

收费公路权益包括收费权、广告经营权、服务设施经营权。

第二十一条　有下列情形之一的，收费公路收费权不得转让：

（一）实行非营利性养护管理收费的高速公路；

…………

第四章　收费公路的经营管理

第二十九条　收费公路应当按照国家有关规定进行验收；验收合格的，方可收取车辆通行费。

第三十条　收费公路的经营管理者，经依法批准有权向通行收费公路的车辆收取车辆通行费。

军队和武警部队车辆，公安机关、交通运输管理部门在辖区内收费公路上处理交通事故、执行正常巡逻任务和处置突发事件的统一标识的制式警车、公路监督检查专用车辆，经国务院交通运输主管部门或者省、自治区、直辖市人民政府批准执行抢险救灾任务的车辆，进行跨区作业的联合收获机、运输联合收获机（包括插秧机）的车辆，以及经国务院批准的特定车辆，免交车辆通行费。

遇有极端恶劣天气、突发事件等情形，省级人民政府可以决定收费公路特定路段暂停收费。

…………

遇有公路严重损毁、恶劣气象条件或者重大交通事故等严重影响车辆安全通行的情形时，公安机关应当会同交通运输主管部门及时疏导交通，视情况依法采取限速、间断放行、关闭公路等交通管制措施。……

…………

第三十八条　收费公路经营管理者收取车辆通行费，必须向收费公路使用者开具收费票据。……

…………

第五章　收费公路信息公开

第四十六条　收费公路经营管理者应当在收费站的显著位置，设置载有收费站名称、审批机关和文号、收费公路属性、经营管理单位、收费标准、收费起始时间、经营期限、监督电话等内容的公告牌，接受社会监督。

…………

第六章 法律责任

第五十三条 违反公路法和本条例的规定批准收费公路建设、设站收费、车辆通行费收费标准或者收费公路权益转让的，由省级以上人民政府责令改正；对负有责任的负责人员和其他直接责任人员依法给予处分；构成犯罪的，依法追究刑事责任。

············

违反本条例的规定，为拒交、逃交、少交车辆通行费而故意堵塞收费道口、强行冲卡、殴打收费公路工作人员、破坏收费设施或者从事其他扰乱收费公路经营管理秩序活动，构成违反治安管理行为的，由公安机关依法予以处罚；构成犯罪的，依法追究刑事责任；给收费公路经营管理者造成损失或者造成人身损害的，依法承担民事赔偿责任。

第六十五条 违反本条例的规定，假冒军队和武警部队车辆，公安机关、交通运输管理部门统一标识的制式警车、公路监督检查专用车辆逃交车辆通行费的，由有关机关依法予以处理。

第七章 附则

第六十六条 国务院对中央和地方公路事权做出调整，涉及收费公路建设、养护、管理等职责发生变化的，由国务院另行规定。

第六十七条 本条例自2015年××月××日起施行。

2. 以下是台湾地区一则公益广告"请不要吝惜夸奖"的广告语。请分析语言结构的变化如何改变语篇的含义。

什么都不能跟人家比

谁像你一样没有用啊

没有谁能像你一样啊

不用什么都跟人家比

态度改变

孩子的人生也会随着改变

（http://hope.huanqiu.com/creativeads/2013–10/4434121.html）

3. 下面是《南方周末》"有问有答"栏目的两篇文章,包括一名教师来信和一名学生的回复。请对学生回信进行功能语篇分析。

这个学生该怎样教?

我今年任教四年级,班中有这么一个学生,平时常出惊人之语。在品德课上,问学生的理想是什么,他回答:"我要做杀人犯。"品德期末考试卷上有这么一道题目:"如果你的邻居晚上放音乐,声音非常响,影响了你的学习,你该怎么做?"他答:"我会杀了他。"再如,语文练习卷上用"为了……忘了……忘了……"造句,他造:"我的奶奶为了打麻将,忘了烧饭,忘了端菜,所以,她真是个废物。"又如,他喜欢浏览网页上的比基尼女郎,说是有一次上网的时候,网页上弹出了穿比基尼的女郎画面,从此"我就变成色狼了"(和他谈话时,他自己语)。

每当出现问题,我和班主任都会找他谈。问他是否知道这么做的对错,他说知道;问他为什么要这么做,他说喜欢和别人不一样。问他奶奶天天给他送果汁来,为什么要说奶奶是废物。他说,我爷爷就是这么说她的,这样说比较好玩。每次,和他一起分析,他也承认做得不对,下次要改正。可是,下次,问题照样来。

我和他家长不断地联系、沟通,可家长认为老师对他的孩子有点标签化了,有点夸大了事情的严重性。"其实他是想伪装强大。"家长道。可是,不久前,一个一年级的小朋友倒在地上,他去踩这个小朋友,这不是伪装,已经在证明自己的强大了。

现在,我真很困惑,这样的学生该怎样去教呢?!

(作者为浙江嘉兴小学教师)

学生社会有自己的运转法则

拜读卜玉英老师《这个学生该怎样教?》,根据文章所述,我感觉这个小学生具备以下特点:其一,他具有基本的是非判断能力——换言之,他很清楚自己做的事对不对,以及他算不上一个"好孩子"(自称色狼可看出);其二,他有一定的暴力倾向,但诸如"我的理想是杀人犯"这种话,我认为更多是小孩一种哗众取宠或说了好玩的表现,并不能体现他是真的想杀人。

那么他为什么会出现这样的问题呢？从卜玉英老师描述他的家庭来看，他或许是缺乏足够的关爱和正面的影响（奶奶打麻将，爷爷骂奶奶，父母轻视教育），也就是说，他很有可能在家庭受到了身体或心灵上的伤害，又无法反抗，这会导致他缺乏同理心，并选择"抽刀向更弱者"。这也就是为何他会那样对待一年级小朋友了，我不否认他"开始想伪装强大，后来直接证明自己强大"的心理变化。

我相信世界上存在着大家都心照不宣的事实，比如：很多事我们明知道做了是错的，可依然还会去做。为什么呢？无非是我们内心里不认同外界的是非观——做了也没错，做了不会怎么样；或我们认为做这件事能够满足自身某种需求。

要我说，孩子很多时候比大人所认为的要成熟得多。他们知道很多事情，甚至他们清楚这个世界的某些"潜规则"。对于这个孩子来说，将暴力词汇挂在嘴边，有惊世骇俗的理想，看比基尼美女，欺侮年纪小的同学，这些不仅是他从大人那里学来的（既然大人这样做没错，我这么做也没错），也是他实现"发泄""获取别人关注""证明自己强大"的方式，是他顺应外界和自身"我是一个坏孩子"认知的举措。

至于怎么教这个孩子……老实说，这或许就是我不愿意当老师的一个原因……首先，他的问题不容忽视，为防止这个孩子以后干出什么出格的举动，我强烈支持老师从现在开始对他"洗脑"。

然后，一味地找他分析行为对错是没用的，因为他不是不知道，想让他不干，最重要的是告诉他"暴力不能解决一切问题""可以用其他方式证明自己强大"。那孩子不是说想和别人不一样吗？姐姐告诉你，想要与众不同的方法多得是，学习好兴趣多性格棒思维独特，但绝不是靠杀人！珍爱生命，远离暴力！还有，没有人不想成为更好的人，认为自己是个"色狼"就无可救药的话是毫无道理的，要多对他强调他可以变好。最后，根源还是在家庭上，但是我认为老师说服家长比说服孩子更任重道远……所以我只是说说……更何况我知道，世界上没有完美的家庭，孩子这种敏感的生物又容易只记得伤害不注意关爱，他奶奶因为打麻将不做饭，不是还天天给他送果汁么？

(《南方周末》2016-07-20)

4. 请分析下面一则评论文章中正反双方如何采用评价资源表达自己的观点。

需要恢复强制婚检吗？

2016年9月12日，中国第11个预防出生缺陷日，国家卫计委、中国残联共同在全国开展以"防治出生缺陷，生命健康启航"为主题的宣传周活动，旨在普及出生缺陷防治知识，在全社会形成重视和支持出生缺陷防治工作的良好氛围，加大防控力度。根据2012年卫生部《中国出生缺陷防治报告（2012）》，中国每年新增出生缺陷约90万例，从2003年取消强制婚检起，婚检率一路走低，新生儿的出生缺陷率十年间增了近一倍。有必要恢复强制婚检吗？

▶正方：

自愿总比强制要好吧？因为什么是当事人的最大利益，只有当事人才知道，这就是自由自愿的意义所在。认为强制比自愿好，那等于是假设非当事人比当事人更明白当事人的最大利益是什么，这不科学。2003年取消强制婚检，改为自愿婚检，这是尊重当事人自由与人权的体现。当事人婚前检查与否，检查哪些项目，去哪个医院接受检查，都是当事人不可剥夺的人权。如果当事人认为新生儿的出生缺陷风险是极低的、可控的而不去婚检，为什么不可以？

▷反方：

2015年两会时，全国政协委员、中科院院士、复旦大学附属中山医院教授葛均波指出，随着婚检率降低，全国的出生缺陷发生率不断飙升："2003年实行婚前医学检查制度前的出生缺陷总发生率127.79/万（出生缺陷比例3%）；到了2007年，增至147.94/万（出生缺陷比例4%）；2012年卫生部《中国出生缺陷防治报告（2012）》中发布的出生缺陷总发生率为153.23/万（2011年），出生缺陷的比例为5.6%。"在婴儿死因的构成比里，出生缺陷已由2004年的第四位上升到2012年的第二位，占死因的19.1%。所以取消强制婚检的后果是非常严重的。

▶正方：

　　结婚权、生育权是基本人权。如果当事人身患某种疾病，不宜生育或治愈之后才可以生育，但当事人不知道而结婚生育，或明知而觉得无所谓，那后果是由当事人自己承担的。合适的做法是，把不婚检与新生儿出生缺陷的相关性广为宣传，让即将步入婚姻的男女认识到婚检的重要性与必要性。这样，继续实行自愿婚检，婚检率还是会上去的，没必要恢复强制婚检。

▷反方：

　　不婚检，何止只影响当事人？一方身患某种疾病，导致一个有出生缺陷的婴儿来到这个世界上，不会给配偶、给整个家庭带来痛苦吗？如果这出生缺陷是可治的，那要支付大笔医疗费用；如果是不可治的，那有可能是这个家庭几十年的负担，也有可能进一步变成社会的负担。所以出生缺陷也是社会问题。不恢复强制婚检，再怎么宣传普及，婚检率也不可能达到100%。

▶正方：

　　2003年10月1日，新婚姻登记条例施行，内地居民办理结婚登记需要提交的有关证件中，不再包括"婚前医学检查证明"，这意味着强制婚检制度被取消。强制婚检的坏处也是明显的，如可能侵害当事人的健康隐私权、结婚权与生育权。婚检过不了就不能结婚，有些不人道，婚姻难道不是基于两个人的合意吗？结婚了就一定生育吗？美国连同性婚姻都合法化了。

▷反方：

　　新《婚姻登记条例》仍有这样的条文，"患有医学上认为不应当结婚的疾病的"，婚姻登记机关不予登记。没有强制婚检，这一条就成了空文。这一条来自《婚姻法》。2001年《婚姻法》第7条规定，"患有医学上认为不应当结婚的疾病的"，禁止结婚。《婚姻登记条例》是行政法规，《婚姻法》是法律，哪个效力更高还用说吗？此外，现行《母婴保健法》第12条规定："男女双方在结婚登记时，应当持有婚前医学检查证明或者医学鉴定证明。"此法律效力也高于《婚姻登记条例》。

（《南方周末》2016-09-15）

第八章
批评话语分析

长期以来，研究者只把语篇看作是人们相互交换信息或者交流意义的一种途径，认为语篇分析只是描写语言在不同语境中的使用和理解过程，无权对所分析的语篇进行评论，也不用去评价语篇描述的事物。20世纪90年代，Fowler（1986）作为批评语言学的创始者指出语言运用充满了价值，应该实践一种旨在理解这种价值的语言学。在1979年出版的《语言与控制》（*Language and Control*）一书中，Fowler等人首次提出"批评语言学"这个术语，认为语言与社会关系密切，它不仅反映社会，还对社会过程进行不间断的干预。语篇中的不同语言形式或用法因为使用语境与交际目的的不同而包含着不同的意识形态意义。语篇分析的目的应该是通过语言使用去理解社会、政治和经济形态背后的价值观和这些价值观的变化。10年之后，Fairclough（1989）在他的著作《语言与权力》（*Language and Power*）中提出了"批评话语分析"（critical discourse analysis，简称CDA）这个概念。随后，Wodak（1989）的著作《语言、权力与意识形态》（*Language, Power and Ideology*）和van Dijk主编的期刊《话语与社会》（*Discourse & Society*）相继出版和创刊。1991年，批评话语分析领域的专家van Dijk、Wodak、Fairclough等人在阿姆斯特丹大学召开首次学术会议，批评话语分析作为语篇分析的一种流派在世界范围获得了认可。之后出版的《话语与社会变革》（*Discourse and Social Change*）（Fairclough 1992）和《批评话语分析方法》（*Methods of Critical Discourse Analysis*）（Wodak & Meyer 2001）等专著，以及《批评话语研究》（*Critical Discourse Studies*）和在线期刊《跨学科批评话语分析》（*Critical Approaches to Discourse Analysis Across Disciplines, CADAAD*）都推动了批评话语分析的发展。

　　本章我们从基本理念、核心概念、研究焦点、分析路径、分析手段等方面对批评话语分析进行全面的介绍，并通过汉语语篇的个案分析，帮助读者了解批评话语分析的真谛。

8.1　什么是批评话语分析？

　　批评话语分析将语言看作一种社会实践方式，运用语言学的研究方法，通过实际语言的分析来研究社会问题，包括民族问题、种族歧视、性别歧视、公共关系等，揭示隐藏在语言背后不被普通读者发觉的意识形态和权力关系。批评话语分析学家希望通过自己显性的语言分析，提醒人们关注存在的社会问题，最终达到改变社会现实的目的（van Dijk 2001：352）。在语篇分析实践中，批评话语分析形成了一套独具特色的核心概念。对它们清晰的解读有利于我们更准确地把握批评话语分析的研究对象、研究原则和研究路径。下面我们逐一分析相关重要概念。

8.1.1　话语

　　Fairclough在把discourse看作再现世界方式的同时，还将其看作社会实践的形式，认为社会活动的主体通过discourse参与社会实践（Chouliaraki & Fairclough 1999）。在Van Dijk看来，话语是一个交际事件，是某一互动的实例化（an instance of interaction）。Wodak（2001：66）则指出，discourse可以理解为"一个同时或先后发生的多个相互联系的语言活动的集合体，这个复杂的集合体中的语言活动可以跨越几个社会活动领域，但在文本层面彼此由主题相连，属于不同类型的语体"。

　　因此，在批评话语分析中，"话语"这个概念更加宽泛。它不限于篇章语言学中的"大于句子的语言单位"，也不仅仅指语用学里的"在直接情景语境中的语言运用"（田海龙、赵芃 2012：2）。它也区别于传统社会语言学中单纯地由阶级、年龄、性别等社会变量决定的语言现象。批评话语分析将话语看作一种社会行为，与社会环境其他因素相互作用，在被其他社会因素塑造的同时，也影响作用于其他社会因素。话语与社会的这种辩证关系，促使批评话语分析一方面要关注人们在社会生活中使用的各种体裁的文本（包括口语与书面的），关注这些文本生产、传播和消费的过程，同时也关注特定社会领域制约人们使用语言方式的规约。所以，在批评话语分析中，语篇具有多重含义。它可以是一种抽象概念，把语言使用看作一种社会行为方式，蕴含着文本产生和被消费的过程；它也指特定领域中语言的使用，如政治话语或科技话语；它有时被用作可数名词，成为从一个特定视角赋予经验意义的说话方式，包括女权主义话语、新自由主义话语、消费话语和环境保护主义话语等。

8.1.2 权力

批评话语分析关注语言与权力（power）的关系。这里的权力不是狭义的政治权力，也不是语用学研究所强调的个体语言运用产生的语力，而是指日常生活中由话语体现的人与人之间的社会关系。

根据Fairclough（1989）的观点，话语能够反映权力关系。这种权力关系是由语境中相对稳定的社会关系涉及的个人地位和各种各样的资源决定的。拥有某种地位和资源的语言使用者就是权力关系中权力较大的一方，可以通过语言实施权力，即使用语言来实现自己的目标，包括说服、命令、限制他人说话的时间和内容。在课堂、庭审、访谈等语类中，由于言语交流一方，包括教师、法官、采访者，掌握着相关领域的专业知识或被语境赋予了特定的支配地位，他们能够限制对方说话的数量和内容，所以权力关系比较明显。而在其他语类中，权力隐藏其中，语言接受者习以为常，更容易被操控。例如，新闻机构在报道中关注特定的消息来源，就是突出了这种消息源所代表的个人或机构的观点，引导读者对事件采取与其一致的立场。新闻机构的这种倾向性正是媒体权力比较隐蔽的体现。

另外，权力不是永恒不变的。它反映了相对的社会关系。在特定的社会文化背景下，拥有权力的社会群体和个人会不断再现和强化自身的权力，而没有权力的群体和个人会争取获得权力。这些社会活动都是通过话语得以实现的，因此话语是赢得、维护、反对、丧失权力的媒介。批评话语分析旨在阐释这些社会实践的过程，揭示语言中蕴含的权力关系及其变化。

8.1.3　意识形态

批评话语分析专家认为，意识形态（ideology）为权力关系服务，是反映表征和建构社会的特定方式，帮助权力集团维护不平衡的权力关系（Fairclough & Wodak 1997：275）。van Dijk（1995：18）对它做了如下定义：

意识形态是语篇和行为背后的认知表征与过程和社会群体、社会地位和利益之间的中介面。作为组织社会认知的原则体系，我们认为意识形态可以通过控制群体成员的思想来控制群体的再生产过程。意识形态从思想上呈现了一个群体的基本特征，比如他们的身份、任务、目标、准则、价值观、地位和资源等。

因此，意识形态在批评话语分析中不是指纯粹的政治术语，而是规范人们言行的信仰体系。话语中的意识形态成分往往具有不透明性，以非意识形态的常识出现并为主体所接受，这就是意识形态自然化，这时其控制能力也最强，成为一个社会群体控制其他社会群体主要的途径。相应地，批评话语分析的重点不仅在于话语实践如何表征世界、社会主体以及包括权力关系在内的各种社会关系，还关注占据优势地位的社会群体的利益如何得到维护和延续。

8.1.4　批评

批评话语分析将"批评"与语篇分析紧密结合起来，赋予了批评专业的界定。它不同于日常交往中的"吹毛求疵"，也不是文学批评中的"批判性思维"，与社会科学所强调的被压迫者的解放也有所区别（田海龙 2009：92）。它反映了批评话语分析观察问题的视角和解决社会问题的研究目的。

Fairclough和van Dijk都对批评这个术语进行了阐释。前者（2001：230）指出批评具有两种含义：明示语言与其他社会生活成分之间晦涩的关系及其导致的社会变革；后者（1999：186）指出批评话语分析视角中的"批评"

不含有普通词汇"批评"中的负面含义，而是对社会现象进行比较透彻的解释。同时，他认为批评也包含着研究者的"自我反思"，即研究者在语篇分析实践中要反映自身的立场和观点。正是这种批评的主观性产生了社会变革的可能性。

因此，批评话语分析中的"批评"强调探索语言如何再现社会，同时又变革社会。它要透过文字揭示社会现象，反映社会的变化。比如通过中国当代主流政治话语"中国梦"语篇的批评分析，我们可以揭示新一届中央领导集体的重大战略思想和执政党的治国理念。中国社会的发展不仅衍生了新的词汇，也产生了新的语篇，包括政府各级部门的"征求意见稿"和教育部门的评估报告。同时，原有语类也产生了新的结构映射这种变化。社会新事物、新问题和新现象还产生了新的社会群体，如农民工，他们的社会身份需要语篇建构。批评话语分析就是要关注这些再现现实的语篇，但它的分析不会局限在文字分析上，而是要成为引导社会变革的实践力量。Fairclough 的研究证实了在西方资本主义经济语篇开始流行之后，语篇所反映的新的经济秩序，经济主体才变成现实。同样，分析中国当代医患对话，解析其中冲突话语隐含的权力关系，可以帮助我们为医生提供有效的语篇策略，改善如今紧张的医患关系。

批评话语分析中的"批评"概念，因带有分析者的个人主观性而经常遭到质疑（如 Widdowson 2004）。为此，Herzog（2018）提出了"内在批评"（immanent critique），区别与基于分析者立场的"外在批评"，以被批评者感受到"社会痛苦"（social suffering）为批评的前提，即揭示被批评者的规范要求与社会现实是否存在矛盾，并把"内在批评"转化为"社会批评"（social critique），揭示相关社会秩序以及社会如何产生出系统性的无法彻底解决的规范冲突（norm conflict）。这种对批评的创新性阐释强化了"批评是导致社会变革的社会实践"这一批评话语分析的传统认知，同时从理论视角为社会批评的正当性提供了支持（田海龙 2019）。

通过以上核心术语的阐释，我们可以看出批评话语分析认为语言是一种社会实践，而语篇作为语言的存在形式是具体化的社会实践。语言使用者的行为不是个人行为，受到宏观的社会和意识形态条件制约。语篇结构（discourse structure）与社会意识结构（socio-ideological structure）具有辩证关系：一方面，语篇生成与理解受社会结构构成影响，这些社会结构包括社会阶级关系，诸如法律、教育系统等特殊机构和各种语篇及非语言的规约习俗；另一方面，语篇具有社会建构性，对社会结构有反作用，直接或间接地反作用于具体的社会结构。非批评性的语篇分析的目的是描述，而不是解释，因而忽视语篇的效果和语篇中的权力。而批评性语篇分析的目标是要具有广泛的解释性，寻找社会机构和社会结构的成因，并发现语篇再生社会宏观结构的功能，提示语篇和权力的关系，以及反映隐藏的意识形态。

8.2　批评话语分析关注哪些问题？

Fairclough & Wodak（1997）曾在合著的文章中提及批评话语分析的八大原则，即：1）批评话语分析关注社会问题；2）权力关系是话语建构的；3）话语建构社会与文化；4）话语将意识形态渗透于社会生活；5）话语具有历史性；6）文本与社会之间存在媒介；7）话语分析具有阐释性和解释性；8）话语本身是一种社会行为方式。根据这些原则，批评话语分析并没有停留在语言与语言使用本身，而是关注语言特征反映的社会问题、社会文化进程、不平等的权力关系、社会个人与群体身份构建，以及语言背后的意识形态等问题。

8.2.1　话语如何反映社会问题？

批评话语分析以社会问题为研究的起点和导向，将社会问题的语言与符号层面作为研究对象，旨在唤起人们对这些社会现象的关注，包括移民问题、种族争端（Reisigl & Wodak 2001；Teo 2000；Baker 2008；Hart 2011a，2013）、教育问题（Fairclough 1993；Rogers 2011；Smith 2013）、环境问题（Alexander 2009）、同性恋现象（Baker 2004，2005；Levon 2012）、对特殊人群的歧视（Magalhaes 1995；Deborah 2006）等，涉及新闻报道、官方文件、教科书、社交网站话语、广告等多种类型语篇。

从批评话语分析视角研究中国社会各领域产生的话语行为,我们同样可以揭示中国出现的某些社会问题或人们已经习以为常的一些社会现象。例如,在一则教师招聘广告中,招聘单位虽然在"招聘原则"中表明"坚持公开公平、竞争择优的原则;坚持德才兼备、任人唯贤的原则",但在"报考条件"部分却出现了以下文字:

(1)具有中华人民共和国国籍;

拥护中华人民共和国宪法,遵守各项法律法规,具有良好的品行;

热爱教育事业,热爱教师职业;

具有正常履行职责的身体条件;

具有符合岗位要求的专业技能和工作能力;

应聘教师岗位人员须持有教师资格证(具有博士学位人员可放宽);

2017届全日制高校硕士及以上毕业生;

应聘人员截止到体检前,须具有城镇户口。

这些文字对应聘者的国籍、职业道德、专业技能、学历水平都提出了应有的要求,符合招聘广告招聘合格教师的语篇功能,但是最后两条应聘条件提出应聘者必须是2017届应届生并且具有城镇户口。通过这种年龄和地域限制,应聘单位将往届毕业生与非城镇人口排除在外,使他们失去了平等竞争的机会。这种现象在招聘广告中普遍存在。查看某市滨海新区2016年7月公开招聘教师计划表,我们会发现用人单位在提供单位名称、岗位职责、学历和专业要求的同时,规定应聘者年龄不能超过35岁,并且多数用人单位仅仅招聘具有本市户籍的。虽然有些用人单位允许外省市人员应聘,但针对他们,却进一步对年龄和资质提出了更高的要求,包括必须是"2016届、2017届毕业生""具有高级教师资格证"等。这种年龄和地域的限制使年龄稍长者与很多外省市人员失去了展示自己才华的机会,体现了社会招聘过程中的不平等现象。

从批评话语分析视角对社会问题进行研究，需要融合多学科的研究视角。例如，想通过批评话语分析推进多民族语境下的高等教育公平，我们需要结合人力资源理论和种族理论，对高等教育产生的各种话语进行分析。这种跨学科的视角即反映了批评话语分析本质上跨学科研究的特色，又为探究各种社会问题提供了新的角度，对社会与文化分析的传统模式是有益的补充。

8.2.2 话语如何反映和建构权力关系?

批评话语分析强调语言反映、强化和再生产当代社会的权力关系。语篇生产者和接受者被看作是处于特定位置的社会主体，是社会结构的承载者。权力就是由社会结构产生的机构角色、经济地位、种族或性别身份所赋予的。所以，权力关系一定程度上先于语言使用本身而存在（Thornborrow 2001：7）。例如，法庭审判中的交际各方拥有截然不同的社会角色，他们之间的权力分配也极不对称，其中法官是法律机构的权力代表，在与当事人与律师的语言交际中成为权力主体。而在医患和师生对话中，由于医生和教师相比患者和学生掌握更多的专业知识与技能，造成信息不对称，形成医生和教师的权力强势和话语主导地位。批评话语分析关注这种权力如何体现在语言交际中的话语地位、采取的语言行为和使用的语言资源上。

（2）医生：×××（病人名），进来，请坐。怎么不好受?（话轮1）

病人：有的时候上不来气儿。（话轮2）

医生：以前看过病吗? （话轮3）

病人：以前也看过。（话轮4）

医生：那是什么时候呢? （话轮5）

病人：就今年。（话轮6）

医生：嗯。胸口疼过吗? （话轮7）

病人：没有，就觉得挺闷的。（话轮8）

…………

医生：你那个喷的药带了吗? （话轮9）

病人：没带今天。（话轮10）

医生：没带哈。你是憋气的时候就喷，喷完就见好？（话轮11）

医生：做个肺功能看一眼吧，你知道你喷那药叫什么名字吗？
　　　（话轮12）

病人：好像是×××。（话轮13）

…………

医生：现在从你描述的情况看首先有哮喘，但不是特别典型
　　　的那种。（话轮14）

病人：……（话轮15）

医生：对，因为哮喘的话，它发病的时候主要是那种憋气啊，
　　　喘啊，当你不发病的时候跟正常人一模一样。（话轮16）

病人：对，我就是什么事儿也没有。就光晚上，还不是说天
　　　天晚上都这样，有的时候下雨，就有一点。（话轮17）

医生：我给你开万托林，你先喷着。（话轮18）

病人：有没有比它好点儿的？（话轮19）

医生：哦，行，那你喷一支试试吧，有时间的话再系统地查
　　　一下。（话轮20）

病人：好。（话轮21）

医生：然后你就拿这去交费取药吧。（话轮22）

…………

　　在例（2）的医患对话中，医生通过不断提问（话轮1、3、5、7、9、11）、转换话题（话轮12）、忽略患者的问题（话轮20），控制着谈话的内容和进度，处于交际主导地位，决定着患者的答话内容和答话方式。出于交际目的，医生使用了特指疑问句式和是非疑问句式，对患者的病症和病史进行提问，患者需要提供特定而简短的信息来应答，协助医生完成对他病情的诊断。除了寻求必要信息，医生还发出指令，要求患者进一步检查（话轮12），按照医嘱用药治疗（话轮18、20、22），做出医学上的诊断（话轮14、16）。医生实施这些言语行为时使用了祈使句和包含因果关系的复合陈述句，体现了强势地位和专业上的权威性。而患者的弱势话语地位不仅体现在话轮更替

中的被动应答上，还反映在他的话语中多次出现的低值情态副词和疑问词上，如"好像"和"有没有"，表现出缺乏医学知识的不确定性。

因此，批评话语分析要分析语言是如何体现权力关系，不平等的权力关系是如何被激活，语言使用者利用何种语言资源实施权力行为，其他参与者又是如何使用语言资源做出回应的。另外，批评话语分析主张权力关系不仅存在于机构话语中，还存在于日常话语中，只是机构话语中的权力关系比日常生活中的容易被我们觉察。另外，权力关系并不是静止不变的，它处于交际双方不停的协商中。在上面的医患对话中，我们发现处于权力高位的医生有时也会自降级别，迁就弱势的患者，以期改善这种不对等关系。医生多次使用语气助词"吧"缓和语气，表达出医生主动平衡不对等权势地位的意向。因此，批评话语分析主张用动态视角考察权力关系的语篇再现。

8.2.3　话语如何进行身份建构？

在语言学领域，身份被界定为个人与某一群体区别于他人和其他群体的重要特征，是个人或群体中潜在的统一特征。批评话语分析者反对身份的本体论观点，支持身份的建构理论，不再认为身份是社会群体或国家和民族静止不变的特征。他们指出身份并不是与生俱来的，而是在一定的社会和文化语境下，人们在社会交往中构建或被构建的。身份具有动态性、多样性和复合性，在不同历史时期和语境中会有不同程度的体现（Norma et al. 2014：88）。从批评话语分析视角研究身份建构的过程，主要是通过分析媒体话语、机构话语、官方话语、广告话语和文学话语对某一民族形象和社会群体的表征，凸显话语建构的国家与民族身份和群体身份，从而揭示他们共同的价值观、信仰和理念（Teo & Cui 2015），以及对特定民族与社会群体的固有看法与偏见（Koller 2012；Shaikh & Khan 2012）。我们以护发品广告语篇为例，来展示语言在建构男女不同性别身份方面的作用。

以下分别是一则男士润肤霜和一则女士眼线笔广告，宣传的产品均出自世界著名的化妆品生产厂商欧莱雅集团。

（3）我是那种不喜欢停下来的人，社交、运动、旅行，不过我很享受。最近身体很累,但我决不允许脸色疲倦,一旦有时间我就会放松一下。最重要的是照顾我的皮肤,每天我会用欧莱雅男士劲能醒肤露,它是唯一一个有维他命C的润肤霜,可以帮皮肤注入能量,皮肤充满电,它真的很好。皮肤的未来,由你决定。你值得拥有,巴黎欧莱雅。

(4)看!我的改变,笔笔开启!巴黎欧莱雅流畅眼线水笔,流畅线条随心化!一笔放大双眼,惊艳瞬间绽放!巴黎欧莱雅流畅眼线水笔,持久不渲染,一笔美丽无限,放大双眼。我爱这一笔的改变,你也值得拥有!

例(3)和例(4)两则推销护肤品和化妆品的广告都采用了第一人称"我",通过代言人的叙述,凸显产品的功能;前者"帮皮肤注入能量,皮肤充满电",后者"一笔放大双眼,惊艳瞬间绽放",说明产品可以改善消费者的形象。但是,这两则广告在宣传产品的同时,也凸显了不同的男女形象。在例(3)的男士护肤品广告中,代言人使用护肤品改善自己的形象,为的是缓解参与社交、运动、旅行的疲劳,更好地享受生活,塑造了成功男士生活丰富、充满活力的形象。另外,代言人在叙述中使用了以下表征自己作为动作者的物质过程小句:"我决不允许脸色疲惫""我就会放松一下""照顾我的皮肤""每天我会用欧莱雅男士劲能醒肤霜",说明广告倾向于将男性视为行动者,注重男性的主动性和创造性。在例(4)的女士化妆品广告中,"放大双眼""惊艳""美丽""持久"等语言资源把代言人塑造成美女形象,突出了女性的价值在于美丽的外表。与例(3)中的广告不同,整篇广告词只有一处"我"作为过程的参与者——"我爱这一笔的改变"。此行为属于心理感受,强调了女性的内在情感。因此,这则女性广告把女性建构成可供人们欣赏和点评的对象,降低了女性的价值,同时强调了女性的被动性和心理的内在性。

两则广告的差异强化了社会上对两性的既定印象,这种性别形象通过广告的反复播放和使用会逐渐成为一种固定模式,渗透在人们的日常生活中,成为人们理解男女形象的思维模式。批评话语分析的目的就是揭示话语如何帮助人们塑造某种群体形象，并帮助人们认识到此印象内在化和自然化的过程。

8.2.4 话语具有什么意识形态意义？

意识形态是一套观念体系，具有隐蔽性和系统性。语言符号是意识形态的物质表现，能将带有某种意识形态倾向的意义或信息隐藏在语篇中。这些语篇在特定的社会机构中产生和传播，为社会人所接受。因此，批评话语分析者对语篇的意识形态意义感兴趣，探究隐藏在语篇生成所依赖的常规惯例中的意识形态，以及如何将它融入语篇被人们视为常识性的背景知识，预设与推导信息之中，潜移默化地影响着使用者的思想与行为方式。

批评话语分析者经常关注那些失败的交际、相互的误解现象以及人们试图修复话语的情况，因为这些都会凸显看似常识实则意识形态性质的东西，如政府在处理危机事件过程中对自身话语策略的调整，可以透视出其对政府公信力理解的改变（Kim 2014）。

批评话语分析者还关注交际双方、交际的参与者或旁观者之间存在社会文化差异的情况。双方对同一事件的表征会采取不同的视角，维护各自的利益和立场，因此会产生不同意识形态意义的语篇。例如，通过对比研究中美权威报刊有关中美汇率争端的经济新闻，发现美方倾向于将汇率争端形容成一场武力对抗，人民币成为政府控制的牺牲品，呼吁改变中国汇率政策，而中方将它表征为一场战争，人民币成为对抗美国问题的替罪羊，强调调整中国汇率政策。因此，双方使用不同的概念表征，为各自政府的经济利益服务。

下面，我们对比分析例（5）、例（6）中《人民日报》和《环球时报》对2016年巴西里约热内卢夏季奥运会中国女排夺得冠军的新闻报道，揭示不同媒体报道这一体育事件的不同视角。

（5） **为国争光，振奋民族自信心——以女排精神激荡中国力量之一**
 里约奥运会已经落下帷幕，而以中国女排为代表的中国
奥运军团展现的为国争光的拼搏奋斗精神，依然久久激荡在

国人心头。当女排精神超越体育层面，成为鼓舞各族人民的精神力量；当"里约奥运会内地奥运精英代表团"访问香港，市民们在酒店门口高喊"中国女排"……女排精神，成为一种豪情的抒发、志气的高扬、自信的挥洒。

"中国女排不畏强手、英勇顽强、打出了风格、打出了水平，时隔12年再夺奥运金牌，充分展现了女排精神，全国人民都很振奋。"习近平总书记在会见第31届奥运会中国体育代表团时的讲话，道出了女排精神历久弥新的原因所在。回望那个国门初开、奋力追赶的时代，中国女排用"五连冠"的佳绩向世界证明了"中国人能行"，激励国人以强大自信投身现代化建设，奏响了改革开放的时代强音。穿越历史的回响，砥砺奋进的力量，正是"振兴中华""为国争光"的使命感，激励中华儿女不断谱写时代壮歌，也让女排精神成为凝心聚力的巨大精神力量。

今天的中国，早已变得更加从容自信，国家的强大无须再用金牌的多少来证明。然而，为国争光的爱国主义，敢于争先的拼搏精神，永远是振奋民族自信心的强大力量。今天的中国，面临的国际竞争依然像奥运赛场一般角逐激烈，所处的改革进程就像中国女排里约之行一样险阻重重。面对全面深化改革的挑战、经济转型升级的阵痛、脱贫攻坚的硬仗，每一次攻城拔寨，都需要像中国女排那样一分一分咬牙拼、一场一场迎难上。实现"两个一百年"奋斗目标、实现中华民族伟大复兴的中国梦，仍要发扬以爱国主义为核心的中国精神，发挥以集体主义为特色的中国优势。

为祖国争光，为民族争气，为人生添彩……无论时代如何变迁，这种发自内心的朴素共鸣，都是点燃亿万国人奋斗激情的动力引擎，都是成就中国各项伟业的强大推力。在巴西里约，"中国制造"从未如此密集地在境外举办的奥运会上

165

展现自己；在世界各地，"中国品牌"不断提升国际影响力，崛起诸如华为、中兴、联想等一批优秀国产品牌。当中国首次跻身全球创新指数25强，当中国在各种国际文化大奖中相继走上领奖台……这背后激荡着的，都是为国争光的热血担当、家国一体的使命情怀、民族复兴的伟大梦想，闪耀着产业报国、科技兴国、文化强国的时代光芒。

"中国队加油！中国加油！"以女排精神激荡中国力量，13亿中国人唱响"五星红旗，我为你自豪"的动人旋律，我们就一定能够在国家发展、民族进步的竞技场上续写中国奇迹，创造新的辉煌。

（《人民日报》2016-08-29）

（6）　　　**奥运成绩滑坡引人反思　女排精神再现振奋国人**
　　　　女排夺金点燃中国激情

"女排赢了！"当地时间20日，中国女排夺冠点燃了里约小马拉卡纳体育馆，也让中国国内"无时差"地随之沸腾。女排姑娘们拼搏、庆祝的图片和各种热度爆表的感言，在中国各种社交媒体上刷屏。不仅因为这是女排时隔12年再次摘金，更因为"女排精神"这个中国人特殊的集体记忆被再次激活。就在女排夺冠之前的几个小时，中国代表团刚刚在里约召开总结会，面对金牌与奖牌数量的大滑坡，在宣布"基本完成任务"的同时，中国代表团坦诚对严峻形势和困难估计不足。26枚金牌，70枚奖牌，成为中国军团20年来的最差战绩。"中国已无需用奥运金牌证明国家尊严，正将奥运作为享受的舞台。"外界注意到，中国人对待金牌的态度正在起变化，但也不愿意在奖牌榜上继续下滑。"里约奥运会结果不尽如人意，恰好可以让我们更多思考未来。"中国知名体育评论员汪大昭21日对《环球时报》记者说。

"女排精神需要传下去"

20日晚,来自世界各地的中国观众几乎将小马拉卡纳体育馆变成中国的主场,看台上满是挥舞着的五星红旗。他们在赛前齐声高唱中国国歌,在女排夺冠的颁奖仪式结束后,久久不愿离去。德国全球新闻网称,数亿中国人见证女排夺冠,令这场比赛成为里约奥运观众人数最多的赛事之一。在夺冠时刻,中国电视台的收视率达到夸张的70%。整个中国都因此沸腾,很多人为此落泪。

美国NBC网站以"中国女排获得金牌改写历史"为题报道这场赛事,并在文章右侧配上本场比赛功臣朱婷的照片,称中国队在里约奥运赛场屡次上演"逆转"好戏,好状态来得"恰到好处"。……

法新社说,这是继1984年和2004年后,中国女排第三次夺取奥运冠军,距苏联女排创下的四块奥运金牌纪录仅一步之遥。

…………

"女排伟大""郎平真牛""女排精神不倒",在社交媒体上,中国网民用各种方式表达胜利的喜悦和对女排的崇敬。"女排夺金"一度以114万次登上微博实时热搜榜榜首,"中国排球梦之队"的标签被使用超过2.6亿次。有网友晒出上世纪80年代居家标配的搪瓷脸盆,繁花背景下赫然印着"发扬女排精神"。该网友留言称,多少年了,家人一直不舍得丢,现在终于明白是为什么。也许这只是网络上的一句玩笑话,但这一次,女排精神的确再次感动了中国人。

夺冠之前,中国女排经历了小组赛的三场失利,以小组第四的成绩出线。然而在之后的比赛中,中国女排越战越勇,先是将上两届冠军巴西队挡在四强之外,之后战胜曾在小组赛中击败自己的荷兰队,挺进决赛,最终以3比1逆转战胜塞尔维亚队获得冠军。英国广播公司（BBC）评论说，这些比赛充分说明为什么中国女排是这个十几亿人国家多年来的偶像，中国女排展现出了强大的精神力量。

"这个胜利离不开传奇主教练郎平。"瑞士《新苏黎世报》21日的评论道出了很多人的共同想法。美联社报道称，20日，郎平在球队入场后不久昂着头走进赛场，她骄傲地唱完国歌，并带领队伍逆转赢得金牌。与此同时，她也书写下个人的历史——郎平作为首位以球员和主教练身份都斩获冠军的人被载入史册。

为什么女排精神会在中国引起如此大共鸣？北京大学教授张颐武21日对《环球时报》记者说，中国女排曾经是上世纪80年代最鼓舞人心的力量之一。那个年代，中国刚打开国门，看到了与发达国家的巨大差距，国人既充满希望又感到迷茫，中国女排的一连串胜利唤起了人们的自信心。如今，中国国力早已今非昔比，但与此同时，在发展中也遇到一些新问题。从中国人本身来看，绝大多数人的生活已经从匮乏中摆脱出来，但似乎又缺少了一些东西，这令我们再次感到迷惘。这一次，中国人从女排身上找到情感和心态的宣泄口，女排精神再次成为中国人拼搏向上的象征。

在赛后接受采访时，郎平向所有支持中国女排的人表示感谢。谈到女排精神，她说，"我们就是永远不放弃，追求每一分"。对于2020年东京奥运会，她表示："不管我在还是不在，中国女排的精神需要一代一代传下去。"BBC报道称，为中国队奠定胜局的队长惠若琪，去年才因心脏病做过手术。她21日在赛后采访中说，希望中国女排精神能给中国社会带来更多正面效应，而不仅是体育比赛的成绩。

中国如何跨过"里约大滑坡"

21日是里约奥运会的最后一个比赛日。至本报截稿时，中国获得金牌26枚，奖牌70枚，与2008年北京奥运51枚金牌，100枚奖牌的奥运最好成绩，以及2012年伦敦奥运会38枚金牌、88枚奖牌的"境外奥运最好成绩"相比，"里约大滑坡"的评价似乎并不为过。目前，这个下滑程度只有被大规模禁赛的俄罗斯堪比。

"美国遥遥领先，英国历史性地超越中国"，德国体育网21日评论说，中国派出史上最大规模的境外奥运代表团，却收获1996年亚特兰大奥运会以来的最差成绩。当地时间20日19时，中国奥运代表代表团在里约举行总结会，国家体育总局局长刘鹏称中国队"基本完成了任务"，同时分析了不足。

在刘鹏宣读的一份约5000字的总结中，对问题的分析占了近1/5篇幅。法新社说，这份总结称奥运竞争越来越激烈，中国队对严峻形势和困难估计不足，一些项目的训练理念和方法创新不足，管理措施不够严，有些项目比赛水平出现大幅滑坡。德国体育网称，中国代表团平均年龄24岁，七成选手首次参加奥运，年轻让中国队付出代价。中国对此反思说，对年轻队员有针对性的培养磨炼不足。韩国《今日亚洲》认为，除了在优势项目上过度自负外，个别中国运动员拼搏精神不足也是问题。该报21日称，中国国内在反省和总结教训的基础上，下届奥运再战的氛围正在形成。

在关注中国战绩危机的同时，不少外媒也注意到，中国人对金牌的态度正在起变化。美联社称，1984年，许海峰为中国赢得首枚奥运金牌，曾令整个国家感动落泪。奥运金牌被视为中国终于屹立世界之林的一个标志，能大幅提振民族自豪感。8年前，因伤退赛的跨栏运动员刘翔曾遭遇嘘声。然而现在，宁泽涛从里约空手而归，仍能占据中国媒体头条。

"金牌不是一切"，德国《法兰克福汇报》评论说，尽管北京仍希望中国代表团获得更多金牌，但中国的"金牌观"

已经改变。《首尔新闻》分析原因说，作为世界第二大经济强国，中国已无须用奥运金牌证明国家的尊严。原本施行精英体育并进行精密管理的中国，正在将奥运视作"享受的舞台"。

不过也有人担心，公众情绪会走向另一个极端——对不能取得好成绩的运动员过于宽容。毕竟竞技体育就是要比个输赢，而且没有哪个国家不在意奥运奖牌榜上的位置。超越中国，"创造历史"地站上奥运奖牌榜第二位让英国媒体欢呼。英国代表团团长20日晚说，这是我们最伟大的一届奥运会。

中国知名体育评论员汪大昭21日对《环球时报》记者说，民众更多地把体育当作一种积极、健康的生活方式。这是体育最根本的作用。但体育机制的变革不是不要金牌。美联社称，虽然中国人可以接受不是每届奥运都大举夺金，但对金牌下滑仍颇有警醒感。甚至有人开始嘀咕，4年之后，日本作为东道主是否会对中国奖牌地位构成威胁。这两个国家之间有着敏感的民族主义情绪。

站在改革关键期

"中国体操队仍像机器人一样训练，他们需要跟上发展潮流，做出改变。"16日，国际体操联合会主席布鲁诺·格兰迪对中国队的批评虽然刺耳，但发人深省。美国国家广播公司称，一直以来，举国体制下的体校是中国奥运成功的源泉。让年轻运动员通过所谓"运动员工厂"的魔鬼训练是几十年来的成功之道。德国《经济新闻报》21日评论说，举国体制让中国取得非凡的奥运成绩，但这在2008年已经达到顶点。现在，中国正处于体育改革的关键时期。

汪大昭21日对《环球时报》记者说，对于奥运会成绩，一方而要从技术方面看待和思考。比如奥运会一些项目的新规则，我们是否真正掌握，这需要专业人士去总结。另一方面是从制度方面思考。举国体制不应是唯一的，中国体育发展机制应该多元化。

美国国家广播公司称，随着经济快速发展，中国家长不愿再让孩子受苦训练，体校学生随着中产阶级壮大在减少。该报道说，北京什刹海体校是举国体制中的一个齿轮，奥运明星的画像挂满学校墙壁。不过该校负责人表示，学校已将重点转向学生的全面发展，不光培养学生参赛，还要教育学生迎接人生。

（《环球时报》2016-08-22）

首先从宏观层面看，双方在话题的选择上和相同话题的处理上都存在差异。《人民日报》的话题比较集中，除了报道女排夺冠之后人们的振奋和喜悦，还涉及国家主席会见奥运代表团的讲话、中国的崛起以及女排精神。《环球时报》的话题除了女排夺冠的反响、女排精神等重合话题，还用很大篇幅谈论中国体育代表团在本届奥运会的表现和反思以及中国体育体制的变革。这在整篇报道的小标题"女排夺金点燃中国激情""女排精神需要传下去""中国如何跨过'里约大滑坡'"和"站在改革关键期"中体现明显。话题的选择说明两家媒体将女排夺冠放在不同的背景下进行报道。《人民日报》强调中国女排精神始终伴随着中国的发展，从改革开放之初，到当今飞速发展和同时需要面临的困境，再到未来"中国梦"的实现；而《环球时报》将女排出色表现放在中国体育代表团整体水平下降的语境下，强调体育精神和体育制度本身。

在微观层面考察两家媒体对现实的报道，《人民日报》在表征女排夺冠及其反响的过程中，选择"中国女排"和"女排精神"作为信息的起点，使其成为以下心理过程、关系过程、物质过程中的感知者、载体和动作者：

（a）中国女排不畏强手，英勇顽强……

（b）女排精神，成为一种豪情的抒发、志气的高扬、自信的挥洒。

（c）中国女排用"五连冠"的佳绩向世界证明了"中国人能行"，激励国人以强大自信投身现代化建设，奏响了改革开放的时代强音。

但是，更多时候，表征现实中的载体，行为人变成"中国""中国梦"和由"中国"衍生的事物如"中国品牌""中国制造"和"中国人"，如：

（a）今天的中国，早已变得更加从容自信。

（b）在巴西里约，"中国制造"从未如此密集地在境外举办的奥运会上展现自己。

（c）13亿中国人唱响"五星红旗，我为你自豪"的动人旋律。

这些策略表明媒体将女排夺冠和民族复兴联系起来。在信息源方面，《人民日报》突出了国家主席习近平的话语，并且选择"直接引语"的形式进行表征，将国家领导人对女排的高度评价客观地呈现。相反，《环球时报》采用了更加丰富的信息源，不仅包括各国新闻机构，如"德国全球新闻网""美国NBC网站""法新社"等，还包括个人信息源，如中国网民、女排主教练郎平以及运动员等。信息内容包含了中国民众的热烈反应、对中国女排的正面评价、中国女排留给国人的记忆，以及中国女排成员对中国女排精神的理解。这样，媒体就从当事人、第三方和国家机构等不同层面对中国女排精神的内容、性质和功能进行了较全面的表征。

通过以上分析，我们可以看出两家媒体采用不同话语策略报道了中国女排夺冠事件。作为中国政府向外界表达对中国和世界大事的观点与角度的宣传工具，《人民日报》将女排精神与民族自信心结合起来，通过女排夺冠事件报道达到宣传民族复兴的意识形态的社会效果。而《环球时报》关注弘扬女排精神，援引外媒评论，突出女排夺冠在世界的影响力。

8.2.5　话语如何再现和建构社会的变迁？

批评话语分析的一个重要观点就是任何话语的产生都脱离不了语境。话语在一定的社会实践中产生，同时又反作用于社会。这种辩证关系的明显标志就是话语再现社会的变迁，同时又参与社会变革（Galasinska & Kryzyzanowski 2009）。随着全球化程度的加深和新自由主义经济的盛行，话语作为社会实践的形式和社会实践的符号成分，呈现出全球化与市场化的特征（Fairclough 1993，2006）。

Fairclough（2006）融合文化政治经济理论，通过对美国、英国、罗马尼亚、匈牙利等国家的媒体、官方等多种话语实践关于高等教育和反恐战争等社会事件表征的研究，探究了话语在全球化进程中的作用，指出全球化并不等于平均化（homogenisation），而是面对改变，积极参与，在新的语境下对新事物重新做出阐释的过程，而话语在这一过程中起到不可或缺的作用。

在世界政治经济全球化的背景下，开放的中国在政治、经济、社会生活各个领域经历着与外界思维方式和行为方式的不断抗衡与适应的复杂过程。新的社会群体、社会现象和新的行为方式在此过程中不断涌现，为国内学者提供了丰富的研究素材。钱毓芳、田海龙（2011）运用语料库辅助话语分析法，对比分析1999—2008年10年间两届政府工作报告，揭示了不同时期政府工作的重点以及社会变迁的轨迹。赵芃（2015）对比分析了不同历史时期《人民日报》关于开展学雷锋活动的社论和评论中的惯用语句，发掘在不同的社会政治文化氛围中如何围绕社会主义核心价值体系选择论题和论辩推理机制，从而获得全国人民深入开展学雷锋活动的实际效果。

话语对社会变迁的再现与建构不仅体现在政府决策和媒体报道中，还会影响到公司管理方式和经营决策。汽车广告是汽车营销的一个重要组成部分。透过汽车广告语，我们可以看到社会文化背景，品牌推崇的生活理念与态度。关注改革开放以来汽车广告语的时代变迁，可以看出中国汽车产业的发展历程和不同阶段的核心理念。20世纪80年代，面对进口车的压力，中国汽车产业开始尝试以技术换市场，走国产化的道路。以例（7）中两则一汽集团当时的广告语为例：

（7）坐红旗车，走中国路

　　　走中国道路，乘一汽奥迪

经典广告语中重复出现的语言"走中国道路"，明确强调了中国汽车产业的领头羊一汽集团致力于发展民族轿车工业的决心。这再现了中国轿车探索技术引进，逐步国产化、自我开发和自我建设的发展历程，同时也宣扬了我国汽车制造业发展民族产业的理念。产品的宣传话语不仅反映了这一行业当时的变化，还参与到这种变化中，帮助企业倡导走民族化道路的观点，使新的理念深入民众认知。

经过几十年的发展，奇瑞、比亚迪等国产自主品牌迅速成长起来，市场竞争也越来越激烈，人们逐渐意识到只有持续技术创新才能保证品质，赢得市场。因此，汽车行业开始重新定位，改变话语策略，强调"科技"和"创新"等价值取向。例如，一汽旗下品牌奥迪官方网站的广告语变成了"突破科技，启迪未来"，意味着依靠技术领域的不断创新，推动品牌前行，体现了产品的最新核心理念。奥迪为最新生产的A8系列设计了如下经典广告语：

（8）世人皆感叹奇迹，唯开创者缔造奇迹。大师级的艺术，就是
　　　将每一完美经典如同追求理想的艺术。奥迪把每一完美经典，
　　　都视作创新起点。

从同一品牌在不同时期使用的广告语来看，汽车广告总是根据社会环境的变化，来积极地调整话语策略，建构不同的消费主体位置，不仅反映变化中的社会文化，再现不同的消费理念，还会影响大众的消费观念和生活方式。这些都很好地反映了话语与社会之间动态、辩证的关系。

8.2.6　话语如何实施社会行为？

话语本身是一种社会行为方式，参与社会文化的构建。每个语言运用的实例都会在某种程度上再现或改变社会中的过程，关系和结构，心灵世界的思想、感觉和信仰以及社会世界。政治家会通过话语策略，使自己推行的政策合理化（Dunmire 2005；Oddo 2011）；企业利用话语策略可以构建企业文化（Swales & Rogers 1995），甚至化解公众危机（Buttny 2009）；而新闻话语可以透视媒体立场，引导社会舆论（Seo 2013）。

下面，我们以例（9）中《南方周末》评论版的一篇文章为例，说明媒体如何通过语言的使用表明自身在争议中的观点。

（9）　　　　　　　　　"合法嗑药"合理吗？

　　　　日前，俄罗斯黑客组织Fancy Bear入侵了世界反兴奋
　　剂机构（WADA）资料库，随后在网上分批公布了英美等

多国奥运选手的医疗档案，并谴责 WADA 允许这些运动员以医疗用途获豁免使用违禁药品。该组织声明说："在仔细研究侵入的世界反兴奋剂机构数据库后，我们查明，大量美国运动员的药检结果为阳性。里约奥运的一些优胜者在获得以治疗目的用药的允许后定期服用禁药。换句话说，他们有服用禁药的许可。这再次证明了世界反兴奋剂机构与国际奥委会科学部的腐败和虚伪。"2016 年 9 月 17 日，英国反兴奋剂组织首脑表示，有 53 名参加过里约奥运的英国运动员的用药信息被 Fancy Bear 盗取。那么，合法使用禁药合理吗?

正方：

俄罗斯黑客组织 Fancy Bear 分几批公布了奥运选手使用兴奋剂的名单，这些选手来自英美等多个国家，引发了一些关注，但这些运动员使用禁药是合法的。兴奋剂使用上本来就有"治疗用途豁免权"的规则。如果运动员身患某类疾病，治疗需要用到某种违禁药物，凭着诊断报告向 WADA 提出申请，WADA 批准后就可以合法使用了。这种豁免是合情合理的。运动员的生命健康权应该得到尊重与维护。如果运动员身患疾病还不许合理用药，也太不人道了。

反方：

Fancy Bear 公布的资料显示，目前世界排名第一的美国网球选手塞雷娜·威廉姆斯分别于 2010 年、2014 年与 2015 年获准服用羟考酮、氢吗啡酮、泼尼松、氢化泼尼松与甲泼尼龙等成分的药物。这个世界排名第一，和"合法嗑药"完全没关系吗?里约奥运会四枚体操金牌得主西蒙·拜尔斯被允许使用禁药，被豁免的理由是她患有多动症。但 WADA 给多动症颁发"治疗用途豁免权"的药物指导，自由裁量空间是很大的。此外，北欧国家的一些滑雪队几乎全部由哮喘病患者组成，仿佛专门招收哮喘病患者似的，至于你信不信，我反正是信了。

正方：

问题是，兴奋剂"治疗用途豁免权"是公开的规则，每个专业运动员都知道，并非什么见不得光的事情。还真以为俄罗斯黑客组织曝光了一个关于美英运动员的大黑幕、大丑闻？太 Naive 了。Fancy Bear 9 月 15 日曝出的第二批合法使用禁药运动员名单中，也有一名俄罗斯运动员。事实上，俄罗斯运动员也同样利用这一规则。这一规则公平适用于所有专业运动员。

反方：

据统计，2015 年美国运动员申请用药豁免权的人数高达653 人，通过的人数为 402 人；同一年俄罗斯运动员仅有 54 人申请，通过的人数不足 20 人。9 月 17 日，英国反兴奋剂组织首脑羞答答承认，53 名参加里约奥运的英国运动员有豁免权，这占了英国队人数的 1/5，这么多病人参加奥运会，有点夸张吧？也太拼命了吧？似乎获得豁免权的人数与比例有点高。

正方：

俄罗斯黑客组织是通过非法手段获得这些数据的，侵犯了 WADA 的权益，也侵犯了被曝光运动员的隐私权。把运动员的私人健康信息公之于众，是很 Low 的行为，可能涉嫌犯罪。另外，国际奥委会、国际网球联合会、美国反兴奋剂机构与美国体操协会等机构均发表声明称，这些被公布信息的运动员无过错，他们都是获得了治疗用药豁免权的。其实也不怕公开。

反方：

哪些运动员以什么理由获得了违禁药品"治疗用途豁免权"，此事体大，事关赛事的公平，本来就应该公之于众，接受公众的监督。这些因为多动症、哮喘等病获得禁药使用豁免的运动员,现在暴露在全世界的目光之下,所有的豁免合理与否,自有公论。WADA官员对豁免进行暗箱操作,对赛事公平是一大挑战。另外,豁免规则本身合理与否,也有检讨的必要。

[点评者说] 世上的事情分四种:合理合法,不合理不合法,不合法但合理,合法但不合理。"治疗用途豁免权"合法,但合理吗?即便合理,也不应给得太轻易吧?也不能秘而不宣吧?

(《南方周末》2016-09-26)

争议的起因是俄罗斯某一黑客组织入侵世界反兴奋剂机构(WADA)资料库,获取了多国奥运选手的医疗档案,谴责WADA允许运动员以医疗用途为由服用禁用药品。文章首先叙述了整个事件,然后从三个方面分别列出了正方和反方的观点,最后是点评者的立场陈述。正方首先声明"这些运动员使用禁药是合法的",它的合法性是基于"治疗用途豁免权"。随后对这种规则给予解释,并明确指出"这种豁免是合情合理的",因为"运动员的生病健康权应该得到尊重与维护"。正方用判断句、"应该"等情态词鲜明地表达了自己的观点——俄罗斯黑客组织揭示的运动员服用禁药的现象是合法合理的。然后,正方指出"治疗用途豁免权"是"公开的规则","公平适用于所有专业运动员",并运用设问句指出俄罗斯黑客组织曝光了大黑幕的想法是非常幼稚的。随后,正方使用"非法手段""侵犯""low""可能涉嫌犯罪"等负面判断资源,指责WADA获取数据的途径,同时引用权威机构的声明支持自己的立场。最后,正方声明这些信息不怕被公开。

反方对以上观点依次给予驳斥。首先是合理性问题:反问句的运用指出了"世界排名第一"和"合法嗑药"之间存在着联系,暗示运动员取得优异成绩是由服用禁药促成了,并且这种规则给予的药物指导也不严谨("自由裁量空间大")。反方还用讽刺策略,指出在一些滑雪队,几乎所有队员都被诊断为哮喘病得以服用禁药。针对正方提出的这一规则适用于所有专业运动员，反方通过一系列数字强调"似乎获得豁免权的人数与比例有点高"。最后，反方指出WADA不公开获得"治疗用途豁免权"运动员的信息，进行"暗箱操作"的行为违反了"赛事公平"的原则。

而接下来点评者的话语，代表了媒体的立场。连续使用三个疑问句（"治疗用途豁免权"合法，但合理吗？即便合理，也不应给得太轻易吧？也不能秘而不宣吧？），对正反双方争议的三个问题进行了回应：是否合理？适用范围是否过于宽泛？是否应该公布相关运动员信息？

媒体承认"治疗用途豁免权"合法，随后使用转折连词"但"引出疑问，对它的合理性提出质疑，与反方的措辞"豁免规则本身合理与否，也有检讨的必要"相呼应。反问句"也不应给得太轻易吧？"表达了以下含义：即便这种"豁免权"是合理的，也不应该轻易地给运动员，使获得豁免权的运动员数量过多。这是在支持反方的论点。最后一个反问句是在指责WADA没有公开信息的做法，强调了与反方一致的态度。

因此，媒体通过"点评者"的话语向公众表明了自身在这场争论中支持反方的观点，明确反对运动员以治疗为由服用禁药的现象。这种否定态度也表现在用"合法嗑药"表征引发争议的事件。"嗑药"是源于台湾的网络用语。"嗑"即"吃"，但"嗑药"并不等同于"吃药"，而是指吸食软性毒品。这样，媒体就把使用"治疗用途豁免权"运动员服用禁药的现象等同于合法地吸食毒品，让人辨别出媒体对此事的负面态度，引导着读者对整个事件的看法。

从以上批评话语分析关注的话题，我们可以看出任何话语的产生都脱离不了语境，不考虑语境因素就无法对话语进行正确的理解。除了情景语境，批评话语分析还须考虑话语背后的社会规范、隐含的意识形态、文化元素才能阐释话语的含义。更重要的是，任何话语都会和之前、同时、随后产生的话语产生关联。这些因素表明语篇的理解并不是在真空中进行的，而会受到接受者的情感经历、态度立场、知识结构的影响。由于这些语境信息不同，不同的接受者会对同一语篇产生截然不同的理解。因此，批评话语分析意味着运用系统的研究方法对语境进行尽量全面的探讨，缩小可能意义的范围。分析过程强调语篇与意识形态和权力关系相关，将其嵌入社会语境进行解构。这正是批评话语分析区别于非批评性语篇分析的关键所在。批评话语分析依靠科学性程序系统地探究语篇的意义,同时要求研究者进行自我反思。这又使它区别于纯粹的阐释学,在内容上是解释性的。批评话语分析还强调它的阐释与解释具有动态性和开放性,需要随时考虑新的语境与信息。

批评话语分析对各类社会问题、社会变迁、话语意识形态意义以及话语构建身份和权力关系的探讨,很大程度上是在社会文化结构与进程和文本的语言结构与特色之间架起桥梁。但两者的关系非常复杂,并不直接相关,而是通过某种中介产生关联。对这种中介不同的界定产生了不同的批评话语分析研究路径,这是我们下一节将要关注的内容。

8.3 批评话语分析有哪些研究路径?

批评话语分析关注语言与社会的关系,认为语篇反映社会结构并同时构建社会结构,但这种辩证关系并不是简单的对应关系,需要有中介体联系。对这个问题的不同看法,产生了不同的研究方法,主要包括"话语实践法""话语–历史法"和"社会认知法"。"话语实践法"认为话语秩序(orders of discourse)是中介体。话语秩序指一整套的语篇生成的实践以及它们之间的关系,是社会秩序在语篇层面的体现(Fairclough 1995:10)。社会文化某一领域宏观层面的变化会引起这一领域话语秩序的改变,而特定文本通过话语秩序要素的结合,即融合不同语域、语类和风格来建构某一特定话语类型,反映宏观的变化。"社会认知法"强调认知是文本和社会的中介体,即社会行为人在话语实践中需要的认知资源,使个体意义和阐释与群体表征相关联(van Dijk 1989,1993),因此通过认知分析揭示语言结构与社会结构之间的辩证关系。而"话语–历史法"着重分析某一话语实践的历史背景与不同层次的文本。下面,我们就依次对这三种研究方法进行介绍。

8.3.1 话语实践法

话语实践法是Fairclough在对语篇进行批评性分析时使用的方法。他认为语篇是社会实践中不可或缺的成分，甚至指出许多社会变革是语篇引发的。基于这种基本观点，他着重研究语言在社会生活和社会变革中的功能，通过微观层面文本的语言学描述探究社会实践，即宏观层面的权力和意识形态如何产生作用。而话语实践（文本的生产、分配和消费）作为中介体将微观的文本分析与宏观的社会实践分析联系起来，构成经典的三维分析框架。

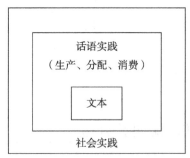

图8-1　批评话语分析的三维分析框架（Fairclough 1992：73）

随着对"全球化""新资本主义"等社会问题研究的深入，Fairclough（2001：236）在完善三维分析框架的基础上，提出了五步分析框架，强调以解决社会问题为主要目的，将文本分析和社会分析融入新框架中的第二步"确定解决社会问题的障碍"，除了分析社会问题所处的社会实践网络、语篇与其他社会实践成分之间的关系，还关注包括作为研究核心的话语实践的分析。话语实践分为结构分析（structural analysis）和互动分析（interactional analysis），即对话语秩序和语篇互动的分析。话语秩序包括控制语篇生产和消费的潜在的常规惯例。例如，不同语体按照顺序关系产生的语体链，其中一种语体作为主导语体决定着其他从属语体的框架和主要内容。因此，对语体链的分析可以揭示语篇之间的等级关系，从而透视语篇背后的权力关系。语篇互动分析包括互语分析（interdiscursive analysis）和语言/符号分析（linguistic and semiotic analysis）。前者主要解决文本中融合了哪些不同的语体，如"高等学校招生简章"中广告语体和叙述语体相互作用；后者包括对文本的整体结构、小句整合、小句的词汇语法结构和词汇特征的分析。

因此，话语实践方法有别于对权力关系进行抽象分析的单纯的社会学分析,而是将语言作为社会实践的痕迹,从话语秩序视角探究权力关系;同时,这种方法也区别于单纯的文本分析,不是直接将某种意识形态意义赋予特定的语言结构,而是揭示文本结构与社会结构之间的内在关系。

近年来,Fairclough(2018)将"实践论证"(practical argumentation)的方法融入批评话语分析实践之中,通过"道德推理"(consequentialist ethics),讨论语篇中的道义伦理(deontological ethics)与社会现状的关联度,通过实践论证识别出社会问题,并在这种"规范性批评"(normative critique)的基础上进行"解释性批评"(explanatory critique),进一步解释这些现存的社会问题可能造成的后果。最后在论证分析的基础之上,提出解决方案。这些解决方案是"想象的",有别于社会生活中实际实施的解决方案(田海龙 2019)。

8.3.2 社会认知法

批评话语分析有三个维度:对文本的描述,对交际过程及该过程与文本关系的阐释,以及对交际过程和社会行为之间关系的解释。其中,阐释和解释是批评话语分析的两个主要阶段,也是其区别于其他传统语篇分析的特征。阐释关注认知过程,解释关注文本与社会文化语境之间的联系。然而,大多数研究往往把重点放在语言分析与社会文化语境之间的关系上,却忽略了认知阐释的部分(O'Halloran 2003:2),对语言使用者如何通过大脑理解话语置若罔闻(Chilton 2005b)。

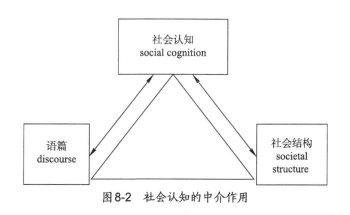

图8-2 社会认知的中介作用

为了弥补这种缺失，van Dijk（2001，2003，2006，2008，2009）基于社会心理研究，从社会认知的角度潜心钻研话语与社会的联系，强调社会认知在话语和社会之间的中介作用。社会认知是群体成员共享的关于社会事物的认知表征，包括社会文化知识、社会标准和规范、态度和价值等。它可以在社会群体、社会制度、社会情景中被习得、使用和改变。他提出语境模式（context model）概念，指出它是一个人说话时有关联的交际情景结构的心智表征，认为话语与语境之间的关系并不是单纯客观、抽象的决定关系，而是从交际活动参与者的心理与认知角度对语境进行阐释。这种主观构建的动态语境观，将社会结构性范畴与语言使用者的认知心理模式结合起来。

尽管van Dijk的研究带有认知倾向，但由于他没有利用当今认知科学和认知语言学理论，批评话语分析的认知研究没有取得很大的进展（Chilton 2011：770）。近年来，学者们一致认为，借用认知语言学的观点和概念对批评话语分析帮助很大（Dirven et al. 2007；Attia 2007：83；Maalej 2007：134-138）。批评隐喻分析（Charteris-Black 2004）就是借用认知语义学中的概念隐喻理论，采用三阶段方法对语篇中的隐喻进行分析，包括隐喻识别、隐喻理解和隐喻阐释，与Fairclough三维分析框架中的描写–理解–阐释相契合。

后来，批评话语分析对认知语言学理论的借鉴不再局限于概念隐喻理论。框架理论、心理空间以及动力图式等都为移民语篇的合法化策略做出解释（Hart 2010），表明即使人类具有同样的认知和批判能力，语篇仍然可能具有操纵或误导性，最终导致权力滥用和歧视。目前，批评话语分析的认知视角更加宽泛，开始从话语与社会认知、认知语用学、认知语义学的各种理论或方法论界面探讨语篇的批评性分析，把批评话语分析的认知研究视角向前推进了一步，批评话语分析的跨学科研究特色也更加明显（Hart 2011b）。

我国学者也注意到批评话语分析借助认知语言学成果研究社会问题的倾向，具体体现为对20世纪90年代以来批评话语分析中关于认知分析的综述性研究（辛斌 2007，2012；田海龙2013），对批评话语分析与认知语言学融合的基础、融合途径的理论探讨（张辉、江龙 2008；张辉、张艳敏 2020），对批评隐喻分析的介绍和完善（纪玉华、陈燕 2007；张蕾 2011b）。

8.3.3　话语–历史法

Wodak提倡话语–历史方法,对语篇与社会关系的论述与费尔克劳相似,认为口语和书面语都是一种社会实践,与其所处场域之间存在着一种辩证关系,即建构和被建构关系(Weisis & Wodak 2003:22)。她强调语境在这种建构和被建构的过程中的重要作用,把分析框架的语境因素分成四个层次:语言或文本内在的上下文关系,语段、文本、体裁和语篇间的互语性和互文性关系,语言外在的社会/社会学变量以及特定情景语境涉及的机构框架,以及话语实践所处的或与之相关的更广阔的社会政治和历史语境(Wodak 2001:69)。语境的四个层次对应着话语–历史分析框架中的四个分析层面:语言分析、话语理论、中等程度理论和宏大理论(见图8-3)。

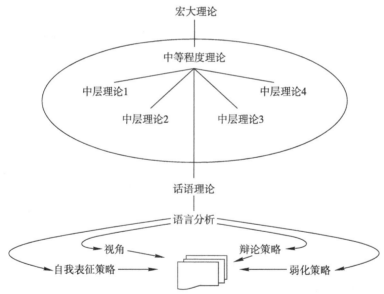

图8-3　话语–历史分析框架的语境因素(Wodak & Meyer 2001:69)

宏大理论是基础,中层理论在具体分析中更能满足分析的目的,因为历史背景在整个分析中非常重要,对语篇的解释都要联系历史背景。话语理论涉及多种语境下产生的多种语篇的互动过程,而语言分析层面是描述性的,挖掘实现所指策略,谓语指示策略,辩论策略,视角、框架或表征策略，强化或弱化策略的语言手段，回答以下问题：（1）如何用语言命名或指称相关人物和事件？（2）这些人物和事件被赋予了哪些特征、特点和品质？（3）相关人物或社会群体通过何种辩论和推理模式为自己排斥、歧视、压迫和利用他人或群体的行为进行辩护？（4）这些标签、特征与辩论表述的视角是什么？（5）以上内容的语言表达是否明显？如何得到强化或弱化？

　　话语–历史法一般按照以下三个步骤开展研究：（1）首先确定一个与种族或歧视等语篇相关的语篇主题；（2）研究语篇之间的互语性和互文性；（3）分析具体文本中的语篇策略和语言形式。因此，话语–历史法的研究同样以社会问题为起点，首先确定分析什么内容，根据历史背景确定语篇中渗透的意识形态意义。它强调研究的实践目的，注重语篇在实际运用中的意义，将实地调查和人类学研究应用到研究过程中。这种跨学科性体现在理论构建、研究方法、术语使用和研究团队组成各个方面。另外，Wodak主张语篇分析中的范畴和工具由研究对象和内容来决定，研究方法和理论之间需要不断融合，体现了方法论上的兼收并蓄。

　　虽然以上三种研究方法各有特色，但彼此也有共同点（田海龙2009）。话语实践法和话语–历史法都关注语篇之间的关联，话语–历史法和社会认知法都强调语境模式的建立，并指出大脑中"储存"的模式构建语境的功能。三种路径在分析过程中运用的语言学分析工具不同：话语实践法多运用系统功能语言学提供的语言分析工具，社会认知法多运用认知语言学和认知科学领域提供的分析工具，而话语–历史法多采用辩论理论分析工具。但是，三种分析路径都非常关注对文本的语言分析；同时，面对新的社会现实与社会问题的挑战，不同路径也对分析框架不断更新，研究工具也日益丰富。在下面一节，我们将通过具体实例，介绍批评话语分析经常使用的一些语言资源。

8.4　批评话语分析聚焦哪些语言手段？

　　批评话语分析通过语言形式挖掘语篇隐含的意识形态意义。从理论上说，语篇的各个层次和各种结构都可能具有意识形态意义（Fairclough 1992：

74），但是我们分析语篇时没有必要也不可能详细描述每个语言成分。通常的做法是，根据分析者对语篇的语境、功能和相关社会关系的直觉和理解，重点分析其中可能具有重要意义的语言结构；或者基于语料库语言学方法分析的结果，着重分析有代表性的语言结构可能实施的社会功能，然后就整个语篇的意义做出阐释。下面我们探讨在语篇中经常被批评话语分析者们关注的语言特点和语言结构，包括：语篇的互文性、及物性、重新词汇化和过分词汇化、概念隐喻、情态资源等。

8.4.1 语篇的互文性

批评话语分析认为语篇具有历史性，任何语篇的产生都离不开特定的语境，都带有以往语篇的痕迹。克里斯蒂娃指出，新的语篇就是对"一些语篇的重新排列，是一种互文组合"。她用"互文性"描述语篇生成过程中各种语料按其功能结合产生新的意义的复杂和异质（heterogeneous）的特性（Frow 1986：156）。从读者和分析者视角考虑，我们可以将互文性分为"具体互文性"（specific intertextuality）和"体裁互文性"（generic intertextualigy）：前者指语篇中出现各种形式的他人话语；后者指语篇中不同文体、体裁特征的混合交融。

新闻报道是富有具体互文性的典型语篇（辛斌 2005：130），运用大量的各种形式的转述语言表征各方消息来源，包括直接引语、间接引语、自由直接引语、自由间接引语和言语的叙述性报道。批评话语分析者认为这是语篇表征（discourse representation）方式的选择，不仅包括以上信息表征方式的选择，还涉及信息来源的选择以及除言语之外的言说环境、言说语气与言语功能（Fairclough 1992：108-120）。信息来源不局限于个人，往往还包括代表个人所属的社会群体、阶层或机构。媒体选择不同的信息来源，表明媒体给予不同群体、阶层或机构不同的言说空间，使其就某事的观点与理念不同程度地得以传播。而媒体对同一信息来源采用不同的指称方式，能够暗示它们对待信息来源的不同态度和在相关事件中所持的立场。传统的转述语言研究认为，不同的表征方式的选择意味着转述者的介入程度不尽相同；批评话语分析者认同这一点，但更加强调所有的信息表征方式都包括选择与"过滤"的过程（Waugh 1995），包括直接引用的言语，也是脱离了它们最初的产出语境，在新的语境中被媒体表征、构建操控，服务于它们的交际目的。这种去语境化（decontextualizaiton）与再语境化（recontextualization）的过程必然或多或少地改变了言语最初的含义。在再语境化的过程中，报道者通过改变措辞、压缩原有语篇、使用特定的报道动词等手段间接地表明他们的立场与观点。

体裁互文性指属于一种体裁的语篇同时带有其他体裁的某些特征。批评语篇研究者通常用"话语殖民"和"话语霸权"来形容不同体裁的相互影响，尤其是强调某一体裁在社会生活中占据强势地位的现象，例如广告促销体裁对其他体裁的渗透。随着经济全球化和社会机构市场化的影响，如今促销文化已经渗透到社会各个行业，改变着包括大学在内的各种机构的话语秩序。大学在招生宣传语篇中也会"推销"自己的产品和服务，即专业课程及校园设施，以便吸引更多的优质生源。因此，高校简介这一类语篇中融入了许多广告语篇的风格，包括频繁使用第二人称，以缩短大学与读者的心理距离，采用图片或插图建构令人向往的高校形象，使用大量积极的评价词汇，如"享誉全球""居首位"等凸显学校的优势。另外，在传达学校相关信息时还常常采用数据、图表以及排名等广告经常使用的手段。如在下面的简介中，校方列举事实、数字，体现了学校在科技进步、国际合作等方面取得的成就，增强了招生简介内容的可信度和说服力。

（10）学校先后获得国家自然科学奖一、二等奖，国家技术发明奖二等奖，国家科技进步奖二等奖等重大科技奖励。学校十分重视对外科技文化交流，已与美、英、法、德、日等20余国家及地区的100所余大学、科研机构建立了友好合作关系。《大英百科全书》曾将西北大学列为世界著名大学之一。

因此，社会环境决定了高等教育机构的语篇构成，同时，这样的话语实践也建构了现代高等教育现状。这种商业促销体裁的"霸权"地位反映出社会生活中发生的变化，也会反过来强化大众的商业思想。

8.4.2 及物性

语篇中的及物性系统把经验世界分成易操作的一组过程,并表明各种过程的参加者和情景成分。语篇对过程类型的选择一般会受到语类和主题内容的影响。但即使同一语类,对某一事件的描述也可能采用不同的过程组合。这通常取决于说话者的交际意图和他对事件的理解和看法:"选择哪类过程来表达一个真正的过程会具有重要的文化、政治或意识形态意义"(Fairclough 1992:180)。

我们以一则政府危机事件处理产生的话语为例。2016年8月天津港发生危险化学品爆炸,引起国内和国际对事故起因、伤亡情况、环境污染等善后工作的关注。当地政府连续召开了14场新闻发布会应对这场危机。但是从社交网站和媒体报道来看,人们对前六场新闻发布会上政府官员对事件的回应非常不满意,对政府公信力提出质疑。面对公众的不信任,当地政府从第七场新闻发布会开始改变了话语策略,重新得到了民众的信任和支持。对比前后两个阶段新闻发布会参会人员的话语,我们发现他们在表征处理危机过程时使用的话语存在差异,其中就包括及物性系统内不同过程的选择以及同一过程中参与者的变化。

首先,在前几次新闻发布会上,发言人多选用物质过程,强调他们在救援工作中的付出。如例(11)语段中的一系列动词和动词短语"使用""进行跟踪监测"和"报告",以及由副词和介词短语实现的环境成分"立即""不间断地"和"每隔一小时",对他们救援工作的精心设计和专业化部署进行了表征:

(11)到达现场以后,我们*立即使用*核生化救援队携带的红外遥测车、远程快速部署系统等先进设备,24小时*不间断地*对爆炸现场两公里范围内的空气质量*进行跟踪检测*,*每隔一小时*向现场救援指挥部*报告*一次监测情况。

发言人认为救援工作的专业化程度越高就越能取得公众的信任,因此他不仅使用专业术语,如例(11)语段中作为行为目标的"红外遥测车、远程快速部署系统等先进设备"以及发言中频繁出现的"甲苯""三氯甲烷""挥发性有机物"和"氰化钠"等化学品名称,还在例(12)的语段中通过救援队以往的经历强调整个救援队伍专业性强,并且经验丰富。

(12)天津蓝天救援队具有比较专业的应急救援能力,曾赴四川雅安、甘肃天水等地参与地震救援,队员们有很多应急救援的实战经验。

但是,当地政府在新闻发布会上努力想构建的权威性并没有收到预期的效果,媒体和公众一致指责当地政府表现出的冷漠。当地政府及时调整了话语策略,从第七场新闻发布会开始,发言人在对公众关心的救援工作进行详细的通报时,改变了反复强调自身专业性强的策略,而是使用一些非专业性用语,如在例(13)的语篇中用"这些物质"和"这些粉末"代替专有名词,使产生的话语通俗易懂。除了物质过程,发言人使用了言语过程,如例(13)中由"转告"引出的话语内容,言语对象均为"公众",言语内容是为了保证公众的安全提醒他们注意的事项。

(13)这些物质还是有一定风险的,在这里也请转告公众,有要搬家的、回来拿东西的,一定不要触及这些粉末,特别是不要泼水。现在我们也要转告一下公众,回家拿东西,轻轻地把东西拿走就可以了,不要管地上的一些东西。

另外,发言人还运用心理过程表达他们的悲伤。如当时的天津市市长在第10场新闻发布会开场白就表示"感到十分悲痛和自责",向公众表达了深切的人文关怀。

(14)造成如此重大的人员伤亡和财产损失,我感到十分悲痛和自责。我向遇难者表示深切的哀悼,向其家属、受伤人员和受灾群众表示亲切的慰问。

从例(15)可以看出,物质过程也不局限于救援工作,参与者由救援队伍、环境监测专家变成了"学生家长""家长的心情和想法""违规、违法这些行为"和"受害者""遇难者""群众"等,涉及危机应对中的惩治罪犯和民生问题。

> (15)首先是关于受灾区域孩子上学的问题。学生家长高度关注,
> 我们非常重视,也非常了解家长的心情和想法,非常了解,
> 非常理解 …… 但是,我们绝不能让我们孩子受到一丝一毫
> 的伤害。
> 国务院调查组会对整个事故发生的原因要进行认真的调查。
> 一旦发现有违规、违法这些行为,要坚决地惩处,这样给人
> 民一个交代,给受害者、遇难者和群众一个交代。

对比前后两个阶段新闻发布会话语中及物性选择的差异,我们不难看出政府对处理危机过程中如何建立公众信任的认识有所改变:仅仅强调政府的能力是不够的,还需要表达对受害者的人文关怀和维护正义的决心。

8.4.3 重新词汇化和过分词汇化

重新词汇化(relexicalization)指创造新的表达方式取代旧的或与之形成对立,对人物、行为、社会关系等进行重新描述,摆脱原有范畴的负面意义和消极含义,或取得与之相反的功能。因此,重新词汇化是一种意识形态运行模式的典型构建谋略。

如在金融危机的大背景下,为了鼓励企业创造更多的就业机会,原先的"劳动密集型"(labor-intensive)企业重新词汇化成"就业友好型"(employment-friendly)企业,从而由中性范畴变成了具有积极意义的范畴。新华社在《新闻阅评动态》第315期发表了《新华社新闻报道中的禁用词(第一批)》,规定了新闻报道中的禁用词,其中就包括对特定社会群体称谓的变化。例如,对有身体伤疾的人士不使用"残废人""独眼龙""瞎子""聋子""傻子""呆子""弱智"等带有歧视和轻蔑意味的词汇,而应使用"残疾人""盲人""聋人""智力障碍者"等中性指称词汇,以尊重残障人士的主权,体现了新闻媒体的人道主义精神,也宣扬了"平等"和"友爱"的社会主义核心价值观。

过分词汇化（overlexicalization）指用大量不同的词语来描述或指称同一事物，表明语言使用者及其所属的社会群体或阶层对相关经验领域和价值领域的关注，从而有助于我们发现文本中所要表达的该语言使用者或其所属的社会群体或阶层的意识形态特征和取向。

托妮·莫里森（Toni Morrison）的代表作《最蓝的眼睛》（*The Bluest Eye*）以她的家乡俄亥俄州洛伦为背景，讲述了黑人少女佩考拉的悲剧性遭遇。金发、碧眼、白皮肤的组合不仅是当时美国社会的审美标准，在小说叙述者看来，似乎也是西方文明的核心，生活在这个审美标准下的黑人群体经历了极其艰难的心理考验。在例（16）的语篇中，作者描写了黑人少女佩考拉祈求上帝把她的眼睛变成蓝色，让她和美国其他金发碧眼的孩子一样漂亮，一样得到人们的喜爱。

（16）佩考拉渴望有一双<u>蓝色的眼睛</u>："<u>漂亮的眼睛</u>，<u>漂亮的蓝眼睛</u>，<u>漂亮的又大又蓝的眼睛</u>……爱丽丝有<u>一双蓝眼睛</u>；杰里有<u>一双蓝眼睛</u>……他们<u>长着蓝眼睛</u>在跑步。<u>四只蓝眼睛</u>，<u>四只美丽的蓝眼睛</u>。<u>天蓝色的眼睛</u>。<u>蓝得像佛里斯特夫人蓝衬衣的蓝眼睛</u>；<u>像早晨露水般晶莹透明的蓝眼睛</u>；爱丽丝和杰里拥有<u>像故事书图画里那样的蓝眼睛</u>。

在短短的几行文字中，"蓝眼睛"出现了12次，突出了"蓝眼睛"在佩考拉心目中的重要地位，让读者看到她对自己相貌的否定和由此产生的自卑心理。渴望有一双蓝眼睛成了佩考拉生活的主要内容，因为她生活在把白皮肤定为主宰民族，把黑皮肤定为"另类"种族的社会。莫里森通过过度词汇化构建了黑人的自我否定话语，揭示了种族歧视下黑人群体遭受的精神痛苦。

8.4.4 概念隐喻

作为一种人类思维认知方式和语言表达手段，隐喻在解释日常现实中起着重要作用。人们往往有选择性地用一种熟悉的事物去再现陌生、复杂或抽象的事物，将熟悉事物的特点映射到它们上面，从而简化它们的复杂性，只强调其与熟悉事物类似的某个方面，隐含了另外一些特质。因此，隐喻的选择性使用可以强调事物的某种属性,透露出使用者看待事物的角度(张蕾 2011a);同时,它还可以将使用者对待熟悉事物所持有的态度以及相应的情感因素转移到所表征的事物上,成为隐性的评价手段(Goatly 1997:159;Charteris-Black 2004:11)。因此,隐喻成为比较隐蔽的再现和强化现存社会结构的认知和语言手段。为了揭示隐喻这种作为语篇和社会结构中介体的功能,我们需要引入批评话语分析的理念和方法,揭示隐喻使用背后的概念框架和认知模式。

学者们一直对政治语篇中隐喻对性别歧视、移民问题和种族歧视等社会问题的表征有着浓厚的兴趣(Charteris-Black 2005;Chilton 2005a;Goatly 2007;Musolff 2007;Ahrens 2010),指出隐喻通常会构成人们共享的世界观,并使这种民族意识形态成为具体政治决策的驱动力。更多的研究关注公共演讲中使用的隐喻,尤其是著名政治家的演讲或在特殊社会背景下发表的演说语篇(Akin 1994;Semino & Maschi 1996;Charteris-Black 2005)。这些分析表明,政治演讲使用恰当的隐喻会增强语篇的说服力,并帮助讲话人与受众拉开距离或增强他们之间的凝聚力。这些分析解释了政治领导人的雄辩颇有成效的原因,同时强调了隐喻具有揭示潜在意识形态的重要作用。

而对商业公共话语中隐喻的分析可以揭示隐喻对塑造企业形象起到的促进作用。如小米集团首席执行官雷军在2021年度演讲(例17)中运用"行程""生物体"和"战争"隐喻成功塑造了小米充满活力、顽强拼搏、懂得感恩的企业形象。"生物体"隐喻能够赋予公司人的行为与植物的特征,构建充满活力的公司形象。演讲中的拟人隐喻"成长"和"长大"形象表征了公司十年间的发展和壮大。"水"和"阳光"触发了"公司是植物"的隐喻。"水"和"阳光"是植物生长所必需的自然环境,对于植物生长具有不可或缺的作用。用户的支持被描写为"水"和"阳光",凸显了其对公司发展起到的关键作用,即"没有用户的支持就不会有今天的小米",此处抽象的情感通过隐喻被具体化,并强化了情感的表达。同时,"征程"与"路"将公司的发展描述为行程。"征程"蕴含的语义(远行的道路)映射出公司的发展为漫长的过程,而"冲击第一仗"和"大获全胜"所描述的战士勇猛作战取得胜利的隐喻场景与公司开拓高端市场并获得成功形成映射，强调了公司在漫长发展中的锐意进取。

（17）　　去年是小米公司创办十周年，我们认真做了总结和反思，用重新创业的决心，正式开启了新十年的<u>征程</u>。今年是小米新十年的第一年，也是小米手机发布的十周年，你会明显地感受到，小米发生了很大变化，它在一步一步<u>成长</u>，在一步一步<u>长大</u>。

　　　　　我跟同事们说，当年大家的这3.7亿，是小米<u>成长路</u>上的第一滴水、第一缕阳光。没有用户的支持，就不会有今天的小米。用户的心，是永远无法用金钱来衡量的！

　　　　　就这样，小米冲击高端市场的<u>第一仗</u>，历经重重坎坷，<u>大获全胜</u>！

　　另外，经济报刊中的报道和评论往往涉及重要经济事件及相关人物，是社团成员了解主要经济事务的主要渠道。这些语篇中使用的隐喻也是权力机构维护现有经济秩序、经济理念的重要手段。例如，《中国经济周刊》和《人民日报》在对奥运经济进行报道时一共运用了12类隐喻模式，分别为"生物体""旅程""体育竞赛""战争""机器""物理现象""表演""建筑""自然资源""饮食""财富"以及"艺术"隐喻，其中以"生物体""旅程""体育""战争"四类隐喻所占比例最大。这四种主要的隐喻模式反映了中国主流媒体看待奥运经济的视角、态度和观点，即奥运经济中机遇与竞争共存。媒体用"生物体"映射充满活力的经济主体和经济现象；将"旅程"与经济活动过程和经济主体的发展相对应，体现了中国经济在奥运经济背景下面临的重大机遇以及经济主体拥有的巨大发展空间；"体育竞赛"与"战争"隐喻则强调了中国经济所面临的挑战。奥运经济被表征为不同经济主体间激烈、公开、透明的竞争，在竞争中注重策略、努力、忍耐与付出，反映了中国媒体的竞争意识。发展模式和竞争模式在隐喻表征中的并存包容，强调了竞争对经济主体发展的重要性。这些反映自由市场观念的隐喻模式在中国主流媒体中大量存在，反映出中国与世界逐渐融合的过程（张蕾、苗兴伟2012）。

8.4.5 情态资源

传统的语篇分析认为，情态资源有以下三个功能：建立交际者双方的社会距离和社会关系；表达语言使用者对所谈论事物的态度；表明语言使用者对语言表征真实性所承担的责任的程度。语言系统中的情态动词、情态副词、评价性形容词、指称以及时态等都可以用来实现这些语篇功能。批评话语分析认为，情态资源这些功能能够揭示并构建交际双方的权力关系，透视情态资源使用者的意识形态及他要实施的社会行为。

例如，为应对台风"烟花"即将入鲁的自然灾害突发事件，济南市教育局依托上级政府话语（省、市防御"烟花"台风视频调度会议以及山东省教育厅《关于进一步做好全省教育系统防汛防台风工作的紧急通知》），根据本地实际情况发布了如下台风防御工作通知（例18）。

（18） **市教育局全面安排部署台风"烟花"防御工作**

受台风"烟花"影响，27日下午—28日上午我市有小到中雨，28—29日有暴雨到大暴雨、局部特大暴雨和大风天气，30日有小雨。27日下午—30日过程降雨量全市平均100—150毫米，局部地区超过250毫米，1小时最大降雨量50毫米左右。28日下午—29日上午东北风5—6级，阵风8—10级。鉴于"烟花"移动路径和强度仍有不确定性，对我市的风雨影响也有一定的不确定性。

根据省、市防御"烟花"台风视频调度会议精神，为<u>全力以赴</u>做好防范准备，确保师生生命安全和身体健康，全市教育系统<u>即刻</u>起<u>全面</u>动员，<u>全部</u>启动应急预案。

一是紧急做好学校、幼儿园和培训机构应急避险工作。从27日下午开始到30号，暂停所有学校课后延时服务；有通知新生报到和学生到校的活动全部安排在30日以后；所有暑期开园的托幼机构28日—30日停园；各类教育培训机构暂停各种线下培训活动；学校各种研学活动<u>一律</u>暂停，有安排集中培训计划的<u>全部暂停</u>；建设单位督促校内在建工地落实相关防汛要求。

二是加强对师生防台风安全预警教育。通过家长微信群和学校公众号提醒学生台风暴雨期间不到河塘临水区域，不到地势低洼处活动；<u>要</u>做好防雷电教育，不靠近路边电线杆和户外供电设备；<u>要</u>注意不在过水路面骑车、行走，防止下水道井盖丢失，造成溺水。

三是<u>全力</u>做好防汛救灾应急准备工作。<u>坚决</u>克服麻痹思想、侥幸心理、懈怠情绪，确保措施到位、防护物资到位、演练到位、巡查到位、责任到位。要安排力量对校园院墙、老旧房屋进行排查，备足备齐防汛抢险物资，强化物资应急调运，确保防汛抢险期间随时调用征用，<u>及时</u>处理突发险情。

四是加强家校协作，做好特殊家庭学生的关心帮扶。各学校要通过线上线下相结合的形式，对单亲家庭、留守儿童家庭、老人看护儿童家庭和家庭居住条件较差家庭的关爱，<u>及时</u>了解家庭防汛情况，遇到紧急情况，<u>立即</u>开展相应扶助。请各区县教体局、各级各类学校、幼儿园、校外培训机构<u>迅速</u>分别把要求通知到每所学校、每名师生、每位家长。防汛值班电话：66608058、66608011（夜间）。

中共济南市委教育工委

济南市教育局

2021 年 7 月 27 日

通知中，济南市教育局作为通知者与学校、幼儿园、校外培训机构等被通知对象具有明确的上下级等级关系，体现出不对等的权力关系。通知者运用大量的祈使句实现了义务型情态，如"紧急做好学校、幼儿园和培训机构应急避险工作""加强对师生防台风安全预警教育""全力做好防汛救灾应急准备工作"等。通过发布命令，通知明确阐述了教育系统各个单位应对台风"烟花"应采取的防御部署工作。其中有祈使句直接禁止某种行为，语气强硬，如"暂停所有学校课后延时服务"，态度坚决地表明学校必须实施的行为，体现了市教育局的权威性。当通知对象转变为师生和家长，通知使用实施建议功能的祈使句，如"提醒学生不到河塘……活动""注意不在过路水面骑车……"，语气相对委婉。通知还在祈使句中重复使用高量值情态助动词"要"，强化命令、建议的语气，凸显自然灾害防御工作的内容。同时，副词"即刻""及时""立即""迅速""全面""全部""一律"体现了应急工作的严峻性和紧急性，而"全力以赴""坚决""全力"等副词体现了通知者对守护人民群众生命安全工作的重视和决心，映射出"生命重于泰山、人民利益高于一切"的核心理念。

以上我们仅仅从五个方面介绍了批评话语分析采用的语言学分析手段，其他方面我们在这里不再具体展开阐释，包括语法隐喻、预设信息、动力图式等。这些分析资源涉及分布在语篇各层次的语篇结构、小句语法语义结构和词汇，以及大脑的认知范畴。随着语言学各领域的发展，可用于批评话语分析的语言学分析手段会更加丰富。批评话语分析者会根据要涉猎的社会问题和研究目的灵活地选择分析资源，挖掘语篇背后的社会秩序和权力关系。

由于批评话语分析是以问题为导向的研究范式，该领域的一些学者在众多的政治群体中都很活跃。他们的研究成果在社会多个领域被借鉴和引用，涉及教育、法律、医学、民族和性别歧视等方面的问题。这些应用不仅产生了一些术语，例如"批评读写能力"（critical literacy）和"批评性语言意识"（critical language awareness），还成功引起语篇的变化并最终改变了机构的权力模式，也使批评话语分析的跨学科性变得越来越明显。

练 习

1. 请分析下面这则欧碧泉男士护肤品广告对男性身份的话语建构。

> 刚毅塑造男士根基
>
> 卓越本身
>
> 超越，追求永恒的价值
>
> 自然本色
>
> 简约，追求永恒的价值
>
> 第一款针对男士都市生活的护肤系列
>
> 都市污染，皮肤暗淡无光
>
> 专属都市男士生活护理系列
>
> 阻绝污染，告别黯哑肤色

2. 下面是一则官方条例的部分内容，请从情态资源与及物性系统角度对它所揭示的权力关系进行分析。

《天津市水污染防治条例（草案）》征求意见稿

第一章 总 则

第一条 为加强水污染防治，保护和改善本市水环境质量，保障饮用水安全，促进经济社会全面协调可持续发展，根据《中华人民共和国环境保护法》《中华人民共和国水污染防治法》等有关法律、法规，结合本市实际情况，制定本条例。

第二条 本条例适用于本市行政区域内的河流、湖泊、渠道、水库等地表水体和地下水体的污染防治。

第三条 水污染防治应当以实现良好水环境质量为目标，坚持保护优先、预防为主、综合治理、公众参与、损害担责的原则。

第四条 市和区县环境保护行政主管部门对本行政区域水污染防治实施统一监督管理。市水行政主管部门负责本市行政区域内水资源保护和城镇排水、污水集中处理管理和监督工作；区县水行政主管部门和其他相关行政主管部门按照职责分工，负责本行政区域内水资源保护和城镇排水、污水集中处理管理和监督工作。发展改革、工业和信息化、规划、建设、国土房管、农业、市容园林、财政、公安、海洋等有关行政管理部门按照各自职责，做好水污染防治相关工作。

第五条　本市实行水环境保护目标责任制和考核评价制度。市人民政府应当根据本市水环境保护目标制定考核评价指标，将水环境保护目标完成情况作为对市人民政府有关部门和区县人民政府及其负责人考核评价的内容，考核结果向社会公开。

第八条　市和区县人民政府应当加强水环境保护的宣传教育，普及相关科学知识，提高公民的水环境保护意识，拓宽公众参与水环境保护的渠道，并对在水环境保护方面做出显著成绩的单位和个人予以表彰和奖励。

3. 请对下面这则有关南海仲裁的新闻报道进行批评话语分析，揭示媒体如何表达自身态度。

"裁决是张废纸，仲裁就是一场闹剧"——南海仲裁的前世今生

"这个仲裁的最大受益者绝对不是菲律宾，而是美国，他们是为了反对中国而做的。"

一场闹剧终于结束。

2016年7月12日傍晚，中国外交部新闻发言人陆慷说："菲律宾南海仲裁案完全是一场非法的政治闹剧。"

而对菲南海仲裁案的所谓裁决，中国明确表达的立场是，不接受、不参与、不承认、不执行。

2015年7月7日，海牙和平宫的一间悬挂着枝形吊灯的房间中，5名法官坐在主持位置上主持了一场听证会：他们的对面，一侧是来自菲律宾的3名代表，另一侧是3把空椅子——中方一直拒绝参与这场仲裁。

"如果有人试图执行这一非法仲裁将产生新的不法行为，中国将运用必要手段阻止非法行为。"2016年7月13日上午10时举行的新闻发布会上，外交部副部长刘振民说，无效的判决不可能得到执行，相关国家应该认识到裁决是一张废纸，不可能执行。同时，国务院新闻办公室13日也发表白皮书《中国坚持通过谈判解决中国与菲律宾在南海的有关争议》，为菲律宾提供了双边对话的通道。

南海仲裁前夕，菲律宾向中国做出和解的姿态，新任总统杜特尔特公开表示，愿意与中国通过谈判解决纠纷，甚至表明即使仲裁对菲律宾有利，也愿意与中国共同开发资源。

"这盘棋的背后，有人在指点。"厦门大学南洋研究院教授李金明认为。

如今，多支军事力量正在聚集南海，这场"闹剧"会演变成一场风暴或仅仅是一阵波澜？多位国际防务领域的学者们的态度则很谨慎。

企图绕开公约豁免权

2012年，在菲律宾挑起的黄岩岛对峙失败后，阿基诺三世政府于同年7月31日做出决定，把位于南海中菲争议海域的3个油气区块进行招标。其中，第3、4区块属南沙群岛礼乐滩范围，这遭到中方的"严正抗议"。

招标的结果让阿基诺三世很失望，原先邀请或预计的几家外国石油公司都没有现身，只有菲国内6家企业提出4个投标申请。当天，美国彭博社分析这一结果时揶揄道，"没有一家跨国企业愿意惹恼中国，付出被中国市场边缘化的代价"，只有那些"在中国根本没有机会的公司"才会参与投标。

于是，另一个精心的谋划开始——阿基诺政府开始酝酿把中国告上海牙仲裁庭。

2013年1月22日，菲律宾单方面向海牙常设仲裁法院（PCA）提起"强制仲裁"。

"诉状"共15项内容，相关文件累计至今已有近4000多页。其中，陈述性的意见翻译成中文有15万字左右。

这些法律文本很枯燥。李金明教授总结说，主要涉及三方面问题：中国对南海，尤其是"九段线"的领土主张具有什么样的法律地位？该海域各种地貌特征是属于岛屿、岩礁，还是仅属"低潮高地"？菲律宾还要求仲裁庭确认其在"专属经济区"内自由开展各种工作，不受中方干涉。

"它的仲裁请求内容显然是经过精心设计的。"在南方报业传媒集团于5

月举办的"南海争端与国际法"研讨会上，李金明教授表示，"这15项仲裁请求都是在进行法理辩论，它并不要求仲裁庭裁定其与中国之间的岛屿主权争端及海洋划界纠纷，而是要求法庭认定中国的主张和行为不符合《联合国海洋法公约》。"

2013年2月19日，中国政府正式退回菲律宾的《仲裁通知》，并对仲裁庭的管辖权提出质疑。早在2006年8月25日，中国就向联合国秘书长提交一份书面声明：对于《联合国海洋法公约》第298条第1款所列任何争端，即涉及领土主权、海洋划界、军事活动之类的争端，中国不接受《公约》第15部分第3节（第297条、298条、299条）规定的任何国际司法或仲裁管辖范围。

菲律宾也有一项类似的排除性声明。2002年，该国在签署《联合国海洋法公约》的宣言中，也特别强调涉及"卡拉延群岛"（菲律宾对非法侵占的中国南沙群岛部分岛礁的单方面称谓）争议时，不承认该《公约》。

"梳理一下仲裁庭在事实认定和法律推理上的做法，不难发现，仲裁庭均采用切割和碎片化的处理方式。"2016年5月7日，在吉林大学举行的中国国际法学会年会上，外交部边海司副司长肖建国发言说，仲裁庭有意把争端涉及的政治层面与法律层面切割，把中国对南沙群岛的悠久历史脉络切断，把南沙群岛地理整体性切碎，把《公约》整体与个别条款割裂。

通过这些"技术性"的手段，菲律宾声称"南海仲裁案不涉主权"，意在绕开中方依据《公约》第298条而享有的豁免权。

"仲裁庭是一幢应予拆除的违法建筑"

7月13日上午10时45分，联合国官方微博发布一个微博让人颇为回味，"国际法院（ICJ）是联合国主要司法机关，根据《联合国宪章》设立，位于荷兰海牙的和平宫内。这座建筑由非营利机构卡内基基金会为国际法院的前身常设国际法院建造。联合国因使用该建筑每年要向卡内基基金会捐款。和平宫另一'租客'是1899年建立的常设仲裁法院（PCA），不过和联合国没有任何关系。"

"仲裁庭绝不是国际法庭，这一点请大家一定要注意。"外交部副部长刘振民强调，"这个仲裁庭不是国际法庭，与位于海牙联合国系统的国际法院毫无关系，与位于汉堡的国际海洋法法庭有一定关系，但不是海洋法法庭一部分。与位于海牙的常设仲裁法院（PCA）也不是一个系统的，有点关系，为什么呢？因为常设仲裁法院为仲裁庭提供了秘书服务，仅此而已。这个仲裁庭在庭审的时候使用了常设仲裁法院的大厅，仅此而已。"

"菲律宾南海仲裁庭是一幢应予拆除的违法建筑。"外交部边海司副司长肖建国批评说。

组建之日起，仲裁庭就被批评"暗箱操作"。2013年4月24日，国际海洋法法庭庭长柳井俊二就开始强行组建5人仲裁庭，斯里兰卡籍法官克里斯·平托（Chris Pinto）担任首席仲裁员。其他4名仲裁成员分别是：德国籍法官沃尔夫拉姆（Rudiger Woffrum）、波兰籍法官波拉克（Stanislaw Pawlak）、法国籍法官柯（Jean Pierre Cot）以及荷兰籍法官松斯（Alfred Soons）。

职业道德与程序正义的瑕疵几乎同时暴露。按照仲裁庭的组织程序，被指派的仲裁员应为不同国籍，或其境内的常住居民或国民，且不得为争端任何一方工作或存在其他利害关系。不久，斯里兰卡籍法官克里斯·平托就被指触及这一回避制度，他的妻子被曝是菲律宾人。

一片质疑声中，2013年5月6日，克里斯·平托只好回避南海仲裁案。同年5月30日，柳井俊二提名加纳籍前法官托马斯·A.蒙萨（Thomas A. Mensah）填补这一空缺。而蒙萨几天前刚刚经加纳提名，胜选进入《公约》附件7所列仲裁员名单。史蒂芬·塔尔蒙（Stefan Talmon）等多位国际法学家学者认为，"这有失严谨。"

这5名仲裁员之中，只有松斯是大学教授，其余4人都是国际海洋法法庭现任或前任法官，均有欧美生活的经历。其中，德国籍法官沃尔夫拉姆被菲律宾选中作为其代表。

"这个仲裁庭的五位法官没有一位来自亚洲，更不用说来自中国，他们了解亚洲吗？他们了解亚洲文化吗？他们了解南海问题吗？他们了解亚洲复杂的地缘政治吗？"外交部副部长刘振民说，这个仲裁案可能会成为国际法史上一个臭名昭著的案例。

"由当时日本籍的国际海洋法法庭庭长任命仲裁员是否合适？"3年后，重新审视"仲裁庭"，外交部边海司副司长肖建国质疑，"皮之不存，毛将焉附？另外，就仲裁庭的组成和程序而言，还涉嫌违背国际间仲裁的一般程序规则和实践。"

由于中方拒绝仲裁，荷兰籍法官松斯被指定代表中方立场。不过，他也颇有争议。几年前，松斯也曾公开撰文承认，"岛礁可主张的海洋权利是划界不可分割的一部分。"

换言之，确认主权和海域划界，首先要判定一个海洋"地物"的性质是岛是礁，抑或是低潮高地。仲裁案伊始，松斯却改变了这一立场：作为"中方代表"，他在审理管辖权和可受理性阶段的投票中，明确支持菲律宾的诉讼请求。

松斯"出尔反尔"，他的指定者正是柳井俊二。公开资料显示，柳井俊二毕业于东京大学法学部，1961年进入外务省，曾担任日本外务省次官和驻美大使，直到2005年成为国际海洋法庭的法官。2011年至2014年间，柳井俊二任国际海洋法庭庭长。

柳井俊二的当选，最先触动邻国的神经。2011年10月3日，新加坡《联合早报》发表题为《日人掌海洋法庭，邻国忧虑》的文章，"这曾引起中国、俄罗斯和韩国的广泛担忧，三国与日本均存在严重的海洋权益纠纷。"

"对于南海仲裁庭的组织，尽管不能因仲裁庭是由日本法官指定而组成，就推定出其必然会代表日本政府的立场。"南方防务智库理事长张东明认为，柳井俊二当选法官必经日本政府提名。

2014年从海牙卸任后，柳井俊二与安倍政府的关系彻底暴露在阳光下。柳井俊二很快被指定为"安全保障法制基础再构筑恳谈会"主席，该机构主要为安倍晋三提供私人咨询服务。2013年9月，这家"恳谈会"还向安倍建议，应修改相关法律，准许自卫队直接登岛，并对中国渔民实施"武力驱赶"；2014年5月15日，作为日本新《安保法》的首席顾问，柳井俊二向安倍政府提交了一份解禁集体自卫权的报告。

"美国才是这场战斗的主角"?

这场"法律战"中,菲律宾不惜血本重金聘请一支庞大的国际顾问团队。

学术良知也难抵高额的顾问费。外交部边海司副司长肖建国透露,菲方在本案中聘请的一名澳大利亚水文专家几年前承认,南沙群岛中至少有十几个可主张全效力的岛屿,但该专家在被菲方雇用后却改变了原有的立场。

保罗·雷切尔则是核心顾问。这名美国律师的职业生涯中,多数案件均涉及"小国对抗大国",包括格鲁吉亚诉俄罗斯、毛里求斯诉英国、孟加拉国诉印度等。早在1984年,保罗·雷切尔就帮助尼加拉瓜把他的祖国告上了法庭,最终,美国政府因支持尼加拉瓜的桑迪诺反政府集团等而败诉。

2015年3月,"太平岛是岩礁还是岛礁"被补入南海仲裁案。李金明教授认为,这是菲律宾采纳了美国律师团的建议。根据《联合国海洋法公约》有关规定,太平岛完全享有法律上"岛屿主权"的全要素和效力,即拥有200海里的专属经济区。

近年来,美国实施"重返亚太平衡战略",不断介入南海问题。李金明教授认为,它希望借助菲、越等国家牵制中国。同时制造地区紧张局势,以推销其淘汰、落后的武器装备;日本则试图拉拢东南亚个别国家,构筑反华阵线,以减缓其在钓鱼岛方向上所受的压力,并制衡中国的发展。

2013年1月底,菲律宾提交国际仲裁后不久,美国前国家情报主任、副国务卿约翰·尼格罗彭特公开表态支持。同年2月22日,美国众议员杰夫·米勒率领一个立法代表团访菲,也声称支持菲律宾诉诸国际仲裁。2013年10月10日,在文莱举行的东亚峰会上,美国国务卿克里当着多国领导人的面宣称,"支持马尼拉采取的仲裁策略及其领土声索。"

越来越多的菲律宾人并不领情,他们逐渐意识到非法无效带来更多的麻烦。

2016年7月12日,新华社援引菲律宾前教育部副部长安东尼奥·瓦尔德斯的话说,"这个仲裁的最大受益者绝对不是菲律宾,而是美国,他们是为了反对中国而做的。"

美国态度愈发强硬,意在激化地区紧张局势。"在关键时候美国袖手旁观，这会对美国在亚太地区的地位造成重大的打击，美国不是不明白这一点。"稍早前，南洋理工大学拉惹勒南国际问题研究学院助理教授李明江曾预测说。

美国的确没有"袖手旁观"。今年7月初，美军派出"里根"号航母在内的7艘舰船集结南海，其中3艘驱逐舰多次"悄悄接近"中国岛礁，美军特遣部队同时已进南海。美国海军少将亚历山大称，此举是为"维持海上开放供大家使用"。

2016年7月12日，南海仲裁结果公布的当天，中国海空军为期七天的演习也已结束。国防部新闻发言人杨宇军做出强烈回应，"不论仲裁结果如何，都不会影响中国在南海的主权和权益。不论仲裁结果如何，中国军队将坚定不移捍卫国家主权、安全和海洋权益，坚决维护地区和平稳定，应对各种威胁挑战。"

注释：

常设仲裁法院（PCA）：位于海牙的和平宫，该建筑是1913年依靠卡内基基金会的捐赠建立起来的。起初只由常设仲裁法院使用，但事实上在二战结束前常设仲裁法院几乎门可罗雀。现在由该院和国际法院共同使用。海牙国际法院显然比仲裁法院"权威"。

二战结束后成立了联合国，1946年2月，根据联合国《国际法院规约》，成立了国际法院（ICJ），该法院不仅在海牙，且同样位于"和平宫"内，令许多人因此将二者混淆。ICJ是联合国下属六大机构之一，是具有明确权限的国际民事法院，其仲裁是具有法律约束力的，并可向联合国及其专门机构提供法律方面的咨询意见；而PCA的权限却是相对含糊的，并非通常意义上的法庭，只能在争端当事双方的要求下才能介入争端的调查、仲裁和调解，且究竟适用国际公法或私法也一直是争议不绝的一件事。

国际海洋法法庭（ITLOS）：是根据《联合国海洋法公约》规定于1994年设立的国际司法机构，主要职能是解决由于解释和适用《公约》条款而产生的争端和问题。法庭总部设在德国汉堡，全庭由21位法官组成。仲裁法庭与海洋法法庭的关联就在于，如果仲裁庭不能经当事双方协商一致组建，那么仲裁庭的组建工作就落在了国际海洋法法庭庭长的肩上。根据《公约》规定，即使当事一方不参加仲裁员的指派和仲裁庭的组建，另一方仍可通过国际海洋法法庭相关机制完成上述工作，即，由国际海洋法法庭庭长任命5人仲裁庭中的4位仲裁员。

（《南方周末》2016-07-14）

第九章
多模态语篇分析

传统的语篇分析仅仅将语言作为研究对象，只注意语言系统和语义结构本身及其与社会文化和心理认知之间的关系，忽视诸如图像、声音、颜色、手势、音乐等其他意义表现形式。20世纪90年代西方兴起的多模态语篇分析（multimodal discourse analysis），在很大程度上帮助人们克服了这一局限。这一章，我们将从以下几个方面介绍多模态语篇分析：（1）多模态语篇分析的界定；（2）多模态语篇分析的理论基础；（3）多模态语篇分析的方法和内容；（4）多模态语篇分析的应用。

9.1　什么是多模态语篇分析？

模态指交流的渠道和媒介，包括语言、图像、颜色、音乐等符号系统。随着数字化时代的来临和多媒体计算机技术的广泛应用，人类交际中出现多种符号系统，经常是听觉、视觉、触觉并用。在有些语境如电影院、画展、音乐会等场景中，交际的主要模态已经不再是语言，而由图像、空间布局、音乐等替代。意义的生成、传递、解释以及再生由众多交际资源实现，语言只是其中的一种。语篇已不再以单一模态参与社会实践，而是集意义建构不同层次的多种符号于一身；语篇分析也随之发展到一个新的历史阶段，研究范围由原来的文字扩展到图片、动画、编排、影像和空间布局等范畴。

多模态语篇的界定有狭义和广义之分。狭义的多模态语篇是指同时使用两种或两种以上模态的语篇，包括同时使用两种模态的"双模态话语"（bimodal discourse）。例如使用可视电话进行交际时，交际双方都需要用耳朵听对方的讲话内容，用眼睛看对方的表情变化和手势变化。在日常生活中，我们经常碰到同时使用三种以上模态的情景。广义的多模态语篇要看涉及的符号系统有多少。有些语篇涉及一种模态，却包含两个以上的符号系统。例如，连环画虽然只涉及视觉模态，但既有文字又有图画；广播小说虽然只涉及听觉模态，但既有文字内容又有背景音乐。我们也把这些语篇看作多模态语篇。我们每天在报纸、杂志、广告、招贴画、故事书、教科书、活页文选、百科全书、说明书、计算机界面上，甚至在我们相互交往时都离不开多模态语篇。

多模态语篇分析认为，非语言符号资源同样具有系统性、功能性及层次性，它们与语言一起共同参与语篇意义的建构。这一领域最早的研究者之一是R. Barthes，他在1977年发表的论文《图像的修辞》（"Rhetoric of the image"）中探讨了图像在表达意义时与语言的相互作用。视觉语法（Kress & van Leeuwen 1996，1998，2001，2006）专门探讨视觉符号规则地表达意义的现象，包括视觉图像、颜色以及报纸的版面设计等。另外，还有研究涉及专门语类中多种符号系统相互作用产生意义的过程（O'Halloran 1999，2004）。这些多模态语篇分析不仅看到语言系统在意义交换过程中所发挥的功能，而且看到其他符号在该过程中的功能，对语篇意义的解读更加全面、准确、到位。

9.2　多模态语篇分析的理论基础

多模态语篇包含的各种模态都是实现意义的社会符号系统，能够表达人的思维结构和认知体验，因此多模态语篇分析研究可以从"社会功能分析"和"认知分析"两个视角展开（张蕾 2013；冯德正、张德禄 2014）。前者主要的理论基础是韩礼德创立的系统功能语言学（Halliday 1978，1985，1994；Halliday & Matthiessen 2004）。它从系统功能语言学那里接受了语言是社会符号的观点，认为非语言符号系统和语言一样都是社会文化的产物，是人们在生产和阐释社会现象时用来创造意义的资源。这种视角接受了系统功能语言学的系统理论，认为多模态语篇自身也具有系统性，各符号内部也是一个有机的连贯的整体，和语言文字一起形成各自独立而又交互的符号资源，共同参与意义建构（Kress & van Leeuwen 1996：122）。多模态语篇分析还接受了语域理论，认为语境因素和多模态语篇的意义解读之间有着密不可分的联系。

基于系统功能语言学理论框架，多模态语篇分析可以从文化层面、语境层面、内容层面和表达层面展开研究。文化层面涉及意识形态和体裁。前者包括人的思维模式、处世哲学、生活习惯以及一切社会潜规则，而后者指实现它的交际程序或结构潜势。两者决定着交际的传统、形式和技术，并体现为语境层面的情景语境，即制约着交际的具体语境因素，包括话语范围、话语基调和话语方式。它们分别决定着意义层面的概念意义、人际意义和语篇意义。这些意义通过形式层面的各种符号的形式系统得以实现，包括语言的词汇语法系统，视觉性的表意形体和视觉语法系统，听觉性的表意形体和听觉语法系统，触觉性的表意形体和触觉语法系统，以及各个模态的语法之间的关系。各种符号形式之间通过互补或非互补关系，共同表达语篇意义（张德禄 2009）。意义层面和形式层面共同构成内容层面，是多模态语篇分析框架的核心。

多模态隐喻理论的发展是近年来多模态认知视角研究的重要成果。该理论重点研究不同的隐喻如何体现于各种符号实践，作用于人的认知语境，影响人们的认知识解。由于隐喻不仅是一种语言现象，更是一种思维方式，因此隐喻不仅可以用语言符号表达，还可以用其他符号模式来表达。2003年，多模态研究权威期刊《视觉交际》（*Visual Communication*）发表了《理解视觉隐喻》（"Understanding visual metaphor"）一文，首先将视觉隐喻这一概念从传媒艺术领域引入多模态语篇分析。《多模态隐喻》（*Multimodal Metaphors*）（Forceville & Urios-Aparisi 2009）将表征隐喻的模态从视觉或图片模态扩展到听觉、触觉和嗅觉模态，首次提出多模态隐喻的概念，将其定义为源域和目标域全部或主要通过两种以上的模态来表征的隐喻。多模态隐喻有广义和狭义之分。广义上的多模态隐喻被定义为由两种以上模态共同参与构建的隐喻；狭义上的多模态隐喻指源域和目标域被不同模态表征的隐喻。

多模态隐喻研究基于概念隐喻研究，它的核心思想就是语言在很大程度上以人类的躯体经验作为基础，社会文化因素在躯体经验中占据重要地位（Lakoff & Johnson 1980）。多模态隐喻中投射不仅是体验性的，而且是文化性的（Forceville 2009：27）。多模态隐喻研究考虑交际中的语篇产出者、语篇接收者、语境、信息、渠道和符码等要素（Jacobson 1960），运用关联理论解释语篇产出者通过有效刺激，激活语篇接收者的认知环境，从而引导后者对语篇中的隐喻做出正确的识解（Forceville 1996：10；Yus 2009）。多模态隐喻的构建和解读往往与文本的语类相关联，语类决定着语篇接收者对概念隐喻及其源域、目标域以及映射项的识解（Forceville 2009；Koller 2009），影响着多模态隐喻表达手段的选择。

基于概念隐喻理论、概念整合理论和关联理论，多模态隐喻研究对多模态隐喻进行分类，探讨其工作机制和认知特征。它把语类图式、文化规约、交际参与者的社会文化背景和即时认知环境纳入隐喻研究，揭示了隐喻的动态构建特征，不仅发展了传统的认知隐喻理论，能更全面客观地触及隐喻的本质，也为多模态语篇分析提供了新的视角。

近年来，社会功能与认知隐喻视角的多模态研究都在各自的理论框架内取得了重要进展，两种视角可以互为补充，相得益彰（赵秀凤2011）。冯德正（2011）从系统功能语法的角度对多模态隐喻的构建与类型进行了系统阐释，在二者的融合方面做了初步尝试。张德禄、郭恩华（2013）指出"两者在语言哲学层面、语境层面相互连接；在理论构建层面，以及语篇分析的具体应用层面存在很大互补空间"；同时他们认为，在具体多模态语篇分析中，社会符号学视角提供宏观语义框架，认知隐喻视角则为分析显性的多模态隐喻提供微观分析，前者引导后者分析的方向，后者引发新的社会符号进程的互补和交叉分析路径，使多模态语篇的分析更加充分、全面和透彻。在实证研究方面，潘艳艳（2016）将视觉语法与多模态隐喻与转喻研究相结合，在认知–功能框架下探讨了动态多模态语篇《中国国家形象片——角度篇》中多种模态以及多模态隐喻与转喻如何建构多元的、团结的、积极正面的中国国家形象。

9.3　多模态语篇分析的研究内容

多模态语篇分析是对组成一个语篇或一个交际事件的不同符号模态的分析，它将语言符号和其他符号资源整合起来，旨在通过考察符号各自所体现的意义和符号之间的互动意义，分析和解释它们是如何共同协作，创造出一个完整的语篇或交际事件（胡壮麟 2007）。

因此，多模态语篇分析主要的研究内容之一就是发现不同模态形成的形式项目，并且研究它们体现意义的语法规则。我们以视觉模态为例。对它的分析主要考察单个图像的再现意义（representational meaning）、互动意义（interactive meaning）和构图意义（compositional meaning），分别对应于系统功能语言学中的概念意义、人际意义和语篇意义。再现意义用于表征图像中人物、地点和事件之间的交际关系或概念关系（Kress & van Leeuwen 1996：119）。图像根据其有无向量，可区分为叙事性和概念性两大类。向量是叙事图像的标志，而概念图像中则没有向量。在此基础上，叙事图像又分为行动过程（action process）、反应过程（reactional process）、言语过程（speech process）和心理过程（mental process）等，其中行动过程和反应过程又可分为及物的（transitive）和不及物的（non-transitive）两种类型。

图9-1　欲盖弥彰

上图是刊登在《中国日报》上的一幅政治漫画，再现意义由叙述再现和概念再现共同实现。两座火山没有向量，属于概念图像；根据文字提示，它们分别代表叙利亚内战和美国国内的窃听丑闻事件。火山爆发腾起的黑烟以及四射的火焰分别象征着叙利亚内战的爆发和丑闻事件引发的强烈反响。叙述再现由两个行为过程、一个反应过程和一个心理过程体现。两个及物行为过程由同一个参与者——美国前总统奥巴马的左右手形成的向量体现。他的左手向另一个参与者叙利亚投掷手榴弹，暗示着美国的干涉引发了叙利亚内战；而他的右手用铁盖堵住火山口，象征他极力减少丑闻事件的负面影响。他右上方的话语实现了心理过程，反映出他的真实想法：希望人们将注意力转移到国外叙利亚战事。他的目光投向并没有出现的阅读者，是不及物的反应过程。整幅漫画借助文字和图画这两种视觉符号，讽刺了美国插手别国内政的政治意图。

图像除了可以再现图像中人与人、物与物之间的关系外，还可以构建观看者和图像中的世界之间的特定关系，即互动意义。互动意义主要通过接触（contact）、距离（distance）和视角（perspective）等方面的共同作用，构建出观看者和再现内容之间复杂、微妙的关系，也可以表示观看者对所再现的景物应持的态度（李战子 2003）。就"接触"而言，当图像中的表征参与者（represented participant）直视观看者时，表征对象就与观看者接触，似乎在向观看者索取什么，构成"索取"类图像。没有这种接触的图像属于"提供"类图像，只是客观地向观看者提供一些信息。图 9-1 中的参与者奥巴马直视观看者，他不安的表情直接向观众提出诉求，是典型的"索取"类图像（Kress & van Leeuwen 1996：123）。所谓"距离"，是指可以通过表征参与者的框架大小来构建其与观看者之间的关系。借用影视中的术语，特写（头和肩）提示个人关系；大特写提示密切的个人关系；中近景（腰部以上）提示疏远的个人关系；长镜头（展示整个人，正好占满框架或更远）提示社会关系。如在以下摘自百度图库的袁隆平图片中，右边的一幅采用中近景，突出了袁隆平作为"杂交水稻之父"的个人形象；而左边的三幅图都采用了长镜头，表征了袁隆平与群众、科研人员和奥运会工作人员的社会关系。

图9-2　摘自百度图库

　　观看者和图像世界之间的关系还可以通过"视角"来构建。实际上，对景物拍摄视角的选择暗示着拍摄者对图像中表征参与者的态度，而且拍摄者也通过不同的视角影响观看者对参与者的态度。例如，下面两张照片分别摘自中英新闻媒体同一天（2008年3月8日）对"闹事者阻挠北京奥运会圣火采集仪式"这一事件的报道。我们可以看出双方对闹事者的再现采取了不同的视角：中方图片（图9-3）采取背后视角，闹事者与观看者没有交流，并且成为警察行为过程的目标者；而英方图片（图9-4）中闹事者直面观看者，同时再现为行为过程的动作发出者。这样，双方形成鲜明对比，英方更倾向于突出闹事者和事件本身（田海龙、张向静 2013）。

图9-3　背后视角

图9-4 面对面视角

图像的构图意义对应于功能语法的语篇功能,由信息值(information value),显著性(salience)和框架(framing)来体现。图像的上下、左右、中心和边缘分别传递出不同的信息值(Kress & van Leeuwen 2006)。从左到右的放置结构构成"已知信息→新信息"的结构,如在图9-1的政治漫画中,右侧的图片内容和它的象征意义是创作者意欲向观看者揭示的真相。从上到下的放置结构传递的是"理想→现实"的信息结构,如在图9-5的政治漫画中,图中上部的和平鸽图像属于没有矢量的概念图像,体现了"和平"这一再现意义,象征着人们心中的理想;而下部的叙事,概念图像和文字相结合再现了参与者——日本前首相参拜靖国神社的行为过程,再现了现实中日本不珍视和平的行为,现实与理想形成鲜明对比。从中心到边缘的放置结构传递出"重要→次要"的信息结构,如在图9-2的那组照片中,袁隆平的形象在每张都占据了中心位置。所谓"显著性",指的是图像中的成分吸引观看者注意力的不同程度,可通过被放置在前景或背景、相对尺寸、色调值的对比、鲜明度的不同等实现。图9-5中的漫画"格格不入"通过上下部分图像大小尺寸的对比,揭示了维护世界和平的重要性;而在图9-2中,主人公的鲜明度都高于其他人。所谓"框架",指的是图像中有无空间分割线条。这些线条表示图像中各成分之间在空间上被分离或被连接的关系。对某个成分的分割越是明显,越是表明这个成分表达的信息与其他成分的不相容或不相关,或者说,这些成分不属于同一个世界。例如,在图9-1的政治漫画"欲盖弥彰"中，两座火山分界明显，代表了美国和叙利亚两个独立的国家，分属不同的世界，两者产生联系只因美国的武力干涉，在图中表征为被扔出的手榴弹。

图 9-5　格格不入

近年来，研究者基于语料分析对视觉语法理论进行修正、补充，提出适于分析复杂的多模态叙事语篇的理论框架。他们扩展了概念意义框架，提出人物表征方式、人物关系框架，并超越小句单位、视觉叙事中事件关系框架和不同图像的背景变化关系，使他们的概念意义框架涵盖了系统功能语言学中的参与者、过程、环境成分三个要素（Painter et al. 2013；冯德正 2015）。另外，他们摒弃了眼神表示求取等饱受争议的观点，在人际意义框架中加入了聚焦系统、情感表征和氛围系统。他们将具有争议的信息值框架改为版面布局（layout）框架，并结合图文关系框架提出了视觉叙事语篇中图像与文字的布局关系（Martinec & Salway 2005）。

多模态语篇分析的另外一个主要内容是不同模态如何相互作用，共同实现语篇的意义。一种观点认为，图像的外延意义是无限的，是多重的且飘忽不定，其意义的实现在一定程度上依赖文字，需要文字对其过于弥散的意义潜势加以控制（Machin & van Leeuwen 2007：157-158），并区分了两种图文关系：延伸（补充）关系和详述关系。延伸（补充）关系是指一种符号系统对另一种的表达进行补充，使其具有新的意义。详述关系则是指用两种符号系统对同一个意义进行详述，两相呼应（Kress & van Leeuwen 1996：16）。另外一种观点指出，图像本身就"有其独立的组织和结构"，图像与文字文本之间的关系是关联性的而绝非依赖性的（Kress & van Leeuwen 1996：17）。他们还提到，图像与文字两种交流模式都对我们的文化建构起到了重要作用，但二者是以其各自独特的方式，独立地完成这一过程的。

我们认为二者在创建意义上相互协同，存在互补或非互补的关系（张德禄 2009）。互补关系包括强化和非强化关系。强化关系是说一种模态是主要的交际形式，而另一种或多种形式是对它的强化，如演讲者在产出口语语篇的同时，他的手势、身势、表情对于语言来说则起到了强化作用；非强化关系表示两种交际模态缺一不可，互为补充的关系。如图9-1中的图像和文字相结合才能完整地传达漫画创作者的意图。非互补关系包括交叠、内包和语境交互关系。交叠是指两种或多种模态同时出现，但它们之间没有相互强化或补充关系，表现为冗余、抵消和排斥三种关系。如教师放映PPT备课资料配合自己的授课过程，语音讲解内容和PPT视觉展示的内容重合，这时视觉符号呈现的内容就是冗余的，只是给信息接受者提供了记忆授课内容的方便。内包是指两种或多种模态对于整体意义的表达没有新的贡献，只是给予更加具体的信息，如多模态字典讲解单词的意义时配图，让读者对词义有更直观的理解。语境交互是指一种模态产生语篇的过程依赖另一种模态提供的语境。以一对正在观看电视体育赛事转播的朋友产生的会话语篇为例，他们的会话意义很大程度上取决于赛事转播的内容，具有很强的情景依赖性。虽然视觉模态产生的情景并没有直接参与交际，但却和听觉模态一起实现了交际意义。

在多模态隐喻研究中，图像被看作隐喻思维的一种有效的表达形式。按照源域和目标域的呈现方式，图像隐喻划分为三类：单域图像呈现式，双域图像呈现式及文字–图像互补式。第一类指只有一个域（通常是源域）以图像形式呈现，另一个域并没有以图像形式表示出来，但可以通过图像语境准确无误地推断出来。以专题长片《中国国家形象片——角度篇》使用的"表演"隐喻为例。"表演"范畴多以动态图像呈现，包括在开篇部分出现的京剧演员，在第一章节中出现的街头演唱者以及在结尾部分出现的钢琴四手联弹的表演场景。相比直观呈现的源域，目标域——中国及其经历的变化，要靠观看者根据宣传片的主题和上下语境进行推断，形成"舞台–世界""演员–中国"和"节目–中国的变化与发展"等主要映射，将"表演"概念域中的核心人物、事件与场景投射到宣传片所构建的核心事件——中国的发展变化以及它所发生的世界背景中。

第二类指源域和目标域同时以图像的形式显性呈现出来，二者或相互独立或整合为一个视觉格式塔。在《中国国家形象片——角度篇》的结尾部分，创作者运用了钢琴四手联弹与各种飞速车流的穿插剪辑，疾驰的车流和各种道路强化了"道路"与"前行"场景，越来越快的音乐节奏表征着运动主体逐渐加快的步伐，呈现出"表演"和"旅程"隐喻的源域概念，同时背景中出现的中国各地历史名胜与标志性建筑转喻性地象征着整个国家，使源域与目标域事物都通过图像得到显性呈现。但是创作者并没有局限于视觉模态构建的图像隐喻，而是同时运用了听觉模态。伴随着一个个剪辑出的城市画面和钢琴演奏场面，琴声变得越来越激昂，令人激情澎湃。在图像构建的表演场景中，越来越快的音乐节奏构建出目标域事物——中国发展的速度，隐喻性地表达了中国发展的速度在渐渐加快。

第三类指一个域以图像的形式呈现，另一个域则以文字的形式传达，二者缺一不可，否则就无法解释为隐喻。如果删除所有的文字材料，隐喻现象随之消失。例如在图9-1的政治漫画"欲盖弥彰"中，如果没有文字"叙利亚"，我们就无法解释喷发的火山象征着内战中的叙利亚。

从文字与图像之间的关系看，在单域和双域图像呈现式的多模态隐喻中，图像和文字相互印证和加强；在文字–图像互补式中，图像和文字相互补充。

近年来，人们开始关注多模态转喻在意义生成中的作用，尤其是它与隐喻如何相互作用在多模态语篇中产生复杂含义（Forceville 2009：383-402；Urios-Aparisi 2009：95-118；Yu 2009）。不同于隐喻涉及两个概念域之间的映射，转喻只包含一个概念域内部的映射，且它的源域与目标域并不是对称的概念对应关系，而是源域对目标域具有"指示"（referential）功能。如果源域是属于目标域的子域，它对目标域的指示就会产生概念域扩展；反之，就会出现概念域压缩（Ruiz de Mendoza & Díez 2002：498）。转喻的这种"指示功能"能利用人们熟知的事物，强调源域或目标域的某些特征，从而激活特定的隐喻。例如，《中国国家形象片——角度篇》用人们熟悉的地标性建筑表示建筑所在的城市，代表性的城市进一步表征中国，这种产生语义扩展的转喻链凸显了整个宣传片表征的主题——中国，激活了"道路"隐喻与"表演"隐喻中的目标域。

9.4　多模态语篇分析的主要研究方法

多模态语篇分析最初只关注静态模态之间相互作用产生交际意义的过程，近年开始对动态多模态视频语篇进行尝试性的探索，包括探讨影视文本的分析方法（Thibault 2000；Iedema 2001；Baldry 2004；Baldry & Thibault 2006），运用多媒体编辑软件探讨电影片段中显著的符号选择（O'Halloran 2004），探讨动态多模态语篇如何通过符内和符际互动过程表达意义潜势（Tan 2009），以及通过分析教师招聘电视广告探讨视觉语义层对研究多模态影视语篇帧际关系的有效性（Lim & O'Halloran 2010）。国内学者（李战子、向平 2007；唐青叶 2008；洪岗、张振 2010；张德禄、袁艳艳 2011）也开始关注动态多模态视频语篇的研究，但总体上说，研究还较少，尚处于起步阶段。

对动态多模态视频语篇的分析离不开转录，即以文本的形式把视频语篇的基本信息按其呈现的顺序进行记录和重建（Baldry & Thibault 2006：167）。研究者对影视语篇提出了两种分析和转录方法：宏观分析方法和微观分析方法。宏观分析的转录旨在获取语篇的基本结构，根据构成语篇的次单元之间的联系解释完整语篇的意义生成过程。微观分析的转录是对意义生成过程中所使用的符号资源进行详尽的描述，但为了避免无穷的细节描写，转录必须有选择性，只转录与分析相关的特点（同上：178）。

为了更细致、更准确地分析视频语篇的符号系统选择和意义建构过程，以及合理解释符号系统选择的意义，研究者尝试建立多模态语料库并开发多模态检索软件（Gu 2006；Baldry & Thibault 2008；顾曰国 2013）。2013年，新加坡大学研究团队开发出视频多模态语篇分析软件MMA video 2.0，可对视频语篇进行定量和定性分析。软件的分层标注功能有助于分析者更直观地观察各符号选择的特点。标注层可以通过选择软件自带的默认系统或按研究需要自建，符号选择按颜色区分，将原本抽象的选择过程具象化，而且可以实现复制、粘贴和自由拉伸等功能，十分方便。分析结果与通用软件（如Excel）兼容，方便分析者进一步加工数据。软件还带有可视化程序，把分析结果自动生成图示，动态演示视频播放过程中参数选择的变化。

多模态语料库的建立与运用，使多模态语篇研究结论基于对大量语料的系统描述（Gu 2006），体现了多模态语篇分析的实证研究视角。另外，研究者还尝试运用心理实证方法进行受众研究，证实（或证伪）某一论点或者考察受众对多模态语篇的认知过程。他们指出，多模态语篇分析应该从生产和接受两个角度进行研究。前者关注设计者如何通过多种模态表征信息；后者则研究作为阐释过程的起点，多模态语篇如何为受众所接受（Holsanova 2012）。这类研究着重探讨眼睛跟踪测量方法在这方面的功能。在国内，研究者（如孟艳丽、李晶2011）通过眼球运动追踪实验、记忆识别测试和评价调查，研究了语篇受众对英语学习广告这种多模态广告语篇的注意力、记忆和评价三种认知层面，探索了多模态语篇中的连贯资源如何与读者心理认知机制互动并共同构建连贯的语篇。

9.5 多模态语篇分析的应用领域

多模态语篇存在于社会各领域，不仅影响了这些领域中的交际方式，也丰富了各领域的研究内容和研究视角。视觉文化和视觉交际手段的兴起影响着教育的改革和创新，多模态语篇已成为现代课堂教学和教科书的显著特点之一。

　　"多元读写能力"（multiliteracy）这一概念最初由New London Group（1996）提出，他们把"设计"（design）作为实现多元读写能力的一个重要理论概念，并提出了已有设计（available design）、设计过程（designing）和再设计（redesigned）的理论框架，以及实现多元读写能力的教学设计步骤。多元读写能力强调多模态学习是在语境和学生个人兴趣的促动下构建符号转换的行为，学生的学习过程是通过在已有资源中进行选择从而产出新语篇的过程。教师的教学话语、已学知识、课本知识是学生在语篇生成过程中可利用的资源，而学生语篇则是学习的结果（Kress et al 2001）。目前不少国外学者正致力于这方面的研究（如Lemke 1998，2000；Unsworth 2001，2005；Jewitt 2002；Royce 2002；Kress 2003）。国内对这一理论的研究包括介绍引进（朱永生2008），实践应用（葛俊丽、罗晓燕2010；王惠萍2010；曾庆敏2011；张义君2011），多元读写能力培养模式的探索（韦琴红2009，2010；张德禄2012；张德禄、张时倩2014），以及多模态读写能力培养过程中涉及的多模态教学话语（张德禄、王璐2010；张德禄、李玉香2012），多模态教材的基本编写原则和语域因素对各个学习阶段教科书的图像特点和图文关系的影响（陈瑜敏、王红阳2008；张德禄、张淑杰2010）。因此，在教育教学领域，多模态语篇分析已经与教学目的、课程设计等相结合，对课堂教学和教材设计起到了指导作用。

　　在文学领域，多模态语篇分析方法为多模态文学语篇的解读和欣赏探索了一种新的方法和途径。例如，从语言层面和印刷形式上对诗歌的功能做全方位的解读，欣赏诗歌中视觉效果与文字的形、意完美的联系（王红阳 2007）。还有研究探讨多模态功能文体学理论框架的建构问题，提出通过探讨不同模态的突出特征、模态之间的连接和协同的关系，从模态组合、意义建构、语境、体裁和文化多个层面探讨语篇的文体特征（张德禄、穆志刚2012）。而认知诗学借用了认知语言学中相关的概念，包括图形背景、认知语法、认知指示、概念隐喻、概念整合和文本世界理论，将它们与视觉感知等其他文字之外的模态相结合，研究文学作品中的排版布局、颜色、字体、符号的使用、图案设计、音韵对主题的表达与凸显，不仅关注多种模态如何整合意义，也关注这些模态如何被读者整合与理解（Gibbon 2012；赵秀凤 2013）。

与此同时，艺术、语言学、传媒学、认知科学等领域的学者，开始使用多模态分析方法对诸如电影视频、新闻语篇、广告语篇的建构与解读进行阐释，如对主流电影的认知分析，对结构主义符号学电影分析的评判，社会符号学对电影研究的贡献（Bateman & Schmidt 2012）。他们尝试进行多模态批评话语分析，提出视觉符号系统也具有意义潜势，可以用来表征人物、行为、人物的态度与情感，认为对特定视觉符号的选择能够体现意识形态意义（Machin & Mayr 2012）。这方面的研究也引起了国内学者（唐青叶 2008；田海龙、张向静 2013）的关注。研究发现，新闻语篇中的图像已不再具有简单的再现意义、互动意义和构图意义，而是与语言符号系统一起成为媒体构建群体身份、表达意识形态意义的一种方式。

练 习

1. 请分析下面漫画的再现意义。

http://humor.huanqiu.com/society/2014–12/5282379.html

2. 请分析下面漫画的构图意义。

http://paper.people.com.cn/fcyym/html/2015–01/23/content_1525919.htm

3. 请分析下面漫画中的多模态隐喻。

"衙门"里的猫和老鼠

http://www.sina.com.cn/pl/2008-01-22/102514799802.shtml

4. 通过以下网址观看台湾地区公益广告"请不要吝惜夸奖"的视频，然后分析不同模态如何共同构建语篇的意义。

http://hope.huanqiu.com/creativeads/2013–10/4434121.html

第十章

语篇分析的研究方法

在前面几章，我们对语篇分析的主要研究领域、内容以及不同的研究视角进行了介绍。这一章，我们将着重讨论语篇分析的方法论，解释如何从不同的研究视角选择适合特定研究目的的资源、分析手段和分析策略，主要包括提出研究问题，确定语篇来源和类型，收集和整理语料以及语料的分析。

10.1 研究问题的提出

语篇分析的起点是界定研究问题。研究问题的界定需要明确，不能太宽泛。很多研究源于我们对特定研究对象的兴趣，包括特定的语言现象、语篇类型、语篇功能或语言使用反映的社会现象。对研究对象的喜爱以及对它们的熟悉程度，有助于我们克服语篇分析过程中的种种艰辛；但是仅仅确定研究对象只是开展研究的第一步，在形成具体的研究问题之前，我们还需要对研究对象进行细化，并且选择特定的研究视角。例如，如果我们对语篇建构身份的功能感兴趣，我们需要进一步确定，是个人身份还是群体身份？建构这种身份的语言活动有哪些？都产生了哪些语篇？在某种特定的语篇中有哪些语言资源会参与身份的建构？如果我们对特定的语篇类型，如广告语篇感兴趣，想研究它的语言特征，我们需要把过于宽泛的问题如"广告语篇的语言特征是什么"进行浓缩，确定哪一类广告语篇中何种语言现象是我们最终研究的焦点。

研究问题的确定除了要考虑我们的兴趣，还应该与以往的研究有所关联。阅读相关文献可以帮助我们了解研究的现状，让我们的研究建立在已有研究的基础之上。例如，以高等学校招生广告为例，我们可以采取历时视角，分析当代招生广告在语篇结构和语言特征上与以往研究发现之间产生的变化，回答研究问题"高校招生广告的演变是否反映并加强了高等教育产业化？"

有些研究问题已经在某一文化或语言中有比较广泛的研究，我们可以考虑在其他文化和语言使用语境中考察同样的问题。例如，英语经济语篇中的主导概念隐喻反映了西方自由市场观念（Boers 1997）；我们可以研究反映自由市场观念的这些隐喻模式在中国同类语篇中是否同样大量存在，是否在一定程度上能够反映发展中的中国与世界逐渐融合的过程。在互联网和社交网站普及的今天，我们很容易获取不同国家新闻媒体对同一经济事件的报道和评论，开展此类语篇的对比研究。

我们还可以尝试在新的语境下研究相同的语篇类型，发现新的问题。例如，曾有研究者指出，性暴力报道语篇的语言特征具有淡化加害人责任的倾向，但是所分析的语篇都产自家庭语境。后来，有研究者（Cameron & Panovic 2014：174-175）收集本国媒体对发生在国外冲突地区的性暴力报道，分析了以往研究中关注的语言特征；在新的语境下，研究者主要想揭示本国媒体对加害人的态度是否会因为他们的身份不同而改变。

另外，语篇分析研究问题的提出会受到其他学术领域有关热点的启示。例如，新闻价值是新闻学与传播学领域广泛探讨的话题。学者们从事件发生、新闻收集和生产过程等不同层面，基于社会、物质、认知等不同维度，尝试确定事件是否具备作为"新闻"报道价值的诸多"新闻因素"。语篇分析可以从话语视角，揭示各种新闻价值（正面性/负面性、接近性、影响力、时效性等）如何通过语言与非语言符号资源进行构建。由此，可以衍生出不同的语篇分析研究问题，包括特定语言结构所能构建的新闻价值、特定主题的新闻价值构建，以及新闻价值的历时研究与跨文化研究。另外，随着新媒体兴起，与语类研究的结合也存在深入的研究空间。

总之，研究问题不宜过大。涵盖内容太多，或者时间跨度太大都不可行；要具有针对性，对研究对象和研究视角有清晰的界定。有时，为了验证研究问题的可行性，我们需要收集部分语料开展前期研究。我们将在下一节探讨语料收集的问题。

10.2 语料的收集

语篇分析是实证研究，所关注的是自然产生的书面和口头语篇。语篇来源多样，种类繁多（Wood & Kroger 2000：68）（见表10-1）。

表 10-1 不同类型语篇来源

口头语篇：面对面
地点
家庭（包括居住地），学校，办公室或工作场所，医疗场所（医院、诊所、医生的办公室、疗养院），法律环境（警察局、法庭、监狱），游乐场（运动俱乐部、网球场、高尔夫球场），博物馆，电影院，商店，餐馆，马路上
活动
家务，娱乐互动，派对；会议，餐饮，喝咖啡的休息时间，集体任务，模仿或训练活动，医学访谈（讨论、会议、问答时间、访谈以及其他互动交流），教室讨论或研讨交流活动，工作谈话，书籍社团，专题小组讨论；职工大会，社区会议，大会，集会活动；订购商品，批发贸易，拍卖，信息反馈及投诉接待，治疗会，医疗咨询，电视访谈节目，政治辩论；挨门挨户的游说，推销，拉票，口头测试，议会提问阶段，参议院听证会，媒体见面会，法庭和准司法程序，发言，演讲，会议报告，广告，法官的开场发言和审判总结，罢工纠察，政治示威
口头语篇：通话
会议电话，通知，投诉，预约及预定（服务、商品）热线，采访，调查勘测，民意调查，紧急呼叫（911），电话咨询机器使用情况
口头语篇，间接的及其他
电视，电影，文档，音频或视频录制的通信，短信
书面语篇，通信
信件，备忘录，留言，电子邮件（包括群聊），问卷调查及书面回答，（诸如商店或航空公司发出的）反馈请求及回应
书面语篇：出版物
杂志，报纸和期刊中的文章（如学术论文），书籍或书的某些章节，法庭审判书，法律条例；合同，政策文件，广告，告示，标志牌，公告声明；会议记录，文档（如应聘人员、申请读研人员及病人的档案，包括检查和询问后的病例记录等），涂鸦，日历，手册，指南，给编辑的信，文学作品，即小说，戏剧，短篇小说，电视剧和电影脚本，歌剧剧本及诗歌
书面语篇：非出版物
日记，购物清单，备忘，笔记，小说作品

随着网络社交平台的不断普及，日常生活中涌现出许多新型口语与书面语篇，包括网上论坛和短信语篇。因此，在界定研究问题之后，我们需要在众多类型的语篇中选择合适的语料进行分析，反映我们要研究的问题。由于研究目的的不同，语料所具有的功能也是不同的，见图10-1。

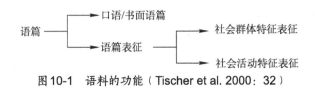

图10-1　语料的功能（Tischer et al. 2000：32）

如果研究问题涉及特定的语言现象的功能，那么存在这种语言现象的口语和书面语篇就将成为我们分析的语料。例如，研究问题"日常会话中停顿有哪些功能"，需要我们收集存在停顿现象的日常会话语篇。如果研究问题关注某些社会活动和社会群体，那么我们则需要收集能够反映这些社会活动和社会群体特征的语篇作为分析的语料。如果我们尝试探究不同国家对某一国际争端的态度，我们需要找到最能代表国家立场的语篇，包括官方媒体的新闻语篇和国家领导人的讲话等。如果我们对"中国老年人社会身份建构"感兴趣，就要选择关于老年人的语篇，包括针对老年人的报道和论坛以及老人访谈等语篇。

现有汉语语料库可以为我们提供部分书面和口头语料，包括国家语委的"现代汉语语料库"、北京大学"CCL语料库"和《人民日报》标注语料库"等。但在绝大多数研究中，为了保证语料的适宜性和时效性，我们需要自己收集语料。绝大多数书面语篇都会以纸质或电子文档（包括网页）的形式保存，还可见于图书馆的书架上，但是我们不应忽略书面语篇可能存在的其他各类媒介，不论是户内的还是户外的（如布告板、墙壁、建筑海报、电话亭、洗手间隔间等）。如果需要获取访谈和会话语料，我们需要对这些语言活动进行录音或录像。语料的收集过程并不是随意的，应该考虑语料来源的权威性和语料本身的代表性。如果要揭示语言对"中国梦"理念内涵的阐释功能，可以选择官方媒体语篇和国家领导人话语进行分析，因为它们是中国核心政治话语的表达载体，具备权威性和代表性。但是，如果要通过语篇揭示公众对"中国梦"的认可度，只有这两种语篇是不够的，还需要收集微博话语等社交媒体语篇。

语料的大小并没有统一的规定，需要考虑研究目的、研究时长和研究者的精力。如果我们对特定语篇，如美国总统在美军抓获萨达姆之后发表的演讲的语篇结构感兴趣，那单个语篇就能满足研究的需要。如果我们想探讨某类语篇的特殊功能，例如老年人话语对自身身份的建构功能，就需要获取足够多的访谈语篇。有时受时间和精力的影响，我们可以采取限定时间跨度或者随机抽样的方法，在庞杂语料中抽取一部分进行研究。例如针对某个国际事件新闻报道的研究，我们可以把语料收集时间设置为事件发生后的数天以内。如果想通过媒体语篇研究中国社会自改革开放以来发生的变化，由于时间跨度长，我们可以采取对权威性的报刊《人民日报》进行随机抽样的方法，选取每年一月第一个星期一发表在《人民日报》头版上的文章作为分析的语料。对口头语篇的收集需要限定每次录音或录像的时间。如果是针对特定电视或电台节目的语料收集，则可以根据每集访谈的持续时间确定所需录音或录像的次数。一般而言，持续时间长的研究相比时间短的研究可以考虑扩大语料的容量。

在收集语料的过程中，作为研究者，我们必须遵守一定的规范和准则：首先要尊重参与者的意愿，事先依法取得相关人员的同意，尽量避免强迫研究对象参与研究；其次要确保研究资料的隐秘性，采用匿名或者对参与者的个人身份进行保密。

10.3 语料的整理

语料收集完毕在分析之前需要根据研究目的进行整理。首先应该把录音或录像语料转写为书面文本，记录交际中的细节，便于分析，为分析结果提供佐证，同时为今后研究留下可参考语料（Hutchby & Wooffitt 1998：92）。转写应该逐字逐句展开，尽可能地反映语言使用的真实情况。交际中的任何细节都不能假定为偶然。尽管基于研究问题，一些语言现象可能不会引起我们的兴趣，但是我们应该保证信息的完整性（Bavelas 1990：6），任何语言上的细节都有助于我们对主要语言现象的阐释，而且比较完整的转写文本能被其他研究重复使用。

我们需要使用前后统一的一套符号规则记录语料中的细节，如用（.）表示短于两秒的停顿，用破折号显示话语突然停止，用下画线代表语音重读，用冒号表示语音和音节的延长，等等（O'Connell & Kowal 1994；Jefferson 1996）。另外，在转写的过程中，我们应该涵盖所有语言交际者的话语，包括研究者本身和采访者的话语。例如，在转写老年人访谈话语时，我们在记录受访者话语的同时也要详细记录采访者的话语，包括问题和评论，这些构成了受访者话语的语境。

书面文本如果达到一定的数量，手动分析比较困难，可以考虑使用语料库语言学分析方法。在这种情况下，需要将语料转换成文本格式（.txt），建立小型语料库，并用文本清理器对文本中的空格和乱码进行清理。根据研究目的的需要，我们还要确定分析的变量，对其进行手动标注，或者借助语料统计工具中自带的标注系统，结合人工分析，对分析变量进行标注。例如，功能语篇分析常常使用UAM Corpus Tool（http://www.wagsoft.com/CorpusTool）对自建语料库的文本进行语义标注，包括及物性的构成和评价系统的实现模式。

10.4　语篇分析的过程

在明确研究问题，收集和整理语料之后，我们需要确定分析视角，或者综合不同的分析视角对语料进行分析。在前面几章中，我们分别对会话分析、功能语篇分析、批评话语分析、多模态语篇分析等不同视角进行了介绍。选择何种研究视角取决于我们的研究焦点和语料的性质。

如果我们的研究直接模拟以往的研究，即在不同的语言、文化、历史时期或语境下研究相同的问题，那我们可以直接运用以往研究中采用的视角和分析框架。例如，西方有关语篇标记语的研究发现，母语会影响学习者对第二语言中相同语言标记语的使用（Sankoff et al. 1997）。受此启发，Liu（2013）运用同样的理论和研究方法，指出中国英语学习者在使用英语语篇标记语时与以英语为本族语的人之间存在的差距。即使不模拟现有的研究，我们也可以从涉及类似问题或者相同语料的研究中得到启示。另外，如果我们的研究针对某种特定的语言现象或者某种语言现象在语料中普遍突出，那我们可以选择分析这种语言现象常用的分析视角和范式。例如，一些学者指出第一人称代词we、I和第二人称代词you在学术语篇中使用率较高（如Rounds 1987；Hyland 2001），并根据指称与功能的不同对它们进行分类，研究了不同种类各自出现的语境。后来的学者（Fortanet 2004）沿用他们的分析视角，探究了口头学术语篇中讲话者如何通过它们将受众概念化，帮助非母语的学生克服理解上的困难。

随着语篇分析研究范围不断扩大，以及相关语言学领域理论和实践的不断发展，语篇分析的研究视角也在不断完善。例如，以往对政治事件新闻报道的研究多采用批评话语分析的不同范式，对范式关注的各种语言特征的功能进行描述和阐释。现在，我们通常结合语料库研究方法对语篇进行批评研究。一方面，这可以在一定程度上降低研究者对语料的主观阐释，增加研究结果的说服力；另一方面，语料库语言学提供的分析工具可以帮助我们确定特定语言特征在大量语料中的出现频率和分布情况（Hardt-Mautner 1995；Baker et al. 2008；Baker 2010）。

传统的批评话语分析视角和语料库研究视角的差异，体现了定性研究方法和定量研究方法的不同。选择定性研究还是定量研究，或者选择二者相结合的方法主要取决于研究问题。如果想说明特定的语言模式，如省略行为者的被动态结构具有主观的意识形态意义，我们需要提供的分析就是定性的，即在一个或多个实例中进行细致的语境分析。如果想揭示一种语言使用模式在某种语篇类型中一直存在，或者使用的频率高于另外的语言模式或更倾向于在语篇中哪一部分出现，我们则需要进行定量分析，提供统计论据。如果兼顾以上两种研究问题，我们应该将定量和定性研究相结合。例如，如果对口头学术语篇中的第一人称代词进行研究，那么语料库研究方法提供的分析工具如 Wordsmith Tools 自带的词频统计与索引行功能可以帮助研究者在大量语料中确定不同人称代词出现的频率和语言语境。但是这种定量分析无法确定人称代词的指称和具体的语篇功能；只有对少量有代表性的语篇进行细致的定性分析时，我们才能明确某类人称代词的指称和功能。

定量研究主要借助语料库语言学研究工具，对语料进行"基于语料库数据"或者"语料库数据驱动"这两类分析（Tognini-Bonelli 2001；卫乃兴 2002）。前者可以帮助我们对传统的语言学框架和范畴加以检查、验证和丰富，后者则以频数和概率信息为依据，对语言现象进行观察和归纳。它们可以帮助我们调查与某一语言特征有关的因素，如通过考察词语搭配和语法结构来揭示作者的语言选择如何反映其对男女社会角色的态度（Stubbs 1996：78，80）；考察某一特定的语言功能的实现，如语篇主题的实现（Conrad 2002）；描述语言变异，如对科学语篇的历史发展研究（Atkinson 1992：337-374）；还能够对语言特征在语篇中的使用进行跟踪描述，如分析科学研究文章中动词时态和语气的变化对语篇信息推进的作用（Biber et al. 1998：84-85）。因此，基于语料库的定量研究方法能克服传统的语篇分析研究往往只能关注少量的语篇中个别语篇特征的局限性，大大提高研究样本的代表性，体现语言的概率特征，对大量的语料进行比较全面、系统的研究，揭示语言模式，考察语篇构建，反映不同社会团体在不同时期对某一社会现象的态度及其变化（Halliday 1991：31；Baker 2006）。

通过语料库语言学分析手段得到的分析结果，会让我们关注到一些我们凭直觉或阅读少量的语篇而无法注意到的语言现象，因此会成为我们开展进一步定性研究的基础。例如，研究美国主流媒体（CNN、*Newsweek*、*The New York Times*）1998—2010 年对朝鲜的报道，分析软件 WordSmith Tools Version 5.0 的检索功能可以帮助我们得到研究关键词"朝鲜"的搭配词。从搭配词列表中，我们可以看到一些国家和城市名称与关键词"朝鲜"的相关度非常高，除了"中国""韩国""日本"等邻国和与"朝鲜"有历史渊源的"美国"和"俄罗斯"，还包括其他国家，如"伊朗""伊拉克""利比亚""古巴"和"巴基斯坦"等。这促使我们进一步关注这些词的检索行，发现美国主流媒体将"朝鲜""伊朗""伊拉克""古巴"等国家划定为"邪恶轴心国"，即对美国等西方文明构成威胁的国家，揭示了美国对这些国家的敌意与排斥。

另外，语料库语言学分析手段还可以帮助验证特定的结论。网络小说在日本的盛行最初遭到了文学专家的批判，认为这种文学创作形式与标准散文形式相去甚远，主题空洞，故事情节缺乏细节描述，语言幼稚，导致了低水平文学作品的传播。然而，基于语料库对网络小说和同时代作者的传统小说进行对比研究发现，虽然网络小说在段落长短、句末语助词、助词和感叹词的使用上体现出更多的会话语体特征，但在词性的分布和句子长短等方面两者却没有显著差异，它们的差异主要是由各自产生的过程和不同的读者群体造成的（Nishimura 2011）。

选择研究视角时，我们还需要考虑语言之外的其他交际模式。一般语篇都具有一定程度的多模态特征。在分析语篇时，我们关注非语言模态的程度不仅取决于语料的性质，还取决于语料的哪方面和研究问题最相关。例如，在研究英语和阿拉伯语漫画语篇差异的过程中，虽然分析的语料包括图片和文字两种模态，但是双方的差异主要体现在文字表述方面，包括叙述和对话，而在图片和排版设计方面却很相似，因此即使使用研究多模态语篇的视觉语法、图片与排版模式也不会成为此项研究的重点（Cameron & Panovic 2014：174-175）。

另外，很多研究问题与社会实践相关，而不是仅仅涉及语篇本身（Barton & Lee 2013）。例如，新读写能力领域的典型研究就是关注人们日常产生的语篇的功能以及这些语篇融入日常生活的过程。我们需要运用人种志研究方法，观察语境中的相关实践，与交际参与者交谈，了解他们的交际过程。例如，在一项有关德国嘻哈文化网页语篇的研究中，研究者将对语言的系统分析与研究者和语篇产出者的直接互动结合起来（Cameron & Panovic 2014：118-119）。研究者发现此类语篇存在一些语言变体，包括流行的嘻哈俚语，试图确定网页参与者对这些语言现象的态度。对参与者的访谈调查发现，特定的语言变体对不同的语篇产出者具有不同的社会意义和审美价值，因此是否选择使用这些语言变体反映了他们不同的社会与群体身份定位。仅仅依靠对语篇的分析是无法获取这种信息的。即使分析焦点在语篇上，为了更好地解释语篇功能，我们也需要考察相关的实践活动作为语篇分析的补充。例如，在对比英语与阿拉伯语漫画语篇的研究中（van Leeuwen & Suleiman 2010），研究者采访了阿拉伯世界不同地区的漫画书出版商、漫画创作者和艺术家。采访内容可以帮助我们了解语篇生产者为何遵循一些习俗，以及他们是否有意识地做出某种选择。

在确定研究视角和分析框架之后，我们就可以根据它们提供的分析概念和策略对语料进行分析。这些概念与策略类型多样，分布在不同层次，涉及语篇内容、语篇结构、语言特征、语言形式等，能够提醒我们需要关注的内容，识别语篇内容和结构上系统的变异性或相似性，即一定的语篇模式，并帮助我们对这种模式进行阐释，最终揭示语篇如何实现某种功能，取得何种交际效果。例如，以 van Dijk 提出的新闻语篇三层话语结构为指导框架分析中央电视台新闻联播语篇的特征以及它所表达的潜在意识形态，就需要对此类语篇进行话题、宏观结构、微观结构等方面的描述，将新闻联播中的内容按照不同主题进行分类并总结各个主题出现的频率；揭示新闻播出的统一框架和呈现形式；分析实现每种主题的新闻标题、词汇、句式特征和图像，并结合社会文化语境对不同主题新闻在以上三个层面表现出的差异进行阐释，揭示新闻要表达的意识形态意义。

因此，语篇分析者通常需要将语篇分割成不同的分析单位。这些单位的大小以及所处的层次，取决于分析者对语篇功能实现方式和途径的把握（Gee 1999）。如果研究隐喻在政治语篇中的表征功能，那么识别语篇中隐喻关键词就成为研究的起点；如果想揭示儿童与家人日常交际中使用疑问句实现的交际功能，那么我们需要从转录的儿童与家人的会话中将儿童的话轮挑选出来，并对里面出现的疑问句式进行具体的描述；如果探究某种语类的社会功能，我们需把语篇分成若干语步，再进一步分析构成语步的各个小句中的词汇语法特征如何实现每个语步的功能。我们很难把语篇分析步骤和标准进行固化，因为分析涉及某些方法和策略的重复使用。不管对语篇宏观和微观结构之间的关系持有何种理论立场，采用自上而下还是自下而上的分析思路，也不管分析的焦点在语篇功能还是语言特征本身，我们在分析过程中总会在语篇不同层次和大小分析单位之间多次反复。因此，不管我们分析的出发点是什么，最终都会对语言细节给予适当的关注并同时探讨与之相关的整体模式和功能。

练 习

1. 请转录一期电视访谈节目，详细描述交际双方话语的会话机制和交际功能。
2. 请对中国大学校长毕业典礼讲话做历时对比分析，揭示中国教育理念的变化。
3. 请收集中央电视台对中国传统节日的报道，通过多模态语篇分析，探究媒体如何表征中国文化，讲中国故事。

答　案

第一章

1. 参考1.2小节。

2. 参考1.4小节。

3. 参考1.5小节。

第二章

1.

（1）"这"回指上文的"有喜有忧，有笑有泪，有花有实，有香有色，既须劳动，又长见识"，与上文形成指示照应关系。

（2）"更难"与上文的"……是多么困难"形成比较照应关系。

（3）"陆文婷"与"她""她的"构成照应关系。连接词"可是"与上文形成转折关系。"这样"替代上文的"面对一只新的眼睛，拿起手术刀时，她的感觉都好像是初次上阵的士兵。"

（4）对"你们爱吃花生么？"的回答"爱！"由"我们爱吃花生！"省略而来，属于小句省略，从而与上文形成语法衔接关系。

（5）"这，是为了真正活得自由吧？"中的"这"回指上文的所有内容，形成指示照应关系。本语篇中的连接关系包括"即使……还是"和"但"等连接词的使用。

（6）连接词"但""所以"形成连接关系。"或者这就是自负吧"中的"这"回指上文的"我一点也不谦虚"或者第一段的内容，形成指示照应关系。

（7）连接词"所以""当然""而且""可是""虽然……但""于是""虽然……却"在语篇中形成各种连接关系。

2.

（1）重述关系：太阳–太阳光–阳光；词汇重复：照到，尘埃。

搭配关系：太阳–透进来–照到；大玻璃窗–墙–三屉桌–床–窗台–桌子。

（2）重述关系：近义词：孤独–独行；"孤独""独行"与"融合"形成反义关系；"行走"与"独行"形成上下义关系；词汇重复：融合。

（3）重述关系："感觉"与"快感""美感""价值感""幸福感""节日感""自我实现感"形成上下义关系；"鱼"与"鳜鱼"形成上下义关系；"倒霉"与"幸运"形成反义关系；词汇重复：上课，抓（鱼）。

（4）重述关系：词汇重复：战士，光明，黑暗；同义关系：搏斗–战斗，黑暗–阴暗；反义关系：光明–黑暗，晴空–黑夜，躲避–面对。

搭配关系：光明–晴空–阳光–火炬–照亮–黎明–黑暗–阴影；战士–搏斗–消灭–妥协–战斗。

第三章

1. 参考3.2小节。

2.

（1）根据"狼病了，兔子带了胡萝卜去看他"的背景信息，我们一般会把狼的话语"来就来吧，还带什么礼物啊！"看成是狼对兔子的客套，兔子的话"来看看你，可他们说也许您不会喜欢这个"好像也印证了这一点。当狼说出"我非常喜欢你的礼物，胡萝卜先生"时，我们的期待被推翻，原来狼是把兔子看作胡萝卜带来的礼物。从认知图式的角度看，兔子带了胡萝卜去看望生病的狼，如果对话在狼和兔子之间展开的话，可能更加符合我们的预期，这种理解也符合语篇连贯的一般规律，但事实却并非如此。虽然我们的预期被打破，我们需要根据相反的预期对语篇做出连贯的理解，并以此获得幽默的效果。

（2）在一般的认知图式中，"母亲清晨催儿子起床去学校"通常可理解为母亲催促学龄儿童起床去上学。儿子的回答似乎也印证了这一点。但母亲说出的两个理由不仅与儿子的回答相呼应，而且完全推翻了我们的期待，着实让人忍俊不禁。会话的展开方式使我们对语篇做出连贯理解，同时也达到了幽默的效果。

3.

（1）该语篇以宏观结构"随着社会的发展，生活的改变，许多字眼的意义也起了变化"作为篇首，相当于语篇的主题句，其余部分围绕这一主题句展开。语篇以"几""床"和"坐"的词义变化为例，说明字眼的意义如何随着社会的发展和生活的改变而发生变化，使宏观结构与小句的命题意义之间形成紧密的联系，实现了语篇的连贯性。从功能或语用的角度看，主题句之后的小句为举例说明，为主题句提供了实例和事实支撑。

（2）就语篇的宏观结构而言，该语篇表达了"喜欢一个偶像或者某种产品如果达到'脑残'的程度，是要付出代价的"主题意义。语篇指出，"一个人的心中有一个偶像或者喜欢某种产品，这并不可怕"之后，语篇话锋一转，亮出了主题："要是达到'脑残'的程度，这就要付出代价了。"语篇紧接着通过"研究表明……"和"据网络统计……"列举了粉丝所付出的经济代价。语篇进一步指出，"经济的成本是次要的，更重要的是精神甚至身体上的成本"并运用年轻人为得到苹果手机的所作所为说明了"脑残"行为的危害。语篇的宏观结构不仅得到了小句命题意义的有力支撑，而且在微观层面上小句之间的语义关系紧密，加强了语篇的连贯性。从功能或语用的角度看，主题句之后的小句为主题意义提供了进一步的说明和解释。

第四章

1.

（1）该语篇的主位推进模式比较复杂，总体上体现为线性推进模式，但第三个小句的主位（T3）重复了第一个小句的主位，虽然中间隔了一个小句，可以看作是持续型推进模式。第二个小句的主位成为第三个小句述位的一部分。

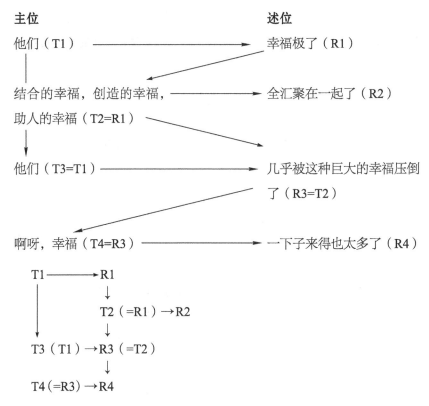

（2）该语篇的主位推进模式基本上体现为线性推进模式。第一个小句的述位部分"人们"成为第二个小句的主位，第二个小句的述位部分"这些熟悉的笔迹"衍生出第三至第六小句的主位和述位。第七个小句的主位"这"是对第三至六小句的概括和总结，可以看作派生主位。第七个小句的述位部分"最后一幕"成为第八个小句的主位。第八个小句的述位部分"道具"衍生出第九和第十个小句的述位部分，第九和第十个小句的主位"男人们"和"女人们"可以看作"这一幕"的组成部分，体现为持续型的主位推进模式。

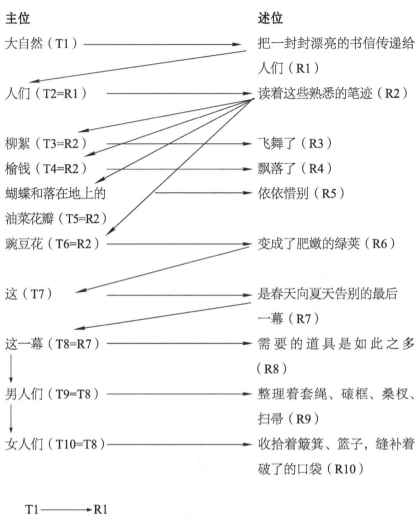

主位

述位

大自然（T1）————→ 把一封封漂亮的书信传递给
人们（R1）

人们（T2=R1）————→ 读着这些熟悉的笔迹（R2）

柳絮（T3=R2）————→ 飞舞了（R3）

榆钱（T4=R2）————→ 飘落了（R4）

蝴蝶和落在地上的 ————→ 依依惜别（R5）
油菜花瓣（T5=R2）

豌豆花（T6=R2）————→ 变成了肥嫩的绿荚（R6）

这（T7）————→ 是春天向夏天告别的最后
一幕（R7）

这一幕（T8=R7）————→ 需要的道具是如此之多
（R8）

男人们（T9=T8）————→ 整理着套绳、磙框、桑杈、
扫帚（R9）

女人们（T10=T8）————→ 收拾着簸箕、篮子，缝补着
破了的口袋（R10）

T1————→R1
    ↓
  T2（=R1）→R2
      ↓
    T3（=R2）→R3
      ↓
    T4（=R2）→R4
      ↓
    T5（=R2）→R5
      ↓
    T6（=R2）→R6

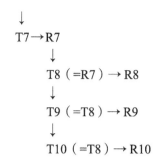

2.

　　语篇（1）是以场景为出发点呈现信息的。第一部分以"小学校的操场上"为出发点，引出了"人声鼎沸"的新信息，紧接着以"人们"为旧信息，引出了"都是来参加选举大会的"这一新信息。第二部分延续了第一部分的信息组织方式，以"操场东侧"为出发点，引出了"临时搭起了一个大台子"的新信息，下一个小句以"台上"为信息出发点，呈现了"坐着主席团"的新信息。就信息结构而言，"台上坐着主席团"在语篇上下文中符合信息流的推进方式。如果把"台上坐着主席团"换为"主席团坐在台上"，语篇的连贯性就会被破坏。

　　在语篇（2）中，第一部分呈现了出席会议的代表团信息，然后以代表团为信息出发点，呈现了各代表团的位置信息。"主席团坐在台上"比"台上坐着主席团"在信息结构上更符合该语篇的信息展开方式，保证了信息流的畅通和语篇的连贯性。

3.

　　（1）该语篇基本以"高加林"作为话题组织信息。在"高加林"引入语篇后，小句以零形回指的方式保持了话题的一致性。"这一切都渐渐地淡漠了"通过"这一切"对上文内容做了概括，起到了承上启下的作用。在接下来的部分，语篇以代词"他"回指"高加林"，保持了话题的一致性。

　　（2）该语篇以"战士"作为话题展开信息，在后续的小句中通过代词"他"和零形回指保持了话题的一致性。中间部分的"驱散黑暗，这是战士的任务"似乎使话题出现了中断，但这一部分既是对上文的总结，又是对语篇主题意义的进一步展开，发挥了承上启下的作用。

第五章

1. 该语篇报道了民警抓获一对男女扒手的过程。读者可以通过删除规则、概括规则和建构规则获得该语篇的宏观结构。首先，运用删除规则，读者可以删除第一个句子所包含的次要命题，获得如下命题：

（1）昨天中午，公交总队3名民警在雍和宫地铁站北口发现正趸摸乘客的书包的一对男女可疑人。

通过运用概括规则，读者可以将第二个句子的命题概括为：

（2）3名民警做好了抓捕准备。

通过运用建构规则，读者可以在第三个句子所包含的命题中建构出如下命题：

（3）两个扒手成功实施了扒窃行为。

通过运用建构规则，读者可以根据第四个句子所包含的命题建构出如下命题：

（4）3名民警成功抓获了两名扒手。

然后，读者可以运用删除规则将命题（1）和命题（2）压缩为命题（5），将命题（3）和命题（4）压缩为命题（6）：

（5）3名民警发现一对男女可疑人后，做好了抓捕准备。

（6）两个扒手扒窃成功后，被民警抓获。

最后，读者运用删除规则、概括规则和建构规则将命题（5）和命题（6）压缩为宏观命题"一对男女扒手落网"或者"民警抓获一对男女扒手"。

2. 该新闻报道的超级结构基本上与van Dijk（1988）提出的新闻语篇的超级结构相吻合。这则新闻报道由概要和新闻故事构成。概要由标题和导语构成，导语为该语篇的第一段。新闻故事的情节部分由事件和结局构成。第二段和第三段为事件，事件包括先前事件，即"经了解，原来该妇女因与丈夫闹矛盾，一气之下带着孩子出走，一连几天没吃饭，最终由于体力不支落难德州"，其余部分为实际事件。第四段为结局部分。本新闻报道未对事件发表评论。

3. 该语篇的第［1］结构段为语篇的核心，第［2］—［4］结构段是对第

[1]结构段的阐述。第[2]结构段为第[2]—[4]结构段的核心，第[3]—[4]结构段是对第[2]结构段的解释。在第[3]—[4]结构段中，第[3]结构段为核心，第[4]结构段是对第[3]结构段的阐述。如下图所示：

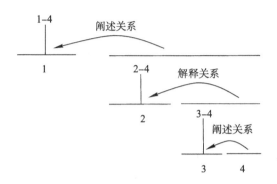

4. 该语篇的语篇模式为"问题–解决"模式：

情景：一只乌鸦口渴了，到处找水喝。

问题：乌鸦看见一个瓶子，瓶子里有水。可是瓶子里水不多，瓶口又小，乌鸦喝不着水。怎么办呢？

反应：乌鸦看见旁边有许多小石子，想出办法来了。乌鸦把小石子一个一个地放进瓶子里。

评价：瓶子里的水渐渐升高，乌鸦就喝着水了。

第六章

1. 鲁侍萍注意到四凤和周家二少爷之间的关系后，为探明究竟，在与四凤的对话中先是拐弯抹角，见四凤不肯说出实情，就直截了当地开始质问。在会话的开始，四凤"不安地"向鲁侍萍打招呼，鲁侍萍巧妙地把周家少爷引入话题，四凤解释道："二少爷是他母亲叫他来的。"鲁侍萍并没有对四凤的解释做出回应，而是直接以核实的口吻说道："我听见你哥哥说，你们谈了半天的话吧？"四凤并没有直接回答，这里出现一个插入语列。随后鲁侍萍问他们谈了什么，听到四凤的回答她并不满意，于是进一步追问，但四凤并没有回答，而是把话题转移到了哥哥。鲁侍萍只好转变策略，在接下来的四个话轮中，母女二人都是以提问的方式进行交流，直到鲁侍萍以元话语"我问你"郑重其事地抛出了"妈是不是天底下最可怜，没有人疼的一个苦老婆子？"这一问题。前面的四个话轮可以看作是这个话轮的预示语列。四凤对这一问题做出肯定的回答后，鲁侍萍将询问变成了请求，但四凤依然拿哥哥转移话题，不肯说出实情。从总体上看，这段会话在结构上虽然母女二人的话轮数量大致相当，但会话并不是按照严格的毗邻话对展开的，鲁侍萍的大部分提问没有得到回答，四凤在很多情况下答非所问，会话过程中出现了插入语列和预示语列。

2. 本课堂会话片段由1个课段组成，包括8个回合，其中6个为启发回合，1个为指示回合，1个为边界回合。启发回合围绕"谁是这篇小说的主人公呢？"展开，所以回合之间的界限不明显，用虚线表示。具体分析如下：

回合	话步	会话	话目
启发	引发	T1：上节课我们议论了一下，后来讨论到一个问题，就是这篇文章的主人公。 那到底谁是这篇小说的主人公呢？ 我听到同学们三种意见，有说是卢进勇的，有说是无名战士的，还有的说卢进勇和无名战士都是主人公。 那到底谁是主人公？	开始 诱发线索 诱发
	反应	S2：卢进勇。	回答
指示	引发	T3：那再给大家一点时间来讨论一下。	指令
	反应	S4：（讨论，2分钟）。	回应
启发	引发	T5：（示意停止讨论） 讨论好了吗？ 有没有愿意发言的？（老师示意举手发言） S6：（学生举手） T7：好， 李明。	示意 检查 示意 请求 标记 提名
	反应	S8：我觉得是无名战士。这篇小说是说七根火柴，无名战士到死时候还是把火柴交给了卢进勇，把火柴留给大家使用，他就是体现了红军的精神。	回答
	反馈	T9：嗯，好， 你坐下。	接受 题外

（待续）

（续表）

回合	话步	会话	话目
启发	引发	其他同学，刘华。	提名
	反应	S10：我觉得无名战士和卢进勇都是主人公，无名战士是直接的主人公，而卢进勇是间接的主人公。	回答
	反馈	T11：他提出直接主人公和间接主人公。	评论
	反应	S12：哪有直接主人公和间接主人公？	评论
启发	引发	T13：好，	标记
		大家接着来。	示意
		刘洋。	提名
	反应	S14：我觉得无名战士是主人公，因为他甘愿牺牲自己，将自己保存的七根火柴交给卢进勇，让卢进勇交给队伍。	回答
	反馈	T15：嗯。	接受
启发	引发	王华。	提名
	反应	S16：我也觉得是无名战士，因为文章是七根火柴，而这七根火柴，代表了无名战士对革命的忠诚品质，因为这篇文章也赞扬了这种品质，所以直接表现中心的还是无名战士。	回答
	反馈	T17：好。	接受
启发	引发	李咏。	提名
	反应	S18：我觉得卢进勇是主人公，因为刚一开头就写了卢进勇并通过卢进勇的眼光描写了无名战士。	回答
边界	框架	T19：好，	标记
	聚焦	我们的意见就到这里，还是这几种意见。	总结

第七章

1. 参考 7.2 小节

表 1　条例的语域分析

语域变体	语篇功能：词汇–语法体现
话语范围 新条例发布的目的	**概念意义** 及物系统表征的物质过程（"规范""保护""促进"），表征行为目标的名词短语（"行为""合法权益""可持续发展"等）

（待续）

（续表）

语域变体	语篇功能：词汇–语法体现
收费公路的设立	及物系统表征的关系过程（"是""符合""为""包括"），物质过程（"促进""制定""筹集""统筹考虑"）以及其中的环境成分（"通过……"）
收费公路的经营	及物系统表征的物质过程（"收费""转让"等）以及其中的环境成分（"除……外""依法"）
话语基调	**人际意义**
交际一方为条例的制定者，另一方为条例的执行者和使用者	指称结构"省级人民政府""公安机关""收费公路经营管理者""公路使用者"； 名词性的字结构
一方告知收费公路建设的目的和内容，阐明另一方的职责	陈述句的使用；高量值的表示许可与必要性的能愿动词"不得""必须"和"应当"的频繁使用
话语方式	**语篇意义**
官方书面语篇	条目之间通过数字顺序连接，层次明确
正式语篇	名词化的使用 物质过程中受事的主位化

2. 参考4.2、4.3、4.4小节

广告词前四行的主位–述位结构、信息结构、话题–述题结构一致：

什么 || 都不能跟人家比

谁 || 像你一样没有用啊

没有谁 || 能像你一样啊

不用什么 || 都跟人家比

后两行的语言基本成分与前两行相同，但由于出现顺序不同，产生了不同的信息起点和焦点，反映了看待"你"的不同视角：第四行主位中的否定成分对第一行的主位内容给予否定；类似地，第三句主位中的否定成分对第一行的主位内容给予否定。因此，两部分生成不同的命题意义："不能比"与"不用比"。

3. 参考7.3、7.4小节

回信者使用阐释类话语和建议类话语回答了来信者的提问：这个学生该怎样教？阐释类话语分析了"这个学生"的本质和原因；建议类话语提出了

解决途径：

表2　回信的语域类型分析

语域类型	意义	语言资源
阐释类话语	分析本质	及物系统表征的关系过程（"具备""具有""算不上""有""是"与"体现"）以及表征载体"这个小学生"属性的"暴力倾向""是非判断能力"等判断资源；及物系统表征的认知心理过程（"清楚"）以及感知者"他"和现象"自己做的事对不对"；在相应语境下表达负面判断意义的"欺侮""看比基尼美女"等及物系统表征的物质过程；消极鉴赏资源"哗众取宠"和"说着玩"等；明确否认某种看法的否定介入资源；直接表明自身观点的断言介入资源"我认为"和"我感觉""是"等；对类似看法表示认可的认同介入"换言之"等；强化相关品质与过程的强调词和附加语"很""但是""更多""不仅……也是""并"等。
	阐明原因	及物系统表征的家庭成员的物质过程，隐含着对家长的负面判断；及物系统表征的这个学生"缺乏足够的关爱和正面的影响""受到了身体或心灵上的伤害"等物质过程，含有铭刻类和引发类负面态度和判断资源，阐明生长环境给他造成的负面影响；及物系统表征的关系过程"这也就是""无非是"以及其他断言介入"我不否认"和"我相信"，主观指出这个学生行为的本质和原因，而修辞性问句等认同介入增加了论述的对话性，强调词"依然"和附加语"还"等强化了观点；"要我说"断言介入资源、及物系统表征的"孩子"的关系过程（"成熟"）和心理过程"知道"和"清楚"，量化资源"很多时候""很多"以及比较结构"比……要……得多"、强调词"甚至"等强化资源强调了孩子们共同的特点。
建议类话语	提供建议	消极鉴赏资源"不容忽视"和判断资源"出格的举动"、及物系统表征的物质过程"防止"和"支持"以及强化资源"强烈"表明采取措施的目的和必要性；"没用""毫无道理"等消极鉴赏资源直接否定某些做法和想法，双重否定介入资源以及连词"但"等对立介入强化了对一些做法的不认同，二者一起强化了作者的建议；"何况"等认同类和归属类介入资源加强了作者与提问者和读者的协商性；"一味地"和"多得是"等量化资源，"绝不""更""最""还"等强调词、"重要的是"等标记性焦点命题和感叹句等命题强调这些强化级差资源凸显了作者提倡的做法。

4. 参考7.4小节

表3 双方的评价意义分析

	正方：无须恢复婚前强制体检	反方：应该恢复婚前强制体检
态度资源	"生育权""基本人权""合适的"等积极判断资源以及"强制婚检的坏处""侵害当事人的健康隐私权、结婚权与生育权"消极判断和鉴赏资源论证强制婚检的不合理和弊端	消极情感资源"痛苦"，负面判断资源"负担""社会问题"和"不能达到"描述出生缺陷严重及其对个人和社会的危害
介入资源	断言介入体现主体意愿，加强语力；否定介入否定与自己相对的立场；反问句等认同介入表示对类似观点的认可	通过引证和宣称介入，引入专家言语和法律条文，增加论证的权威性和可靠性；反问句等认同介入表示对类似观点的认同；"可能"等接纳介入指出可能发生的情况
级差资源	断言、反问句的重复使用，"就""连"等附加语、"合适的做法是……"等标记性焦点结构实现了语气强化	数字量化和强化，显示新生婴儿日益严重的缺陷率；反问句、"进一步"等副词、"仍然"等强调词、"只"等限制语实现语气强化

第八章

1. 参考8.2.3小节

名词短语"都市男士"指明了广告词构建的男性群体形象。名词"刚毅"和"卓越"强化了都市男性的坚强和成功；动词结构"超越"和"追求永恒的价值"凸显了这一群体的向上向善的品质；"自然本色"和"简约"构建了都市男性向往的绿色、健康和简约的生活。都市男性形象通过以上语言资源在广告中被褒扬和美化，构建出理想化的男性范例。

2. 参考8.4.2和8.4.5小节

从及物性视角分析，条例使用最多的是物质过程和关系过程。物质过程的行为人都是各级政府主管部门，表明政府的权力和所承担的责任。关系过程主要陈述条例的性质与使用范围，语气客观，突出了政策法规的严肃性。

情态资源方面，条例完全由陈述语气构成，没有使用疑问语气，表现出"单向交流"的特征，缺乏对话性，这对意见的征集是不利的。另外，表示必要性的能愿动词"应当"的重复使用凸显了条例的强制性，进一步降低了征求意见稿应有的"对话性"。

3. 参考8.2.4和8.4小节提供的各种语言资源

报道采用"具体互文性"策略，主要引用中国外交部官员、国防部官员以及国内南洋问题专家的言语，给予中方更多的言语空间，引用方式绝大多数是直接引语，使用"批评"和"质疑"等表征动词，使中方就南海仲裁的观点得到直接传播。对于菲律宾政府和美国官方的言语，媒体较少涉及，且使用的是言语的叙述性报道。报道动词"表态支持"和"声称支持"揭示了美国官方在南沙群岛问题上的立场。

从及物性视角分析，除了言语过程表明事件双方的立场，媒体主要通过物质过程负面揭示菲律宾政府的违法行为以及美国的干涉，通过心理过程表征中方对南海仲裁的批判态度，通过关系过程陈述事件的背景。报道在各级标题中反复使用归属类关系过程小句。其中，南海仲裁作为载体被赋予某种属性。这些属性同时也是用具体熟悉的事物形容抽象复杂的政治现象。"废纸""闹剧"和"违法建筑"等目标概念蕴含的负面情感和负面评价投射到源域概念，强化了媒体对南海仲裁的指责。其他两处"战争"和"下棋"概念隐喻属于对抗性隐喻，揭示了围绕南沙群岛领土问题发生的政治事件的严重性和复杂性。

报道较少使用情态资源，主要运用否定资源直接表征中方对南海仲裁的态度。

第九章

1. 参考9.3小节中有关再现意义、互动意义以及语言与其他模态的关系的论述

图片中的文字与图像具有互补关系。文字触发的社会背景知识以及老虎的图像，能够让读者联想到中国政治语境下党风廉政建设与反腐败斗争中衍生的概念隐喻"贪腐的高层官员是老虎"。老虎叙述图像表征的"目标被擒"的物质过程，暗示出贪污腐化的高级别官员被抓捕的事实。另外参与者老虎直视观看者，其震惊的表情直接向观众提出诉求，是典型的"索取"类图像，表明斗争给参与者带来的打击。

2. 参考9.3小节中有关构图意义、语言与其他模态的关系

从图片的信息值视角分析，从左到右的放置结构构成"已知信息→新信息"的结构，右侧的图片内容和它的象征意义是创作者意欲向观看者揭示的真相：遭遇恐怖袭击后，《查理周刊》的销量猛增。

文字与图片之间有互补关系，文字信息提供了背景和描述对象。

3. 参考9.3小节中有关语言与其他模态的关系以及多模态隐喻的论述

文字"国家财产"和动物图像具有互补关系。用"食物"形容国家财产，成为叙述图像再现的行为过程"享用美食"中的目标。从显著性维度分析，老鼠的概念图像让读者联想到硕鼠形象，以及它在中国文化中的传统投射"贪官"。而图中猫和老鼠的和谐互动与常识中职司捕鼠的职责相违背，讽刺了执法官员渎职与贪官沆瀣一气的现象。

4. 参考9.3小节中有关语言与其他模态的关系的论述

画外音与同时出现的文字之间具有互补关系，前者的语音语调对后者表达的意义实现了强化，使其与后面的语篇的意义的对立更加明显。

第十章

略

参考文献

Ahrens, K. 2010. *Politics, Gender and Conceptual Metaphors.* Basingstoke: Palgrave Macmillan.

Akin, A. A. 1994. The rhetorical construction of radical Africanism at the United Nations: Metaphoric cluster as strategy. *Discourse & Society* (1): 7-31.

Alexander, R. J. 2009. *Framing Discourse on the Environment: A Critical Discourse Approach.* New York: Routledge.

Atkinson, D. 1992. The evolution of medical research writing from 1735 to 1985: The case of the Edinburgh Medical Journal. *Applied Linguistics* (4): 337-374.

Attia, M. 2007. A critical cognitive study: The Egyptian written media. In C. Hart & D. Lukes (eds.). *Cognitive Linguistics in Critical Discourse Analysis.* Newcastle: Cambridge Scholars Publishing.

Baker, P. 2004. "Unnatural Acts": Discourses of homosexuality within the House of Lords debates on gay male law reform. *Journal of Sociolinguistics* (8): 88-106.

Baker, P. 2005. *Public Discourses of Gay Men.* London: Routledge.

Baker, P. 2006. *Using Corpora in Discourse Analysis.* London: Continuum.

Baker, P. 2010. *Sociolinguistics and Corpus Linguistics.* Edinburgh: Edinburgh University Press.

Baker, P. et al. 2008. A useful methodological synergy? Combining critical discourse analysis and corpus linguistics to examine discourses of refugees and asylum seekers in the UK press. *Discourse & Society* (3): 273-306.

Baldry, A. 2004. Phase and transition, type and instance: Patterns in media texts as seen through a multimodal concordancer. In K. L. O'Halloran (ed.). *Multimodal Discourse Analysis: Systemic Functional Perspectives.* London and New York: Continuum.

Baldry, A. & Thibault, P. J. 2006. *Multimodal Transcription and Text Analysis: A Multimodal Toolkit and Coursebook.* London: Equinox.

Baldry, A. & Thibault, P. J. 2008. Applications of multimodal concordance. HERMES - *Journal of Language and Communication in Business* (41): 11-41.

Barton, D. & Lee, C. 2013. *Language Online: Investigating Digital Texts and Practices.* Abingdon: Routledge.

Bateman, J. A. & Schmidt, K. H. 2012. *Multimodal Film Analysis.* London: Routledge.

Bavelas, J. B. 1990. Nonverbal and social aspects of discourse in face-to-face interaction. *Text - Interdisciplinary Journal for the Study of Discourse* (1-2): 5-8.

Beaugrande, R. de & Dressler, W. U. 1981. *Introduction to Text Linguistics.* London: Longman.

Biber, D. et al. 1998. *Corpus Linguistics: Investigating Language Structure and Use.* Cambridge: Cambridge University Press.

Blakemore, D. 1987. *Semantic Constraints on Relevance.* Oxford: Blackwell.

Blakemore, D. 1988. The organization of discourse. In Newmeyer, F. R. (ed.). Linguistics: *The Cambridge Survey, Vol.4.* Cambridge: Cambridge University Press.

Blakemore, D. 1992. *Understanding Utterance.* Oxford: Blackwell.

Boers, F. 1997. "No Pain, No Gain" in a free market rhetoric: A test for cognitive semantics? *Metaphor and Symbol* (4): 231-241.

Bowcher, W. L. 2007. Field and multimodal texts. In R. Hasan, C. M. I. M. Matthiessen & W. J. Jonathan (eds.). *Continuing Discourse on Language: A Functional Perspective.* London: Equinox.

Boyd-Barrett, O. 1994. Language and media: A question of convergence. In D. Graddol & O. Boyd-Barrett (eds.). *Media Texts: Authors and Readers.* Clevendon: Multilingual Matters.

Brown, G. & Yule, G. 1983. *Discourse Analysis*. Cambridge: Cambridge University Press.

Butt, D. G. 2004. *Parameters of Context: On Establishing Similarities and Dissimilarities between Social Processes*. Sydney: Centre for Language in Social Life, Macquarie University.

Buttny, R. 2009. Wal-Mart's presentation to the community: Discursive practices in mitigating risk, limiting public discussion, and developing a relationship. *Discourse & Communication* (3): 235-254.

Cameron, D. & Panovic, I. 2014. *Working with Written Discourse*. London: Sage.

Charteris-Black, J. 2004. *Corpus Approaches to Critical Metaphor Analysis*. New York: Palgrave Macmillan.

Charteris-Black, J. 2005. *Politicians and Rhetoric: The Persuasive Power of Metaphor*. Basingstoke: Palgrave Macmillan.

Chilton, P. 2005a. Manipulation, memes and metaphors: The case of Mein Kampf. In L. de Saussure & P. Schulz (eds.). *Manipulation and Ideologies in the Twentieth Century*. Amsterdam/Philadelphia: John Benjamins.

Chilton, P. 2005b. Missing links in mainstream CDA: Modules, blends and the critical instinct. In R. Wodak & P. Chilton (eds.). *A New Agenda in (Critical) Discourse Analysis: Theory, Methodology and Interdisciplinarity*. Amsterdam/ Philadelphia: John Benjamins.

Chilton, P. 2011. Still something missing in CDA. *Discourse Studies* (6): 769 -780.

Chouliaraki, L. & Fairclough, N. 1999. *Discourse in Late Modernity: Rethinking Critical Discourse Analysis*. Edinburgh: Edinburgh University Press.

Conrad, S. 2002. Corpus linguistic approaches for discourse analysis. *Annual Review of Applied Linguistics* (22): 75-95.

Cook, G. 1989. *Discourse*. Oxford, New York: Oxford University Press.

Coulthard, M. (ed.). 1992. *Advances in Spoken Discourse Analysis*. London: Routledge.

Coulthard, M. (ed.). 1994. *Advances in Written Text Analysis*. London: Routledge.

Crombie, W. 1985. *Process and Relations in Discourse and Language Learning*. Oxford, New York: Oxford University Press.

Crystal, D. 1992. *An Encyclopedic Dictionary of Language and Linguistics*. Oxford: Blackwell.

Danes, F. 1974. Functional sentence perspective and the organization of the text. In F. Danes (ed.). *Papers on Functional Sentence Perspective*. Prague: Academia.

Deborah, P. 2006. Discourses of concealment and resistance: A critical/feminist disability analysis of BC's Disability Designation Review. University of British Columbia.

Dirven, R. et al. 2005. Cognitive linguistics, ideology and critical discourse analysis. In D. Geeraerts & H. Cuckyens (eds.). *The Oxford Handbook of Cognitive Linguistics*. Oxford: Oxford University Press.

Dunmire, P. L. 2005. Preempting the future: Rhetoric and ideology of the future in political discourse. *Discourse & Society* (4): 481-513.

Economou, D. 2009. Photos on the news: Appraisal analysis of visual semiosis and verbal-visual intersemiosis. University of Sydney, unpublished PhD dissertation.

Eggins, S. 1994. *An Introduction to Systemic Functional Linguistics*. London: Pinter Publishers.

Erteschik-Shir, N. 2007. *Information Structure: The syntax-discourse interface*. Oxford, New York: Oxford University Press.

Fairclough, N. 1989. *Language and Power*. London/New York: Longman.

Fairclough, N. 1992. *Discourse and Social Change*. Cambridge: Polity Press.

Fairclough, N. 1993. Critical discourse analysis and the marketization of public discourse: The universities. *Discourse & Society* (4): 133-168.

Fairclough, N. 2001. The discourse of new labour: Critical discourse analysis. In

M. Wetherell, S. Taylor & S. Yates (eds.). *Discourse as Data.* London: Sage.

Fairclough, N. 2006. *Language and Globalization.* London/New York: Routledge.

Fairclough, N. 2018. CDA as dialectical reasoning. In J. Flowerdew & J. Richardson (eds.). *The Routledge Handbook of Critical Discourse Studies.* London: Routledge.

Fairclough, N. & Wodak, R. 1997. Critical discourse analysis. In T. van Dijk (ed.). *Discourse as Social Interaction.* London: Sage.

Ferrara, A. 1980a. An extended theory of speech acts: Appropriateness conditions for subordinate speech acts in sequences. *Journal of Pragmatics* (4): 233-252.

Ferrara, A. 1980b. Appropriateness conditions for entire sequences of speech acts. *Journal of Pragmatics* (4): 321-340.

Ferrara, A. 1985. Pragmatics. In , T. van Dijk (ed.). *Handbook of Discourse Analysis, Vol. 2: Dimensions of Discourse.* London: Academic Press.

Forceville, C. 1996. *Pictorial Metaphor in Advertising.* London: Routledge.

Forceville, C. 2009. Non-verbal and multimodal metaphor in a cognitivist framework: Agendas for research. In C. Forceville & E. Urios-Aparisi (eds.). *Multimodal Metaphor.* Berlin/New York: Mouton de Gruyter.

Forceville, C. & Urios-Aparisi, E. (eds.). 2009. *Multimodal Metaphor.* Berlin/New York: Mouton de Gruyter.

Fortanet, I. 2004. The use of "we" in university lectures: Reference and function. *English for Specific Purposes* (4): 45-66.

Fowler, R. 1986. *Linguistic Criticism.* Oxford, New York: Oxford University Press.

Fowler, R. 1991. *Language in the News: Discourse and Ideology in the Press.* London: Routledge.

Fowler, R. et al. 1979. *Language and Control.* London: Routledge and Kegan Paul.

Francis, G. 1990. Theme in the daily press. *Occasional Papers in Systemic Linguistics* (1):51-87.

Fries, P. 1983. On the status of theme in English. In J. S. Petofi & E. Sozer (eds.).

Micro and Macro Connexity of Texts. Hamburg: Helmut Buske Verlag.

Frow, J. 1986. *Marxism and Literary History.* Cambridge: Harvard University Press.

Galasinska, A. & Kryzyzanowski, M. 2009. *Discourse and Transformation in Central and Eastern Europe.* Basingstoke: Palgrave Macmillan.

Gee, J. P. 1999. *An Introduction to Discourse Analysis: Theory and Method.* London: Routledge.

Gerot, L. & Wignell, P. 1994. *Making Sense of Functional Grammar.* Gerd Stabler, Cammeray NSW: Antipodean Educational Enterprises.

Gibbon, A. 2012. *Multimodality, Cognition and Experimental Literature.* London: Routledge.

Givón, T. (ed.). 1983. *Topic Continuity in Discourse: A Quantitative Cross-language Study.* Amsterdam/Philadelphia: John Benjamins.

Goatly, A. 1997. *The Language of Metaphors.* London: Routledge.

Goatly, A. 2007. *Washing the Brain: Metaphor and Hidden Ideology.* Amsterdam/ Philadelphia: John Benjamins.

Gu, Y. 2006. Multimodal text analysis: a corpus-based approach to situated discourse. *Text and Talk* (2): 127-167.

Gutwinski, W. 1976. *Cohesion in Literary Texts.* Berlin/New York: Mouton de Gruyter.

Halliday, M. A. K. 1961. Categories of the theory of grammar. *Word* (17): 241-292.

Halliday, M. A. K. 1964. The linguistic study of literary texts. In H. Lunt (ed.). *Proceedings of the Ninth International Congress of Linguistics.* Berlin/New York: Mouton de Gruyter.

Halliday, M. A. K. 1967/1968. Notes on transitivity and theme in English. *Journal of Linguistics* (3): 37-81; 191-214; (4): 179-215.

Halliday, M. A. K. 1975. Language as social semiotic: Towards a general sociolinguistic theory. In A. Makkai & V. B. Makkai (eds.). *The First Locus*

Forum. Columbia, South Carolina: Hornbean Press.

Halliday, M. A. K. 1978. *Language as Social Semiotic: The Social Interpretation of Language and Meaning*. London: Arnold.

Halliday, M. A. K. 1981. Grammatical metaphor in English and Chinese. A paper presented at the Second Conference on Chinese Language Use. Australian National University in Canberra.

Halliday, M. A. K. 1985. *An Introduction to Functional Grammar* (1st ed.). London: Arnold.

Halliday, M. A. K. 1991. Corpus studies and probabilistic grammar. In K. Aijmer & B. Altenberg (eds.). *English Corpus Linguistics: Studies in Honour of Jan Savrtvik*. London: Longman.

Halliday, M. A. K. 1994. *An Introduction to Functional Grammar* (2nd ed.). London: Arnold.

Halliday, M. A. K. & Hasan, R. 1976. *Cohesion in English*. London: Longman.

Halliday, M. A. K. & Hasan, R. 1985. *Language, Context and Text: Aspects of Language in a Social-Semiotic Perspective*. Deakin: Deakin University Press.

Halliday, M. A. K. & Matthiessen, C. M. I. M. 1999. *Construing Experience Through Meaning: A Language-based Approach to Cognition*. London/New York: Continuum.

Halliday, M. A. K. & Matthiessen, C. M. I. M. 2004. *An Introduction to Functional Grammar*. London: Arnold.

Halliday, M. A. K. & Matthiessen, C. M. I. M. 2014. *Halliday's Introduction to Functional Grammar*. London: Arnold.

Hardt-Mautner, G. 1995. Only connect: Critical discourse analysis and corpus linguistics. UCREL Technical Paper 6. [2013-12-27]. http://stig.lancs.ac.uk/papers/techpaper/vol6.pdf.

Harris, Z. 1952. Discourse analysis. *Language* (28): 1-30.

Hart, C. 2010. *Critical Discourse Analysis and Cognitive Science: New*

Perspectives on Immigration Discourse. New York: Palgrave Macmillan.

Hart, C. 2011a. Force-interactive patterns in immigration discourse: A cognitive linguistic approach to CDA. *Discourse & Society* (22): 269-286.

Hart, C. 2011b. *Critical Discourse Studies in Context and Cognition.* Amsterdam/ Philadelphia: John Benjamins.

Hart, C. 2013. Argumentation meets adapted cognition: Manipulation in media discourse on immigration. *Journal of Pragmatics* (59): 200-209.

Hasan, R. 1968. *Grammatical Cohesion in Spoken and Written English.* London: Longman.

Hasan, R. 1978. Text in the systemic-functional model. In W. U. Dressler (ed.). *Current Trends in Textlinguistics.* Berlin: Walter de Gruyter.

Hasan, R. 1984. The nursery tale as a genre. *Nottingham Linguistic Circular* (13): 71-102.

Hasan, R. 2014. Towards a paradigmatic description of context: Systems, metafunctions, and semantics. *Functional Linguistics* (1): 1-54.

Herzog, B. 2018. Suffering as an anchor of critique: The place of critique in critical discourse studies. *Critical Discourse Studies* (2): 111-122.

Hockett, C. F. 1958. *A Course in Modern Linguistics.* New York: Palgrave Macmillan.

Hoey, M. 1983. *On the Surface of Discourse.* London: George Allen and Unwin.

Hoey, M. 2001. *Textual Interaction: An Introduction to Written Discourse Analysis.* London: Routledge.

Holsanova, J. 2012. New methods for studying visual communication and multimodal integration. *Visual Communication* (11): 251-257.

Hutchby, I. & Woofitt, R. 1998. *Conversation Analysis.* Cambridge: Polity Press.

Hyland, K. 2001. Humble servants of the discipline?: Self-mention in research articles. *English for Specific Purposes* (20): 207-226.

Iedema, R. 2001. Analysing film and television: A social semiotic account of hospital: An unhealthy business. In T. van Leeuwen & C. Jewitt (eds.). *Handbook of Visual Analysis*. London: Sage.

Jakobson, R. 1960. Closing statement: Linguistics and poetics. In T. A. Sebeok (ed.). *Style in Language*. Cambridge: MIT Press.

Jefferson, G. 1996. A Case of transcriptional stereotyping. *Journal of Pragmatics* (2): 159-170.

Jewitt, C. 2002. The move from page to screen: The multimodal reshaping of school English. *Visual Communication* (2): 171-195.

Johnstone, B. 2002. *Discourse Analysis*. Oxford: Blackwell.

Kim, K. H. 2014. Examining US news media discourse about North Korea: A corpus-based critical discourse analysis. *Discourse & Society* (2): 221-244.

Koller, V. 2009. Brand images: Multimodal metaphor in corporate branding messages. In C. Forceville & E. Urios-Aparisi (eds.). *Multimodal Metaphor.* Berlin/New York: Mouton de Gruyter.

Koller, V. 2012. How to analyse collective identity in discourse: Textual and contextual parameters. *Critical Approaches to Discourse Analysis across Disciplines* (5): 19-38.

Kress, G. 2003. *Literacy in the New Media Age*. London/New York: Routledge.

Kress, G. et al. 2001. *Multimodal Teaching and Learning: The Rhetorics of the Science Classroom*. London: Continuum.

Kress, G. & van Leeuwen, T. 1996/2006. Reading Images: *The Grammar of Visual Design*. London: Routledge.

Kress, G. & van Leeuwen, T. 1998. Front pages: The critical analysis of newspaper layout. In A. Bell & P. Garrett (eds.). *Approaches to Media Discourse*. Oxford: Blackwell.

Kress, G. & van Leeuwen, T. 2001. *Multimodal Discourse: The Modes and Media of Contemporary Communication*. London: Arnold.

Labov, W. 1972. *Sociolinguistic Patterns*. Philadelphia: University of Pennsylvania

Press.

Lakoff, G. & Johnson, M. 1980. *Metaphors We Live By.* Chicago: University of Chicago Press.

LaPolla, R. J. 1990. Grammatical Relations in Chinese: Synchronic and Diachronic Considerations. Berkeley: University of California PhD dissertation.

Lemke, J. L. 1998. Multiplying meaning: Visual and verbal semiotics in scientific text. In J. R. Martin & R. Veel (eds.). *Reading Science: Critical and Functional Perspectives on Discourses of Science.* London: Routledge.

Lemke, J. L. 2000. Multimedia literacy demands of the scientific curriculum. *Linguistics and Education* (3): 247-271.

Levon, E. 2012. The voice of others: Identity, alterity and gender normativity among gay men in Israel. *Language in Society* (41): 187-211.

Li, C. N. & Thompson, S. A. 1976. Subject and topic: A new typology and language. In C. N. Li (ed.). *Subject and Topic.* New York: Academic Press.

Lim, F. V. & O'Halloran, K. 2010. The ideal teacher: An analysis of a teacher-recruitment advertisement. [2021-08-13]. http://multimodal-analysis-lab.org/_docs/pubs13-Lim_%26_O'Halloran-(accepted_for_pub)-The_Ideal_Teacher. Pdf. 2010.

Liu, Binmei. 2013. Effect of first language on the use of English discourse markers by L1 Chinese speakers of English. *Journal of Pragmatics* (1): 149-172.

Loi, C. K. & Evans, M. S. 2010. Cultural differences in the organization of research article introductions from the field of educational psychology: English and Chinese. *Journal of Pragmatics* (42): 2814-2825.

Maalej, Z. 2007. Doing critical discourse analysis with the contemporary theory of metaphor: Towards a discourse model of metaphor. In C. Hart & D. Lukes (eds.). *Cognitive Linguistics in Critical Discourse Analysis.* Newcastle: Cambridge Scholars Publishing.

Machin, D. & Mayr, A. 2012. *How to Do Critical Discourse Analysis: A*

Multimodal Introduction. London: Sage.

Machin, D. & van Leeuwen, T. 2007. *Global Media Discourse: A Critical Introduction*. New York: Routledge.

Macken-Horarik, A. 2003. Envoi: Intractable Issues in Appraisal Analysis? *Text* (2): 313-319.

Magalhaes, M. I. S. 1995. A critical discourse analysis of gender relations in Brazil. *Journal of Pragmatics* (23): 183-197.

Mann, W. C. & Thompson, S. A. 1988. Rhetorical structure theory: Towards a functional theory of text organization. *Text* (3): 243-281.

Martin, J. R. 2000. Beyond exchange: Appraisal systems in English. In S. Hunston & G. Thompson (eds.). *Evaluation in Text: Authorial Stance and the Construction of Discourse*. Oxford: Oxford University Press.

Martin, J. R. 2008. Tenderness: Realisation and instantiation in a Botswanan town. In Nina Nørgaard (ed.). Systemic Functional Linguistics in Use. *Odense Working Papers in Language and Communication* (29): 30-62.

Martin, J. R. & Rose, R. 2003. *Working with Discourse: Meaning Beyond the Clause*. London/New York: Continuum.

Martin, J. R. & White, P. 2005. *The Language of Evaluation: Appraisal in English*. New York: Palgrave Macmillan.

Martinec, R. & Salway, A. 2005. A system for image-text relations in new (and old) media. *Visual Communication* (3): 337-371.

Mathesius, V. 1928. On linguistic characterology with illustrations from modern English. Actes du Premier Congres International de Linguistes a la Haye. 56-63. Reprinted in Vachek, J. (ed.). 1964. *A Prague School Reader in Linguistics*. Bloomington/London: Indiana University Press.

Mathesius, V. 1929. Functional linguistics. In Vachek, J. (ed.) 1983. *Praguiana*. Amsterdam/Philadephia: John Benjamins.

Matthiessen, C. M. I. M. 2009. Multisemiosis and context-based register typology:

Registerial variation in the complementarity of semiotic systems. In E. Ventola & J. M. G. Arsenio (eds.). *The World Told and the World Shown.* Basingstoke: Palgrave Macmillan.

Matthiessen, C. M. I. M. 2014. Appliable discourse analysis. In Y. Fang & J. J. Webster (eds.). *Developing Systemic Functional Linguistics: Theory and Application.* London: Continuum.

McCarthy, M. 1991. *Discourse Analysis for Language Teachers.* Cambridge: Cambridge University Press.

Musolff, A. 2007. Which role do metaphors play in racial prejudice?: The function of anti-Mein Kampf. *Patterns of Prejudice* (1): 21-44.

New London Group. 1996. A pedagogy of multiliteracies: Designing social futures. *Harvard Educational Review* (1): 60-93.

Nishimura, Y. 2011. Japanese keitai novels and ideologies of literacy. In C. Thurlow & K. Mroczek (eds.). *Digital Discourse: Language in the New Media.* Oxford: Oxford University Press. 86-109.

Norma, B. et al. 2014. The use of appraisal resources in the construction of second language teacher-researcher identity. In O. Gerard, B. Tome & F. Lise (eds.). *Choice in Language: Applications in Text Analysis.* Bristol: Equinox.

O'Connell, D. C. & Kowal, S. 1994. Some current transcription systems for spoken discourse: A critical analysis. *Pragmatics* (1): 81-107.

Oddo, J. 2011. War legitimation discourse: Representing "us" and "them" in four US presidential addresses. *Discourse & Society* (3): 287-314.

O'Halloran, K. 1999. Interdependence, interaction and metaphor in multisemiotic texts. *Social Semiotics* (3): 317-354.

O'Halloran, K. 2003. *Critical Discourse Analysis and Language Cognition.* Edinburgh: Edinburgh University Press.

O'Halloran, K. 2004. *Multimodal Discourse Analysis: Systemic Functional Perspectives.* London/New York: Continuum.

Östman, J.-O. & Virtanen, T. 1995. Discourse analysis. In J. Verschueren, , J.-O. Östman & J. Blommaert (eds.). *Handbook of Pragmatics*. Amsterdam/ Philadelphia: John Benjamins. 239-253.

Östman, J.-O. & Virtanen, T. 1999. Theme, comment, and newness as figures in information structuring. In K. Van Hoek, A. A. Kibrik & L. Noordman (eds.). *Discourse Studies in Cognitive Linguistics*. Amsterdam/Philadelphia: John Benjamins.

Painter, C. et al. 2013. *Reading Visual Narratives: Image Analysis of Children's Picture Books*. London: Equinox.

Reisigl, M. & Wodak, R. 2001. *Discourse and Discrimination: Rhetorics of Racism and Anti-semitism*. London/New York: Routledge.

Renkema, J. 1993. *Discourse Studies: An Introductory Textbook*. Amsterdam/ Philadelphia: John Benjamins.

Renkema, J. 2004. *Introduction to Discourse Studies*. Amsterdam/Philadelphia: John Benjamins.

Richards, J. et al. 1985. *Longman Dictionary of Applied Linguistics*. London: Longman.

Rogers, R. 2011. *An Introduction to Critical Discourse Analysis in Education*. New York/London: Routledge.

Rounds, P. 1987. Multifunctional personal pronoun use in an educational setting. *English for Specific Purposes* (1): 13-29

Royce, T. 2002. Multimodality in the TESOL classroom: Exploring visual-verbal synergy. *TESOL Quarterly* (2): 191-205.

Sacks, H. et al. 1974. A simpliest systematic of turn taking for conversation. *Language* (50): 696-735.

Saeed, J. I. 2009. *Semantics*. London: Blackwell.

Sankoff, G. et al. 1997. Variation in the use of discourse markers in a language contact situation. *Language Variation and Change* (9): 191-217.

Schiffrin, D. 1994. *Approaches to Discourse.* Oxford: Blackwell.

Semino, E. & Masci, M. 1996. Politics is football: Metaphor in the discourse of Silvio Berlusconi in Italy. *Discourse & Society* (1): 243-269.

Seo, S. 2009. Hallidayan transitivity analysis: The Battle for Tripoli in the contrasting headlines of two national newspapers. *Discourse & Society* (6): 774-791.

Shaikh, M. S. & Khan, U. 2012. Constructing gender identities in discourse: A critical discourse analysis of two short stories. *American International Journal of Contemporary Research* (3):153-160.

Sinclair, J. McH. & Coulthard, R. M. 1975. *Towards an Analysis of Discourse: The English Used by Teachers and Pupils.* London: Oxford University Press.

Smith, K. 2013. Critical discourse analysis and higher education research. In J. Huisman & M. Tight (eds.). *Theory and Method in Higher Education Research, International Perspectives on Higher Education Research.* Emerald Group Publishing Limited.

Sperber, D. & Wilson, D. 1986. Relevance: *Communication and Cognition.* Oxford: Blackwell.

Stubbs, M. 1983. *Discourse Analysis: The Sociolinguistic Analysis of Natural Language.* Oxford: Blackwell.

Stubbs, M. 1996. *Text and Corpus Analysis.* Oxford: Blackwell.

Swales, J. M. & Rogers, P. S. 1995. Discourse and the projection of corporate culture: The mission statement. *Discourse & Society* (2): 223-242.

Tan, S. 2009. A systemic functional framework for the analysis of corporate television advertisements. In E. Ventola & A. J. M. Guijarro (eds.). *The World Told and the World Shown: Multisemiotic Issues.* Hampshire: Palgrave Macmillan.

Teo, P. 2000. Racism in the news: A critical discourse analysis of news reporting in two Australian newspapers. *Discourse & Society* (11): 7-49.

Teo, P. & Cui, R. 2015. Imag(in)ing the nation: A critical discourse analysis of Singapore's national day rally speech. *Journal of Language and Politics* (14): 645-664.

Thibault, P. J. 2000. The multimodal transcription of a television advertisement: Theory and practice. In A. Baldry (ed.). *Multimodality and Multimediality in the Distance Learning Age.* Campobasso: Palladino Editore.

Thompson, G. 1996/2004. *Introducing Functional Grammar.* London: Arnold.

Thornborrow, J. 2001. *Power Talk: Language and Interaction in Institutional Discourse.* Harlow: Longman.

Titscher, S. et al. 2000. *Methods of Text and Discourse Analysis.* London: Sage.

Tognini-Bonelli, E. 2001. *Corpus Linguistics at Work.* Amsterdam/Philadelphia: John Benjamins.

Traugott, E. C. & Pratt, M. L. 1980. *Linguistics for Students of Literature.* New York: Harcourt Brace Jovanovich, Inc.

Tsao, F. F. (曹逢甫). 1979. *A Functional Study of Topic in Chinese: The First Step Toward Discourse Analysis.* Taipei: Student Book Co.

Tsui, A. B. 1991. Sequencing rules and coherence in discourse. *Journal of Pragmatics* (2): 111-129.

Unsworth, L. 2001. *Teaching Multiliteracies across the Curriculum: Changing Contexts of Text and Image in Classroom Practice.* Buckingham: Open University Press.

Unsworth, L. 2005. *E-Literature for Children: Enhancing Digital Literacy Learning.* New York: Routledge.

Uriós-Aparisi, E. 2009. Interaction of multimodal metaphor and metonymy in TV commercials: Four case studies. In C. Forceville & E. Uriós-Aparisi (eds.). *Multimodal Metaphor.* Berlin/New York: Mouton de Gruyter.

Vallduví, E. 1990. The Informational Component. University of Pennsylvania Ph.D. dissertation.

van Dijk, T. A. 1972. *Some Aspects of Text Grammars*. The Hague: Mouton.

van Dijk, T. A. 1977. Text and Context: *Explorations in the Semantics and Pragmatics of Discourse*. London: Longman.

van Dijk, T. A. 1981. *Studies in the Pragmatics of Discourse*. The Hague: Mouton.

van Dijk, T. A. (ed.). 1985. *Handbook of Discourse Analysis, 4 Vols.* New York: Academic Press.

van Dijk, T. A. 1988. *News as Discourse*. Hillsdale: Lawrence Erlbaum.

van Dijk, T. A. 1989. Structures of discourse and structures of power. In J. A. Anderson (ed.). *Communication Yearbook 12*. Newbury Park: Sage.

van Dijk, T. A. 1990. The future of the field: Discourse analysis in the 1990s. *Text* (1/2): 133-156.

van Dijk, T. A. 1993. *Discourse and Elite* Racism. London: Sage.

van Dijk, T. A. 1995. Discourse semantics and ideology. *Discourse & Society* (2): 243-289.

van Dijk, T. A. (ed.). 1997. *Discourse Studies: A Multidisciplinary Introduction, 2 Vols.* London: Sage.

van Dijk, T. A. 1999. Discourse Studies: A new multidisciplinary journal for the study of text and talk. *Discourse Studies* (1): 5-6.

van Dijk, T. A. 2001. Critical Discourse Analysis. In D. Schiffrin et al. (eds.). *The Handbook of Discourse Analysis*. Oxford: Blackwell.

van Dijk, T. A. 2003. The discourse-knowledge Interface. In G. Weiss & R. Wodak (eds.). *Critical Discourse Analysis: Theory and Interdiscipinarity*. London: Palgrave Macmillan.

van Dijk, T. A. 2006. Discourse, context and cognition. *Discourse Studies* (1):159-177.

van Dijk, T. A. 2008. *Discourse and Context: A Sociocognitive Approach*. Cambridge: Cambridge University Press.

van Dijk, T. A. 2009. *Society and Discourse: How Social Contexts Influence Text and Talk.* Cambridge: Cambridge University Press.

van Leeuwen, T. & Suleiman, U. 2010. Globalizing the local: The case of an Egyptian superhero comic. In N. Coupland (ed.). *The Handbook of Language and Globalization.* Malden: Blackwell.

Wardhaugh, R. 1986. *An Introduction to Sociolinguistics.* Oxford: Blackwell.

Waugh, L. R. 1995. Reported speech in journalistic discourse: The relation of function and text. Text (1): 129-173.

White, P. R. R. 2001. *Appraisal Outline.* [2021-08-13]. http://www. grammatics. com/appraisal.

Widdowson, H. 2004. *Text, Context, and Pretext.* Oxford: Blackwell.

Widdowson, H. G. 1978. *Teaching Language as Communication.* Oxford: Oxford University Press.

Williams, J. M. 1980. Non-linguistic linguistics and the teaching of style. *Language and Style* (13): 24-40.

Wodak, R. (ed.). 1989. *Language, Power and Ideology.* Amsterdam/Philadelphia: John Benjamins.

Wodak, R. 2001. The discourse-historical approach. In R. Wodak & M. Meyer (eds.). *Methods of Critical Discourse Analysis.* London: Sage.

Wodak, R. & Meyer, M. (eds.). 2001. *Methods of Critical Discourse Analysis.* London: Sage.

Wood, L. A. & Kroger, R. O. 2000. *Doing Discourse Analysis: Methods for Studying Action in Talk and Text.* Shanghai: Shanghai Foreign Language Education Press.

Yu, N. 2009. Nonverbal and multimodal manifestation of metaphors and metonymies: A case study. In C. Forceville & E. Uriós-Aparisi (eds.). Multimodal Metaphor. Berlin/New York: Mouton de Gruyter.

Yus, F. 2009. Visual metaphor versus verbal metaphor: A unified account. In C. Forceville & E. Uriós-Aparisi (eds.). *Multimodal Metaphor.* Berlin/New York:

Mouton de Gruyter.

陈安定, 1991,《英汉比较与翻译》。北京: 中国对外翻译出版公司。

陈国亭, 1984, 实义切分与汉语词序,《当代修辞学》(1): 56-58。

陈瑜敏、王红阳, 2008, 多模态语篇图像的概念意义与图文关系——当代教科书的多模态语篇分析,《宁波大学学报》(2): 124-129。

丁声树等, 1961,《现代汉语语法讲话》。北京: 商务印书馆。

冯德正, 2011, 多模态隐喻的构建与分类——系统功能视角,《外语研究》(1): 24-29。

冯德正, 2015, 视觉语法的新发展——基于图画书的视觉叙事分析框架,《外语教学》(5): 23-27。

冯德正、张德禄、Kay O'Halloran, 2014, 多模态语篇分析的进展与前沿,《当代语言学》(1): 88-99。

葛俊丽、罗晓燕, 2010, 新媒介时代外语教学新视角: 多元识读教学法,《外语界》(5): 13-19。

顾曰国, 2013, 论言思情貌整一原则与鲜活话语研究——多模态语料库语言学方法,《当代修辞学》(6): 1-18。

洪岗、张振, 2010, 多模态视频语篇《我和你(You And Me)》的构成意义分析,《外语电化教学》(6): 20-24。

胡壮麟, 1994,《语篇的衔接与连贯》。上海: 上海外语教育出版社。

胡壮麟, 2007, 社会符号学研究中的多模态化,《语言教学与研究》(1): 1-10。

胡壮麟, 2009, 语篇的评价意义,《外语教学》(1): 1-6。

黄国文, 2001, 功能语篇分析纵横谈,《外语与外语教学》(12): 1-4+19。

黄国文, 2007a, 中国的语篇分析研究———写在中国英汉语篇分析研究会成立之际,《外语教学》(5): 6-9。

黄国文, 2007b, 作为普通语言学的系统功能语言学,《中国外语》(5): 14-19。

黄国文, 2008,《语篇分析的理论与实践——广告语篇研究》。上海: 上海外语教育出版社。

黄衍，1985，试论英语主位和述位，《外国语》（5）：32-36。

纪玉华、陈燕，2007，批评话语分析的新方法：批评隐喻分析，《厦门大学学报（哲学社会科学版）》（6）：42-48。

姜望琪，2011，《语篇语言学研究》。北京：北京大学出版社。

金立鑫，2000，《语法的多视角研究》。上海：上海外语教育出版社。

李战子，2003，多模式话语的社会符号学分析，《外语研究》（5）：1-8。

李战子，2004，评价理论在话语分析中的应用和问题，《外语研究》（5）：1-6。

李战子、向平，2007，当代中国新话语之一——《一个馒头引发的血案》的巴赫金式解读，《四川外语学院学报》（6）：21-25。

廖秋忠，1992，《廖秋忠文集》。北京：北京语言学院出版社。

龙日金、彭宣维，2012，《现代汉语及物性研究》。北京：北京大学出版社。

马庆株，1992，《汉语动词和动词性结构》。北京：北京语言学院出版社。

孟艳丽、李晶，2014，多模态语篇中语义连贯对读者理解加工的影响，《鲁东大学学报》（2）：50-57。

苗兴伟，2007，英语的评价型强势主位结构，《山东外语教学》（2）：54-58。

苗兴伟，2012，语篇模式新探，《外国语文研究》（1）：1-14。

苗兴伟，2020，《语篇分析——从理论到实践》。上海：上海外语教育出版社。

潘艳艳，2016，《认知 - 功能角度的动态多模态语篇分析》。北京：世界图书出版公司。

钱毓芳、田海龙，2011，话语与中国社会变迁——以政府工作报告为例，《外语与外语教学》（3）：40-43。

屈承熹，2006，《汉语篇章法》。北京：北京语言大学出版社。

唐青叶，2008，电视民生新闻的多模式积极话语分析，《外语研究》（4）：15-20。

陶红印，1994，言谈分析、功能主义及其在汉语研究中的应用。石锋主编，《海外中国语言学研究》。北京：语文出版社。

田海龙,2009,《语篇研究：范畴、视角、方法》。上海：上海外语教育出版社。

田海龙，2013，认知取向的批评话语分析：两种路径及其特征，《外语研究》
（2）：1-8。

田海龙，2019，批评话语研究的三个新动态，《现代外语》（6）：855-864。

田海龙、张向静，2013，图像中的意义与媒体的意识形态：多模态语篇分析
视角，《外语学刊》（2）：1-6。

田海龙、赵芃，2012，《批评性语篇分析：经典阅读》。天津：南开大学出版社。

王红阳，2007，卡明斯诗歌"1（a"的多模态功能解读，《外语教学》（5）：22-
27。

王慧萍，2010，英语阅读教学中多模态识读能力的培养，《外语界》（5）：20-
25。

王力，1985，《中国现代语法》。北京：商务印书馆。

王天庆，1985，《现代修辞》。南京：南京大学出版社。

王振华，2001，评价系统及其运作，《外国语》（6）：13-20。

韦琴红，2009，多模态化与大学生多元识读能力研究，《外语电化教学》（3）：
28-32。

韦琴红，2010，超文本化与大学生多元识读能力培养模式研究，《杭州电子
科技大学学报》（4）：44-47。

卫乃兴，2002，语料库证据支持的词语搭配研究。载杨惠中主编，《语料库
语言学导论》。上海：上海外语教育出版社。82-130。

夏日光，1998，英汉词汇的照应与替代功能对比，载余渭深、李红、彭宣维
主编，《语言的功能——系统、语用和认知》。重庆：重庆大学出版社。

肖应平，2012，现代汉语语气副词与动词情状的选择性分析，《理论界》（2）：
134-137。

辛斌，2005，《批评语言学：理论与应用》。上海：上海外语教育出版社。

辛斌，2007，批评语篇分析的社会和认知转向，《外语研究》（6）：19-25。

辛斌，2012，批评话语分析中的认知话语分析，《外语与外语教学》（4）：
1-5。

徐赳赳，2010，《现代汉语篇章语言学》。北京：商务印书馆。

徐盛桓，1982，主位和述位，《外语教学与研究》（1）：1-9。

徐盛桓，1985，再论主位和述位，《外语教学与研究》（4）：19-26。

徐燕、冯德正，2020a，多模态公共卫生教育话语研究：语域类型学视角，《浙江外国语学院学报》（2）：11-21。

徐燕、冯德正，2020b，新媒体商务话语中的多模态体裁互文：语域类型学视角，《外语教学》（3）：23-28。

杨信彰，2003，语篇中的评价性手段，《外语与外语教学》（1）：11-14。

曾庆敏，2011，多模态视听说教学模式对听说能力发展的有效性研究，《解放军外国语学院学报》（6）：72-76。

张伯江、方梅，2014，《汉语功能语法研究》。北京：商务印书馆。

张德禄，1999，语篇连贯研究纵横谈，《外国语》（6）：24-31。

张德禄，2009，多模态话语分析综合理论框架探索，《中国外语》（1）：24-30。

张德禄，2012，多模态学习能力培养模式探索，《外语研究》（2）：9-15。

张德禄、郭恩华，2013，多模态话语分析的双重视角——社会符号观与概念隐喻观的连接与互补，《外国语》（5）：20-28。

张德禄、李玉香，2012，多模态课堂话语的模态配合研究，《外语与外语教学》（1）：39-44。

张德禄、穆志刚，2012，多模态功能文体学理论框架探索，《外语教学》（3）：1-6。

张德禄、王璐，2010，多模态话语模态的协同及在外语教学中的体现，《外语学刊》（5）：97-103。

张德禄、袁艳艳，2011，动态多模态话语的模态协同研究——以电视天气预报多模态语篇为例，《山东外语教学》（5）：9-16。

张德禄、张时倩，2014，论设计学习——多元读写能力培养模式探索，《解放军外国语学院学报》（2）：1-9。

张德禄、张淑杰，2010，多模态性外语教材编写原则探索，《外语界》（5）：

26-34。

张辉、江龙，2008，试论认知语言学与批评话语分析的融合，《外语学刊》（5）：12-19。

张辉、张艳敏，2020，批评认知语言学——理论源流、认知基础与研究方法，《现代外语》（5）：628-640。

张蕾，2005，用批评语篇分析解读布什的演讲，《西安外国语学院学报》（3）：23-26。

张蕾，2007，新闻报道语篇中评价意义研究，《天津外国语学院学报》（5）：19-23。

张蕾，2011a，隐喻研究的批评话语分析视角，《山东外语教学》（5）：30-33。

张蕾，2011b，《英汉语篇表征的批评隐喻研究》。天津：南开大学出版社。

张蕾，2013，路径图示在中国国家宣传片中的多模态隐喻表证，《湖南科技大学学报（社会科学版）》（6）：186-189。

张蕾，2015，语码、语域和社会方言。载王红阳、李雪娇等译，《韩茹凯论语言》。北京：北京大学出版社。

张蕾、苗兴伟，2012，英汉新闻语篇隐喻表征的比较研究——以奥运经济隐喻表征为例，《外语与外语教学》（4）：20-24。

张义君，2011，英语专业学生多元识读能力实证研究，《外语界》（1）：45-52。

赵芃，2015，学雷锋活动中的修辞——基于批评话语分析的论辩策略研究，《当代修辞学》（4）：41-47。

赵秀凤，2011，概念隐喻研究的新发展——多模态隐喻研究，《外语研究》（1）：1-11。

赵秀凤，2013，多模态认知诗学研究——认知诗学研究的新进展，《外国语文》（6）：43-53。

赵元任，1968，《汉语口语语法》。北京：商务印书馆。

朱永生，1995，衔接理论的发展与完善。《外国语》（3）：36-41。

朱永生，1996，论语篇连贯的内部条件（上），《现代外语》（4）：17-19+45。

朱永生，1997，韩礼德的语篇连贯标准，《外语教学与研究》（1）：20-24。

朱永生，2008，多元读写能力研究及其对我国教学改革的启示，《外语研究》（4）：10-14。

朱永生，2009，概念意义中的隐性评价，《外语教学》（7）：1-12。

朱永生、严世清、苗兴伟，2004，《功能语言学导论》。上海：上海外语教育出版社。

朱永生、郑立信、苗兴伟，2001，《英汉语篇衔接手段对比研究》。上海：上海外语教育出版社。